食品工程系列教材

食品分离技术

高孔荣　黄惠华　梁照为　编著

华南理工大学出版社
·广州·

内 容 简 介

本书系统地介绍了各种分离技术的基本理论及其在食品科学和工程中的应用,尤其侧重于新型分离技术的应用。全书包括"绪论"、"沉淀分离技术"、"超临界流体萃取技术"、"反相微胶团与双水相萃取技术"、"膜分离技术"、"絮凝分离技术"、"泡沫分离技术"、"结晶分离技术"、"分子蒸馏"、"亲和色谱分离技术"、"新型吸附分离技术"以及"食品的微胶囊化技术"等传统的和现代的分离技术,共十二章。本书在介绍这些技术的基本理论及其在食品中的应用的同时,论及这些技术的发展趋向,并结合实际,适当地介绍一些比较成熟的生产工艺,具有较强的实用性。

本书适合作为高等院校食品专业及相关专业的本科生、研究生教材和食品工程人员的技术参考用书。

图书在版编目(CIP)数据

食品分离技术/高孔荣,黄惠华,梁照为编著. —广州:华南理工大学出版社,1998.11
(2017.7重印)
(食品工程系列教材)
ISBN 978-7-5623-1343-4

Ⅰ.食⋯　Ⅱ.①高⋯②黄⋯③梁⋯　Ⅲ.食品加工-分离　Ⅳ.TS205

总　发　行:华南理工大学出版社(广州五山华南理工大学17号楼,邮编 510640)
　　　　　　营销部电话:020-87113487　87110964　87111048(传真)
　　　　　　E-mail: scutc13@scut.edu.cn　http://www.scutpress.com.cn
责任编辑:胡　元
印 刷 者:佛山市浩文彩色印刷有限公司
开　　本:787mm×1092mm　1/16　印张:12.25　字数:298千
版　　次:1998年11月第1版　2017年7月第10次印刷
印　　数:11 001~12 000册
定　　价:19.50元

版权所有　　盗版必究

目 录

第一章 绪论 ... 1
第一节 分离技术的概念 ... 1
第二节 分离技术的分类及特点 ... 2
第三节 分离技术与食品工业 ... 4
第四节 食品分离过程的特点及其方法 ... 5
一、食品分离过程的特点 ... 5
二、食品分离方法的确定 ... 6
第五节 食品分离技术的评价及其发展趋向 ... 7
一、食品分离技术的评价 ... 7
二、食品分离技术的发展趋向 ... 8

第二章 沉淀分离技术 ... 10
第一节 沉淀分离的目的及其方法 ... 10
第二节 无机沉淀剂沉淀分离法 ... 11
一、金属盐类沉淀分离法 ... 11
二、盐析法 ... 12
第三节 有机沉淀剂沉淀分离法 ... 15
一、基本原理及其特点 ... 15
二、有机沉淀剂的选择 ... 16
第四节 等电点沉淀分离法 ... 18
一、等电点沉淀分离的基本原理 ... 18
二、蛋白质的等电点沉淀分离 ... 20
第五节 其他沉淀分离技术 ... 21
一、变性沉淀分离法 ... 21
二、生成盐类复合物沉淀分离法 ... 24
三、非离子型聚合物沉淀分离法 ... 24

第三章 超临界流体萃取技术 ... 26
第一节 概述 ... 26
一、超临界萃取及超临界流体的概念 ... 26
二、超临界流体萃取技术的发展现状 ... 26
第二节 超临界流体萃取的基本原理及特征 ... 27
一、超临界流体的基本性质 ... 27
二、超临界流体萃取的特征 ... 29
三、超临界流体的选择 ... 29
第三节 超临界流体萃取的工艺流程及在食品工业中的应用 ... 30

  一、超临界流体萃取的典型流程 ·· 30
  二、超临界流体萃取技术在食品工业中的应用 ································ 31

第四章　反相微胶团萃取与双水相萃取技术 ································ 34
第一节　反相微胶团萃取技术 ·· 34
  一、反相微胶团萃取的概念及分离原理 ······································· 34
  二、影响反相微胶团形成的因素 ·· 35
  三、反相微胶团分离方法 ·· 37
  四、影响反相微胶团萃取效果的因素 ·· 37
第二节　双水相萃取技术 ·· 39
  一、双水相体系概念 ·· 39
  二、双水相萃取的特点及其应用 ·· 41
  三、影响组分在双水相系统中分配的主要因子 ······························· 42
  四、聚合物和盐的回收再利用 ··· 43
  五、双水相萃取技术的新发展 ··· 43

第五章　膜分离技术 ·· 46
第一节　概述 ·· 46
  一、膜分离技术的发展 ·· 46
  二、膜分离技术的原理 ·· 48
  三、膜分离技术的分类 ·· 48
  四、膜分离技术的特点 ·· 49
  五、膜的分类和性质 ·· 50
第二节　反渗透分离技术 ·· 53
  一、反渗透膜的透过机理 ·· 53
  二、反渗透分离原理 ·· 54
  三、反渗透分离溶质的物理化学准则 ·· 55
  四、反渗透分离溶质的影响因素 ·· 58
  五、反渗透基本迁移方程 ·· 59
  六、影响反渗透操作的因素 ·· 62
  七、膜材料 ··· 62
第三节　超滤分离技术 ··· 66
  一、超滤原理 ··· 67
  二、超滤膜的特性 ··· 68
第四节　膜分离装置 ·· 70
  一、实验室用膜分离装置 ·· 70
  二、工业用膜组件 ··· 73
  三、膜分离用泵 ·· 83
第五节　膜分离过程工艺 ·· 83
  一、前处理工艺 ·· 83
  二、膜分离工艺流程 ·· 84

三、后处理工艺 ··· 87
　第六节　反渗透及超滤技术的工业应用 ··· 88
　　一、苦咸水淡化 ··· 88
　　二、海水淡化 ·· 89
　　三、超纯水的制备 ·· 90
　　四、医疗用水的制备 ··· 91
　　五、在乳品工业中的应用 ··· 91
　　六、在豆制品工业中的应用 ··· 94
　　七、在酶制剂工业中的应用 ··· 96
　　八、在淀粉加工中的应用 ··· 97
　　九、其他方面的应用 ··· 97
　　十、膜反应器 ·· 102
　第七节　电渗析分离技术 ··· 104
　　一、电渗析的基本原理 ·· 104
　　二、电渗析用离子交换膜 ··· 106
　　三、影响电渗析操作的因素 ·· 108
　　四、电渗析器 ·· 109
　　五、电渗析分离技术的应用 ·· 109
　第八节　液膜分离技术 ·· 112
　　一、概述 ·· 112
　　二、液膜分离机理 ·· 114
　　三、液膜分离过程的选择与设计 ·· 114
　　四、液膜分离技术的应用 ··· 116

第六章　絮凝分离技术 ·· 118
　第一节　概述 ··· 118
　第二节　絮凝作用机理 ··· 118
　　一、胶体和悬浮物的性质 ··· 118
　　二、絮凝作用机理 ·· 120
　第三节　絮凝值 ·· 122
　第四节　絮凝剂的种类和性质 ·· 124
　第五节　影响絮凝作用的因素 ·· 125
　第六节　絮凝分离技术的应用 ·· 126

第七章　泡沫分离技术 ·· 127
　第一节　泡沫分离技术的特点和分类 ··· 127
　　一、泡沫分离技术的特点 ··· 127
　　二、泡沫分离技术的分类 ··· 127
　第二节　泡沫分离的基本原理 ·· 129
　　一、泡沫分离的基本原理及数学表达式 ······································· 129
　　二、泡沫的形成过程及其性质 ··· 131

第三节　泡沫分离流程及其影响因素 ··· 132
　　一、泡沫分离流程 ··· 132
　　二、影响泡沫分离效果的因素 ·· 133
　　三、泡沫分离技术的应用 ··· 134

第八章　结晶分离技术 ·· 135
　第一节　结晶及晶体的性质 ··· 135
　　一、结晶及晶体的定义 ·· 135
　　二、晶体的性质 ·· 135
　第二节　晶体形成的条件 ··· 136
　　一、物质的特性 ·· 136
　　二、溶质的纯度 ·· 136
　　三、溶液的饱和度 ··· 136
　　四、结晶溶液中溶剂的选择 ·· 137
　第三节　晶核的形成及影响结晶的因素 ·· 138
　　一、晶核的形成及其诱导方法 ·· 138
　　二、影响晶体生成的因素 ··· 138
　第四节　常用的结晶方法及其应用 ··· 139
　　一、蒸发浓缩结晶法 ··· 140
　　二、加沉淀剂结晶法 ··· 140
　　三、温差结晶法 ·· 141
　　四、其他结晶法 ·· 141

第九章　分子蒸馏 ·· 143
　第一节　分子蒸馏的概念和特征 ·· 143
　　一、分子蒸馏的概念 ··· 143
　　二、分子蒸馏的特征 ··· 144
　第二节　分子蒸馏的几个参数 ·· 144
　第三节　分子蒸馏的设备和流程 ·· 145
　　一、分子蒸馏的设备 ··· 145
　　二、分子蒸馏的流程 ··· 146
　第四节　分子蒸馏在食品分离中的应用 ·· 147

第十章　亲和色谱分离技术 ··· 149
　第一节　色谱分离技术的分类及一般原理 ·· 149
　　一、概念、分类和原理 ·· 149
　　二、色谱图 ··· 150
　第二节　亲和层析分离技术 ··· 151
　　一、亲和层析的基本原理与过程 ·· 151
　　二、亲和层析的特点 ··· 152
　　三、生物对的亲和作用及选择 ·· 153
　　四、载体的选择 ·· 155

五、亲和层析条件的选择 …………………………………………………………… 157

第十一章　新型吸附分离技术 …………………………………………………………… 160
第一节　吸附分离技术概述 ………………………………………………………… 160
　　一、吸着与吸附 …………………………………………………………………… 160
　　二、吸附剂的种类及性能 ………………………………………………………… 161
　　三、吸附分离技术的应用和进展 ………………………………………………… 162
第二节　参数泵分离技术 …………………………………………………………… 163
　　一、参数泵分离原理 ……………………………………………………………… 163
　　二、参数泵分离技术的应用 ……………………………………………………… 166
第三节　变压吸附分离技术 ………………………………………………………… 167
　　一、分离原理 ……………………………………………………………………… 167
　　二、变压吸附分离的工艺及应用 ………………………………………………… 167
第四节　模拟移动床吸附分离技术 ………………………………………………… 170
　　一、模拟移动床吸附分离技术的特点 …………………………………………… 170
　　二、工作原理 ……………………………………………………………………… 170

第十二章　食品的微胶囊化技术 ………………………………………………………… 172
第一节　微胶囊化的概念及其应用意义 …………………………………………… 172
　　一、基本概念 ……………………………………………………………………… 172
　　二、微胶囊的功能及应用意义 …………………………………………………… 172
第二节　微胶囊化技术方法分类 …………………………………………………… 174
　　一、微胶囊的心材和壁材 ………………………………………………………… 174
　　二、微胶囊化技术方法分类 ……………………………………………………… 175
　　三、方法选择 ……………………………………………………………………… 175
第三节　几种常见的微胶囊化方法及应用 ………………………………………… 176
　　一、微胶囊化的步骤 ……………………………………………………………… 176
　　二、微胶囊化的主要方法及应用 ………………………………………………… 177

参考文献 ……………………………………………………………………………………… 185

第一章 绪 论

第一节 分离技术的概念

自然界是一个混合物的世界。自然界的物料,无论是固体矿物质还是石油、空气、海水、谷物、动物机体等,都是由多种成分组成的混合物。这些混合物,在我们的生活和生产中有些是可以直接利用的,但更多的场合则必须将其分离后才能利用。分离过程就是通过一定的手段,将混合物分成互不相同的几种产品的操作过程,它包括提取和除杂两个部分。分离过程运用的手段可以是物理的,也可以是化学的,或者是物理和化学手段的互相结合。被分离的对象可以是原料,也可以是反应产物、中间产物或废物料;可以是小分子,也可以是大分子;可以是具有生物活性的物质(如酶类),也可以是不具有生物活性的物质。而分离技术,则是一门研究如何从混合物中把一种或几种物质分离出来的科学技术。它是一门应用性很强的学科。化工生产过程中包括反应和分离两个主要过程,分离操作一方面为化学反应提供符合质量要求的原料,消除对反应有害的物质,减少副反应和提高收率;另一方面对反应产物又起着提纯的作用,使产品纯度合格,并可循环利用未反应的物料。

分离技术在工农业生产中具有重要作用,并且与我们的日常生活息息相关。例如从矿石中冶炼金属,从海水中提取食盐和制造淡水,工业的废水处理,植物中药用成分及保健成分的提取,从发酵液中提取谷氨酸生产味精等等,都离不开分离技术。同时分离技术也在不断地促进其他学科的发展。由于采用了有效的分离技术,能够提纯和分离较纯的物质,使元素周期表中的各个元素逐步被发现,大大地推进了化学学科的发展。又由于各种层析技术、超离心技术和电泳技术的发展和应用,使生物化学等生命科学得到了迅猛的发展,同时由于人类分离、破译了生物的遗传密码,促进了遗传工程的发展。另一方面,随着现代工业和科学技术的发展,对产品质量的要求提高,对分离技术的要求越来越高,从而也促进了分离技术的不断提高。例如原子能工业对元素铀和钍以及水等的纯度要求都极高,电子工业对硅和锗等元素要求的纯度必须达到 99.99%,甚至是 99.9999%。产品质量的提高,主要借助于分离技术的进步和应用范围的扩大,这就促进了分离技术的不断提高和完善。提高和完善的标志表现在分离过程的效率和选择性方面都得到了明显的提高。例如现代分离技术可以把人和水稻等生物的遗传物质提取出来,并且能将基因准确地定位。

随着现代工业趋向于大型化生产,对现有有限资源的掠夺性消耗以及造成的日益严重的环境污染,使得全球都面临着资源的综合利用及废水、废气和废渣的治理问题。而解决这些问题,都离不开有效的分离技术。对水的处理要求,促进了膜分离技术的发展;而电子能工业的迅猛发展，大大地促进了液相萃取技术的进步。

图 1-1 所示为分离过程的一般原理示意图。此图说明了要实现混合物的分离，需要某种专门的设备和专门的过程，并且要提供相应的能量和物质。这是因为物质的混合过程是一个熵的增加过程，可以自发地进行；而从混合物中进行分离，则是一个熵减的过程。熵减的过程必须要有外加能量才能进行。例如在聚乙烯生产过程中，分离精制所消耗的能量占整个生产能量的 94%；而在醋酸的生产过程中，精制所消耗的能量是整个生产过程能量的 98%。精制即包括提纯和除杂两个分离过程。由于物料的千差万别，以及对分离的要求各不相同，因此分离过程、分离设备以及分离剂的使用都有各种不同的形式。但是在一个生产过程中，分离过程所占的投资费用，一般都在 50%~90% 之间，由此可见分离的重要性。

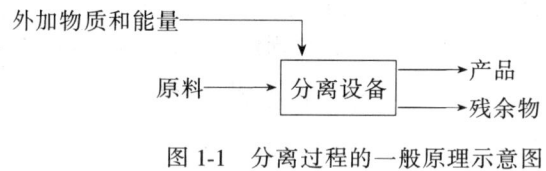

图 1-1　分离过程的一般原理示意图

第二节　分离技术的分类及特点

目前工业上分离技术的形式多种多样，常见的有二三十种。随着放大技术和工业规模的扩大，将会有更多的分离技术从实验室规模应用到工业化生产方面来。所有的分离技术，都可分为机械分离和传质分离两大类。机械分离处理的是两相或者两相以上的混合物，其目的是简单地将各相加以分离，过程中间不涉及传质过程。例如过滤、沉降、离心分离、旋风分离等。这些过程有相当部分已经成为食品工程中常规的单元操作，不是本书要讨论的内容。本书要讨论的主要是与食品工程有关的传质分离过程。传质分离过程的特点是过程中间有传质现象发生。传质分离技术处理的物料可以是均相体系，也可以是非均相体系，但更多的是均相体系。传质分离过程包括平衡分离过程和速率控制分离过程。平衡分离过程是指借助于分离媒介(热能、溶剂、吸附剂)，使均相混合物系统变成两相系统，再以各组分在媒介中的不同的分配系数为依据而实现分离的过程，如闪蒸、萃取、精馏、吸附、吸收、离子交换、结晶以及泡沫分离等。而速率控制分离过程则主要是根据混合物中各个组分扩散速度的差异来实现分离的过程，如反渗透、超滤、电泳等，分离过程所处理的原料产品通常属于同一相态，仅仅是组成上存在差异，利用浓度差、压力差以及温度差等作为分离推动力。

表 1-1 给出了各种主要的分离过程的一些特点和应用。在各种分离过程中，由于出现的时间顺序的不同，其应用的历史也有较大的差别。如精馏、吸收、萃取和结晶等分离技术，出现较早，作为单元操作的应用也有较长的历史，在食品工程中的应用比较多。一些新近发展起来的分离技术，如膜分离、超临界萃取等技术，由于其历史只有二三十年，并且在效率、选择性、节能和环保等方面具有明显的优越性，因此显示出极大的应用前景。

表 1-1 分离过程分类举例

过程名称	原料	分离剂	产品	分离原理	实例
1. 平衡分离过程					
蒸发	液体	热	液体+蒸气	蒸气压差异	果汁浓缩
蒸馏	液体	热	液体+蒸气	蒸气压差异	石油馏分分离
吸收	气体	非挥发性液体	液体+蒸气	溶解度差异	从天然气中去除CO_2和H_2S
萃取	液体	不互溶液体	两种液体	溶解度差异	芳烃抽提
结晶	液体	冷或热	液体+固体	利用过饱和度	盐和糖的结晶析出
吸附	气体或液体	固体吸附剂	固体+气体或液体	吸附能力差异	气体干燥
离子交换	液体	固体树脂	液体+固体树脂	质量作用定律	硬水软化
干燥	含湿固体	热	固体+蒸气	水分蒸发	食物脱水
浸取	固体	液体	液体+固体	溶解度差异	湿法冶金
泡沫吸附	液体	气泡和表面活性剂	两种液体	表面吸附	污水中去除洗涤剂
浮选	固体	气泡和表面活性剂	两种固体	表面吸附	矿物浮选
凝胶过滤	液体	固体凝胶	液体+固体凝胶	分子大小的差异	蛋白质分离
2. 速率控制分离过程					
气体扩散	气体	压力梯度	气体	穿过多孔膜的扩散速率的差异	从天然UF_6中分离$^{235}UF_6$
热扩散	气体或液体	温度梯度	气体或液体	不同的热扩散速率	同位素分离
电渗析	液体	电场,离子交换膜	液体	不同的电荷离子对膜的选择性渗透	含盐水脱盐
电泳	液体(含胶体)	电场	液体	胶体在电场下的迁移速率差异	蛋白质和酶的分离
反渗透	液体	压力梯度和膜	两种液体	渗透压	海水脱盐、果汁浓缩
超滤	液体(含高分子物质或胶体)	压力梯度和膜	两种液体	不同大小的分子对膜的透过率差异	废水处理、蛋白质浓缩

如果按分离技术的应用规模来分类,则又可将分离技术分为:

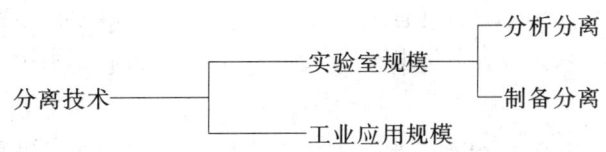

但这样划分只是短暂的和相对的，因为从理论上说，任何一种分离技术，都能够并且最终也会应用于工业生产，需要解决的只是放大设计问题。如以前只用于实验室分析和制备的凝胶色谱分离技术，目前已有工业方面的应用。

如果按分离性质分类则有：

（1）物理分离法　以被分离对象在物理性质方面的差异作为分离依据，采用有效的物理手段进行分离，包括热扩散法，梯度磁性分离法以及过滤、沉淀、离心分离等各种机械分离法。

（2）化学分离法　依据被分离对象在化学性质方面的差异，采用有效的化学手段进行分离的技术，如沉淀分离法、溶剂萃取法、离子交换技术等。

（3）物理化学分离法　被分离对象中，有时存在着不止一个特性方面的差异，包括在物理和化学性质方面的差异，据此可以采用物理手段与化学手段相结合的技术进行分离。

一般来说，被分离组分之间的性质差别越大越多，分离的手段越多，分离越容易，分离得到的结果越精细，产品越好。

第三节　分离技术与食品工业

食品分离技术是指各种分离技术（包括物理的、化学的以及物理化学的）在食品科学与食品工程中的应用。现代分离技术与食品工业之间的关系，随着食品工程的发展而愈来愈密切，使得有些分离技术本身已成为食品工程中的单元操作，如结晶、反渗透浓缩、无菌过滤等。食品分离技术在食品工业中具有相当重要的地位，其重要性表现在如下几个方面：

（1）食品分离技术是食品工业的基础。绝大多数食品工业都离不开食品分离技术，其中不少食品行业都是以分离过程为主要生产工序。例如油料生产要从油料种籽中将植物油分离出来；淀粉生产从淀粉植物原料中将淀粉分离出来；糖品生产要从糖料植物中分离出糖分并加以精炼提纯；而像速溶咖啡、速溶茶等产品的生产则要从咖啡和茶原料中提取出水溶性成分并去除对品质不利的其他成分。这些行业，离开了分离技术，生产根本无法进行；分离水平不高，产品的质量也提高不了。

（2）食品分离技术能提高食品原料的综合利用程度。现代社会，资源变得越来越有限，食品资源的综合利用，对于解决人类吃饭问题有重要意义。在食品加工过程中，运用分离技术就可以有效利用食品原料中的各种成分，提高原料的综合利用程度，就提高了食品原料的利用价值。例如过去采用压榨法分离植物油，由于原料要经过热处理，其中的蛋白质因为受热而变性，只能用作饲料，大大地降低了其利用价值；若采用低温脱溶的萃取法或水溶法分离，则能保持原料中蛋白质不变性，可以有效地加以分离和利用。采用有效的分离方法，可以从茶叶下脚料中分离出茶多酚、儿茶素单体、咖啡碱、茶碱、可可碱等组成成分，使原料利用率大为增值。采用有效的分离方法也可以从柑橙中分离柑橙油、柑橙皮苷和果胶等。在制糖行业中，采用色谱分离技术可以从糖蜜中直接回收蔗糖，使产糖率大大提高。

（3）食品分离技术能保持和改进食品的营养和风味。食品加工过程中，经常运用到热处理，如果没有良好的分离技术，食品不但保持不了原有的色、香、味等风味，而且还会使营养受到不应有的破坏。采用现代分离技术可以将一些需在高温下完成的工艺改为在常温下进行，这样就可以大大地改善食品的色、香、味及营养。因为易挥发的香气成分被保存了下来，而一些生理活性成分和蛋白质没有被破坏也保留下来。如用膜分离技术代替常规的蒸发浓缩和真空浓缩来浓缩咖啡、果汁、茶汁等。再如用超滤法提取植物蛋白酶和大豆蛋白质，可以最大限度地保存生物大分子的生物活性，提高制品的质量。茶饮料在存放一定时期后会产生浑浊沉淀现象，沉淀的原因在于茶多酚与其他成分结合成大分子络合物，而茶多酚又是茶的品质成分。因此，必须采取恰当的分离手段，把导致沉淀的成分去除，并且要能够保留茶多酚这种风味成分，这就需要运用恰当的分离手段。

(4) 食品分离技术使产品符合食品卫生的要求。食品分离技术包括提取原料中的有益组分和去除其中的有害成分。去除原料的有害成分，可以使最终产品符合卫生法规，提高和改善原料的利用价值。例如棉籽中含有棉酚这种有害物质，在加工棉籽油和提取棉籽蛋白过程中必须把棉酚分离去除。再如油菜籽中含有芥子苷，具有毒性，在加工菜油或提取菜籽蛋白时也必须将其去除。花生、玉米等油制品易受黄曲霉污染而产生黄曲霉素，也必须采用适当的分离方法将其去除。此外，分离技术在保证食品生产用水卫生方面亦起到重要的作用。在食品生产过程中离不开水，但水源受到不同程度的污染在今天是普遍的现象，为此就需要采用适当的分离手段把水中的污染物去除，以保证水质符合卫生标准和生产要求。对于其他食品原料、辅料及包装材料，都有这样的要求。这些也都是食品分离技术在食品行业中的应用。

(5) 现代食品分离技术能改变食品行业的生产面貌。现代分离技术在食品工业中的应用，往往可以使行业的生产面貌大为改观。制盐行业的变化是个突出的例子。过去利用盐田法制盐，一个较古老的方法是在盐田里利用太阳能将海水浓缩，然后结晶制取食盐。改进的生产工艺是将盐田里经过初步浓缩得到的卤水，再经过多效真空浓缩、结晶制取食盐。这些方法生产的食盐，产品纯度低，需用场地大，成本高，并且受天气影响。改用电渗析法生产食盐则可克服上述缺点，并导致整个行业生产面貌的大大改观。由上可见，食品分离技术对于食品科学和食品工业来说是十分重要的。

第四节 食品分离过程的特点及其方法

一、食品分离过程的特点

(1) 食品分离技术的分离对象种类繁多，结构复杂。包括各种原料、辅助材料、半成品、甚至气体和水，有的属于无机化合物，有的属于有机化合物，尤其是有的具有生物活性(如对酶等一些特殊成分的分离)，甚至有的有生命活动(如微生物)，属于热敏性成分。因此仅仅依靠某些经典的分离方法如蒸馏、蒸发、沉淀和萃取等，虽然这些技术已成为食品加工中的单元操作，但还解决不了食品分离过程中的某些问题。因为对于食品原料中许多有生理活性的物质如蛋白质、酶、核酸等的分离，上述技术都不适用，必须借助新型的分离技术。由此亦推动了分离技术与生物化学制备技术的结合。

(2) 产品质量与分离过程关系密切。食品工程处理的原料是农、林、牧、副、渔业的动植物产品，其中的主要成分如蛋白质、酶类都是具有生物活性的物质，在加工条件下易引起变性、钝化或被破坏；某些成分如色素、脂肪等，在有氧的条件下会发生变色、蟹败；一些挥发性的芳香性成分由于易挥发而损失，这些都会使食品在营养和风味上产生变化。这就要求在食品的分离和加工过程中，尽量避免高温、高压、强酸、强碱、强辐射和重金属离子的作用，一些特殊的加工和分离还要考虑到避免原料自身的酶解作用。

(3) 食用安全性要求高。食品分离过程处理的对象主要是食用性物料，获得的产品主要也是用于食用和医用，因此对其安全要求特别高，必须符合食品卫生和医药卫生的有关规定。所使用的分离技术必须考虑到这些因素，在做到产品合乎卫生标准的同时，不给原料带来新的污染。此外，一些食品原料或辅料的利用价值高，但往往含有极少量的有毒成分，或者受到其他污染，如木茹中含有氰化物的前体，大豆中含有胀气因子，棉籽中含有棉酚，油菜中含有芥籽苷，茶籽中含有茶皂素。利用这些原料的前提是必须把有毒成分或污染物去除，这就要求所采用的分离技术必须做到效率高、选择性强。

(4) 食品在分离过程中易腐败变质。易腐败是食品原料及其制品的一个明显特点。因此在分离过程中必须控制分离条件，尽量缩短分离周期。

二、食品分离方法的确定

在大多数情况下，应用食品分离技术的目的，是从原料中分离和提纯某一已知结构和性质的单一组分或几种组分，或者是采用一定的手段去除某种有害的或不需要的成分。对于已知结构和性质成分的分离，目的在于取得更纯、更多的产物或者希望建立起一套更简便、效率更高和更好的实验方法和工艺流程。因此，可以参照前人对于待分离成分在结构和性质方面的基础性研究，根据待分离组分的理化性质以及食品原料的特性，选择适当的分离技术，通过具体的实验条件比较，经过较小的实验室制备规模，过渡到中间规模试验，最后到大规模的工业生产中应用。对于一个未知化学结构和性质的组分的分离，只能对此类组分进行笼统归类，进行分离方法和分离条件的选择。同时要做一些基础研究，基础性的研究工作是一项较长期的工作，往往是生物化学工作者和食品科学工作者的工作。对于以应用为主要目的的分离技术，侧重点是对已知结构和性质、功能的成分的分离，因此应从下列步骤着手进行分离工作：

(1) 查找待分离组分的基础性研究资料，包括待分离组分的相对分子质量、化学结构、理化性质以及生物活性等。

(2) 选择和确立对该组分进行定性、定量测定的方法，目的在于能对分离效率有一个有效的评价。

(3) 了解原料的特性以及待分离组分的存在和含量情况。

(4) 确定选用分离技术并对分离条件进行实验选择。

(5) 对分离效果进行评价。

(6) 中间试验和工业生产应用的放大设计。

第五节　食品分离技术的评价及其发展趋向

一、食品分离技术的评价

一项分离技术在工业上的应用前景如何，可以通过一定的指标进行评价，综合起来可以从如下 5 个方面进行考察。

1. 分离效率及其选择性

评价一项食品分离技术，首先要考察其分离效率。分离效率通常是指对于待回收组分的回收率以及对于待去除组分的脱除率。一般情况下应以分离效率较高的为好，无论是分离回收某一有用的组分，还是分离脱除有毒和污染的组分都是这样。否则，分离过程便无经济意义，也无法在生产上实际应用。但是高到什么程度，则要看产品的具体情况和具体要求。一般来说，过程的分离效率能达到产品的规格要求即可。片面追求过高的分离效率，往往要采用多种分离技术，以及多次反复过程，成本也跟着上升，过程便会变得无经济价值。分离技术的选择性是指分离过程中对其他不需要分离的组分的排斥性。好的选择性可保证待回收组分有较好的纯度，以及在脱除不需要的组分时，不至于把原料的有用组分也除掉。

2. 产品质量

一项有应用前景的食品分离技术应能使最终产品的色、香、味、营养、感官、组织状态和贮存性能及质量指标有所提高，而不应有所降低。并能尽量做到有利于综合利用。

3. 产品的安全性

应用分离技术得到的产品，如作为食品(例如从大豆中获得的分离大豆蛋白)，应保证符合食品卫生要求；如作为医药用品(如通过亲和层析，从猪胰中分离出的胰岛素等)，应保证符合药品卫生要求，同时对于原有的食品原料不应造成污染，有利于原料综合利用。否则即使该分离技术在分离效率方面如何高，也难以应用。

4. 生产工艺的简化

一项好的先进的食品分离技术应该可以简化生产工艺，缩短过程的周期，有利于提高生产效率和减少在分离过程中原料变质的可能性。

5. 生产成本

一些新的分离技术可以在常温下进行，过程中无相变，如反渗透和超滤分离技术，因而能大大地降低能耗，有助于降低生产成本，提高经济效益。另外，由于新型的分离技术简化了生产程序，能节省生产设备和生产场地的投资，从而也能降低生产成本，这些都是应该进行考察的一个方面。

上述几点，对于某些食品分离技术来说可能是一致的，但对于另外一些分离技术来说，则有时很难做到一致，有时甚至是相互矛盾的。这就要求我们对采用的分离技术进行多方面的分析、比较、论证，作出综合性评价，以便能进行选择。

二、食品分离技术的发展趋向

食品分离技术与化工分离技术、生物化学等学科的发展是紧密联系的。许多化工单元操作相继被引入到食品工程中，并且已经变成了食品加工过程中的主要工序。近二三十年来，工业分离技术以及生物化学等科学技术取得了长足的进展，其显著特点表现在4个方面：一是传统的分离技术无论是在理论上还是应用上都有了很大的发展；二是原来只在实验室使用的分离技术已拓展为工业上的应用规模；三是生物大分子如酶、蛋白质、核酸等组分的分离技术有了较大进展；四是出现了许多新型的分离技术，如膜分离技术中的超滤技术、反渗透技术、酶膜分离技术、反应膜分离技术、亲和膜分离技术以及超临界萃取技术等。

1. 传统分离技术的发展

蒸馏、吸收、吸附、萃取、沉淀等过程都是传统的分离技术。对这些传统分离技术的研究，在机理、数学模型、计算方法以及设备的改进、工艺最优化选择、节能等方面都取得了很大进展。

由于采用了电子计算机，运用多种数学模型、程序和方法进行计算以及确定最优化蒸馏工艺等措施，使蒸馏过程的节能效果十分显著。

由于新型吸附剂研究开发的进展，将吸附过程从小规模的净化作用推进为大规模的分离过程。随着变压吸附分离技术、模拟移动吸附技术以及参数泵吸附分离技术的发展，把吸附分离技术推向一个更新的阶段。

2. 实验室规模分离技术的放大和应用

过去许多实验室的制备和分析，虽然有较好的分离效果，但是由于分离过程、分离设备的放大以及成本方面的问题，使这些分离技术一直难以发展成为工业上的应用规模。近年来这方面已有新的突破，如凝胶色谱和离子交换等分离技术已有工业应用。70年代在芬兰就已采用色谱分离技术从甜菜糖蜜中直接回收蔗糖。再如电泳技术虽然可以获得均一性极好的生物大分子，但由于所处理的样品极少，因此一直是作为实验室的分析手段，最近由于采用了新的支持介质，简化了操作，上样量增加，使此项分离技术演化成制备分离技术，并朝生产应用方向发展。

3. 生物大分子分离技术获得较大的进展

随着生物化学学科以及生物技术的发展，生化产品在我们的生活中也日益增多。食品工程所处理的对象主要也是生物物料，其中的蛋白质是食品的主要营养成分，而多种的酶类和核酸等对于食品和医药等行业都有较重要的利用价值。这就要求对蛋白质、酶以及核酸等生物大分子的分离有新的突破。传统的化学分离方法一般只能分离小分子，而对于大分子则显得无能为力。由于超滤、电泳、凝胶过滤以及亲和色谱技术的出现，使生物大分子的分离得到了更广泛的实际应用，产品质量上也得到了较大的提高。如用超滤分离技术从大豆中分离大豆蛋白便是一个明显的例子。联合国将大豆定为21世纪解决人类营养的主要粮食资源，大豆分离蛋白产品在美国的年消费量已达100万吨。过去采用碱提酸沉法，得率低，污染环境，并且会破坏蛋白质中的氨基酸成分。目前由超滤法代替此种碱提酸沉法，不仅可以有效地改进产品质量(包括风味、色泽和溶解度等)，还可以大大提高蛋白质的得率，减少污染，节约能源。

4. 新型分离技术的开发

近年来,新型分离技术的研究和开发已有较大进展,如膜分离、泡沫分离、超临界气体萃取、电泳分离以及色谱分离等相继出现,使新型分离技术得到了进一步的发展并且有着广泛的应用范围。其中应用较广、成效最大的要算膜分离技术,在食品中的果汁浓缩、速溶咖啡、速溶茶的生产及酶的提取等方面都有应用。超临界气体萃取技术应用于食品香气成分的提取亦有较好的应用前景。此外,超离心分离、亲和层析以及电泳分离技术的出现,使生物大分子、遗传基因载体的分离变得容易,因此也推动了生命科学和生物技术的发展。

食品分离技术是各种分离技术,特别是各种新型分离技术在食品科学中的应用。因此,可以期待,随着现代科学技术的发展而出现的种种分离技术,对于食品科学和技术的发展,将起着巨大的作用。

第二章 沉淀分离技术

第一节 沉淀分离的目的及其方法

沉淀分离技术是经典的化学分离技术。沉淀的概念是指溶液中的溶质在适当条件下由液相变成固相而析出的过程。分离过程中采用沉淀技术，目的有两个：一是通过沉淀使目标成分达到浓缩和去杂质的目的。当目标成分是以固相形式回收时，固液分离可除去留在溶液中的非必要成分；如果目标成分是以液相形式回收时，固液分离可使不必要的成分以沉淀形式去除。二是通过沉淀可将已纯化的产品由液态变成固态，有利于保存和进一步的加工处理。

应用沉淀分离技术时，应考虑3个因素：①沉淀的方法和技术应具有一定的选择性，以使所要分离的目标成分得以很好的分离。选择性愈好，目标成分的纯度就愈高。②对于酶类和蛋白质的沉淀分离，除了要考虑沉淀方法的选择性外，还必须注意到所选用的沉淀方法对这类目标成分的活性和化学结构是否有破坏作用。③对用于食品和医药中的目标成分，要考虑残留在目标成分中的沉淀剂对人体是否有害，否则所采用的沉淀法以及所获得的目标成分都会变得无应用价值。

沉淀分离技术通常包括下列各种沉淀方法：

（1）无机沉淀剂沉淀分离法　通常是以盐类作为沉淀剂的一类沉淀方法，如盐析法，多用于各种蛋白质和酶类的分离纯化，以及某些金属离子的去除。常用的沉淀剂有：硫酸铵、碳酸铵、硫酸钠、柠檬酸钠、氯化钠等。

（2）有机沉淀剂沉淀分离法　以有机溶剂作为沉淀剂的一种沉淀分离方法，多用于生物小分子、多糖及核酸类产品的分离；有时也用于蛋白质的沉淀和金属离子的去除；用于酶的沉淀分离时，易导致酶的失活。常用到的沉淀剂有：丙酮、乙醇、甲醇等。

（3）非离子多聚体沉淀剂沉淀分离法　采用非离子型的多聚体作为目标成分的沉淀剂，适用于生物大分子的沉淀分离，如酶、核酸、蛋白质、病毒、细菌等。典型的非离子型多聚体是聚乙二醇（PEG），根据其相对分子质量的大小，有PEG600、PEG4000、PEG20000等型号。

（4）等电点沉淀法　主要是利用两性电解质在等电点状态下的溶解度最低而沉淀析出的原理。适用于氨基酸、蛋白质及其他属于两性电解质组分的沉淀分离，如大豆蛋白"碱提酸沉"的提取方法。

（5）共沉淀分离法　又可称为生物盐复合物沉淀法，用于多种化合物特别是一些小分子物质的沉淀。它是利用沉淀的同时对其他待分离成分吸附共沉淀而达到除杂的目的。

（6）变性沉淀分离法　又称为选择性变性沉淀法，是利用特定条件使目标成分变性，导致其性质的改变如溶解度下降而得以分离。适用于一些变性条件差异较大的蛋白质和酶类的分离纯化。采取的变性条件有pH值、温度的改变以及添加剂、利用酶的作用等，如腐竹的生产可以说是利用大豆蛋白的热变性而进行分离的一个例子。

第二节 无机沉淀剂沉淀分离法

一些金属离子的各种盐类形式，如硫酸盐、碳酸盐、草酸盐、磷酸盐、铬酸盐、有机酸盐及其一些卤化物、氢氧化物、硫化物，其溶解度都很小。所以，当添加适当的无机沉淀剂形成上述各种化合物时，便会形成沉淀，使金属离子得以分离。另外，大部分蛋白质等生物大分子都可以通过在溶液中加入中性盐而沉淀析出，这一过程称为"盐析"。盐析分离法应用最早和最广泛的是在蛋白质和酶类的分离工作中，至今仍普遍地得到应用。

此节重点介绍金属盐类沉淀法和盐析法。

一、金属盐类沉淀分离法

此种方法利用金属离子与酸根在形成盐类时溶解度低而得以沉淀分离。在柠檬酸发酵工业中应用得较多的是钙盐法。这是因为柠檬酸的钙盐溶解度比较小，易于分离；其次钙离子的来源(石灰)广泛，价格便宜，并且钙离子对食品不造成污染。

工业上柠檬酸的生产采用的钙盐沉淀法过程分钙盐中和及酸解两个步骤。

1. 钙盐中和

发酵液去除菌体后，加入碳酸钙，形成柠檬酸钙沉淀，柠檬酸得以与发酵液的其他杂质分离：

$$2C_6H_8O_7 \cdot H_2O + 3CaCO_3 \longrightarrow Ca_3(C_6H_5O_7)_2 \cdot 4H_2O \downarrow + 3CO_2 + H_2O$$

2. 酸解

得到的柠檬酸钙用硫酸处理，使之生成硫酸钙沉淀，这样将钙和柠檬酸分离，反应式如下：

$$Ca_3(C_6H_5O_7)_2 \cdot 4H_2O + 3H_2SO_4 + H_2O \longrightarrow 2C_6H_8O_7 \cdot H_2O + 3CaSO_4 \cdot H_2O \downarrow$$

然后再经过其他工艺处理，即可得到柠檬酸产品。

在蔗糖生产过程中，也有利用生成碳酸钙沉淀或亚硫酸钙沉淀来进行糖的除杂和澄清。

谷氨酸能与Zn^{2+}、Ca^{2+}、Co^{2+}、Cu^{2+}等金属离子作用生成谷氨酸盐沉淀，因此也可用于从发酵液中分离谷氨酸。其中利用Zn^{2+}进行沉淀的称为锌盐法；利用Ca^{2+}进行沉淀的称为钙盐法。

实验表明，影响此类沉淀效果的因素主要是温度和pH值。在柠檬酸分离时，中和的反应条件为：温度70~85℃，pH值为5.0；酸解的条件为：温度60~85℃，pH值为1.8~2.0。在谷氨酸分离时，锌盐法形成谷氨酸盐的沉淀条件为常温温度，pH值为6.3；钙盐法形成谷氨酸盐的沉淀条件为常温温度，pH值为12.0。

采用此类沉淀方法，常有共沉淀作用和吸附作用发生，并且一些金属盐(如硫酸钙)的溶解度也比较大，因此分离效果不是很理想，一般用作初步分离，并且通常是与其他分离方法配合使用。

二、盐析法

盐析法应用最广的领域是在蛋白质和酶类的分离。用盐析法分离蛋白质已有80多年的历史。由于其他分离技术的出现，盐析法在选择性方面显得有些不足，但是在粗提纯阶段，盐析法仍是一种常用的分离和纯化方法。

盐析法的特点是：成本低，不需特别的设备，操作简单、安全，对一些生物活性成分的破坏作用小。

（一）盐析原理

在低盐浓度下，蛋白质和酶类的溶解度随着盐的浓度提高而增大，这个过程称为盐溶。这主要是中性盐离子对蛋白质分子表面活性基团及水活度的影响：①无机盐离子在蛋白质表面上吸附，使颗粒带相同电荷而互相排斥。②无机盐离子增加了蛋白质的亲水性，改善了与水膜的结合，增加了蛋白质分子与溶剂分子相互的作用力，使蛋白质的溶解度增加。当盐浓度增加到一定程度时，在盐离子的作用下，水活度大大降低，同时蛋白质表面的电荷被大量中和，蛋白质分子外表的水化膜被破坏，蛋白质分子相互聚集而沉淀析出，这就是盐析。在盐析过程中，蛋白质的溶解度与溶液中盐的离子强度之间的关系可用Cohn表达式表示：

$$\lg(S/S_0) = -K_S I$$

或

$$\lg S = \lg S_0 - K_S I$$

式中：S_0——蛋白质在纯水中（$I=0$）的溶解度；

S——蛋白质在离子强度为I的溶液中的溶解度；

K_S——盐析常数；

I——离子强度。

其中离子强度$I = \frac{1}{2}\sum Mz^2$，M表示溶液中各种离子的物质的量浓度，z为各种离子的价数。当温度一定时，对于某一溶质来说，其S_0也是一常数，即$\lg S_0 = \beta$（截距常数），所以有：$\lg S = \beta - K_S I$。β值的大小取决于溶质的性质，与温度和pH值有关。

K_S取决于盐的性质，并且与离子的价数、平均半径有关。一般来说，溶质的K_S值越大，盐析的效果越好；同一溶液中，两种溶质的K_S值相差越大，则盐析的选择性也就越好。

在一定的pH值和温度条件下，改变盐的离子强度I值，使不同的溶质在不同的离子强度下有最大的析出，此种方法称为K_S分段盐析法。保持溶液的离子强度不变，改变溶液的pH值和温度，使不同的溶质在不同的pH值和温度条件下有最大的析出，此种方法称为β分段盐析法。

表2-1列举了一些蛋白质用不同盐类进行盐析时的K_S值。一般来说，高价阴离子如硫酸根、磷酸根等有较高的K_S值，而高价阳离子如镁离子、钙离子等，则会有较低的K_S值。至于蛋白质的性质与K_S值之间的关系，目前还没有明显的规律可寻，也还没有适当的理论加以详述。

表 2-1　蛋白质在不同盐溶液中的盐析常数

盐类 蛋白质种类	NaCl	MgSO$_4$	(NH$_4$)$_2$SO$_4$	Na$_2$SO$_4$	磷酸盐	柠檬酸钠
β-乳球蛋白	—	—	—	0.63	—	—
马血红蛋白	—	0.33	0.71	0.76	1.00	0.69
人血红蛋白	—	—	—	2.00	—	—
马肌红蛋白	—	—	0.94	—	—	—
卵清蛋白	—	—	1.22	—	—	—
纤维蛋白原	1.07	—	1.46	2.16	—	—

(二) 盐析分离法中盐的选择

在盐析法中常用到的中性盐有硫酸铵、硫酸钠、硫酸镁、磷酸钠、磷酸钾、氯化钾、醋酸钠、硫氰化钾等。在蛋白质的盐析中，以硫酸铵、硫酸钠应用最广。虽然磷酸盐的盐析效果比硫酸铵好（表 2-1），但硫酸铵的最大优点是温度系数小，温度的变化引起溶液性质的改变不大，且其溶解度大，应用于许多蛋白质和酶的盐析时，对蛋白质和酶变性的影响较小，并且硫酸铵价格低廉。不同温度下硫酸铵饱和水溶液的性质见表 2-2。

表 2-2　不同温度下硫酸铵饱和水溶液的性质

温度（℃） 性　质	0	10	20	25	30
物质的量浓度(mol/L)	5.35	5.53	5.73	5.82	5.91
质量分数(%)	41.42	42.22	43.09	43.47	43.85
相对密度	1.242 8	1.243 6	1.244 7	1.244 9	1.245 0

硫酸铵用于蛋白质盐析时，最大的缺点是除了缓冲能力较小外，还由于含氮，因此影响到蛋白质的定量分析，尤其是采用凯氏定氮法和双缩脲法进行测定时。硫酸钠由于不含氮，因此不影响蛋白质的定量测定，但其缺点是在 30℃ 以下溶解度太低，需在 30℃ 以上操作效果才较好，不利于保持酶的活性。磷酸盐、柠檬酸钠、硫氰化钾等也用于蛋白质的盐析，但由于溶解度低，或容易与其他金属离子产生沉淀，或因酸性过强，都不如硫酸铵的应用那样广泛。

(三) 影响盐析效果的因素

(1) 蛋白质浓度的影响　对溶液中各种蛋白质进行分步分离时，各种蛋白质浓度不同，硫酸铵的用量差别也较大。蛋白质浓度高时，盐的用量减少。但如果各种蛋白质的 K_S 值比较接近时，则会发生比较严重的共沉作用，使盐析分离的选择性下降。蛋白质浓度过低时，盐的用量增大，但共沉作用较小，选择性较好。溶液中的蛋白质浓度为 2.5%~3.0% 时进行盐析，效果比较好。

(2) 离子强度和离子类型的影响　对于同一类的蛋白质，随着溶液中离子的强度由低而高的变化，蛋白质也随之发生由盐溶而至盐析的变化过程。对于不同类型的蛋白质，盐析时所要求的离子强度各有不同。用盐析法分离多种蛋白质时，总是采用低的离子强度先分离出一种蛋白质，然后再逐渐增加离子强度，分离出第二种、第三种乃至更多种蛋白质，这就是分步盐析法。运用此法时，各种蛋白质的 K_S 值差别越大，效果越好。

（3）不同离子类型对盐析效果的影响　通常认为离子半径小、带较高电荷的离子盐析效果较好，离子半径大、带低电荷的离子盐析效果较差。如单价盐 KCl、NaCl 的盐析效果就较差。不同离子的这种差异，常用其对应于蛋白质的盐析常数 K_S 值的差别来表示，K_S 值越大，盐析效果越好。各种盐类的 K_S 差别可用下列顺序表示：磷酸钾 > 硫酸钠 > 硫酸铵 > 柠檬酸钠 > 硫酸镁。

（4）pH 值对盐析效果的影响　属于两性电解质的分子，如蛋白质、酶及氨基酸等，其溶解度与所带的电荷有关。当其分子所带的正负电荷为零时，分子处于等电状态，此时溶液的 pH 值即为该分子的等电点。处于等电点的两性分子，溶解度最小；偏离等电点的两性分子，溶解度较大。因此在盐析时，一般选择在两性分子的等电点处的 pH 值下进行，以获得最佳的盐析效果。

（5）温度的影响　在低离子强度下，蛋白质的溶解度随着温度的升高而增大；在高离子强度下，则随着温度的升高而下降。对于蛋白质来说，盐析对温度的要求不是很严格，通常是在常温下进行操作。但是对于酶类，由于其大部分对温度都比较敏感，温度升高时其活性容易丧失，因此对于酶类盐析时应在较低温度下操作，以最大限度地保持酶的活性，否则得到的产品若失去活性，分离也将失去意义。

（四）盐析后的脱盐处理

蛋白质、酶等经过盐析沉淀分离后，产品中夹带有盐分，需脱盐处理。因为按照食品工业用酶的法规，食品酶制剂中不允许混有多量的食盐以外的无机盐类。因此盐析得到的产品须通过脱盐方能获得较纯的产品。常用的脱盐处理方法有：透析法、电渗析法和葡聚糖凝胶过滤法。电渗析在膜分离技术一章中有专门介绍，这里只简单介绍一下透析技术。

广义地说，透析也是一种膜分离技术。用于透析的膜是一种半透膜，即具有让小分子和水扩散而不断地通过，直到膜内外浓度达到平衡；而大分子则不能透过膜而被截留在膜内侧的一种类型膜。生物的细胞膜、羊皮纸、火棉胶、玻璃纸以及赛璐玢等即属于半透膜。用于透析的膜，必须具有如下特点：①只允许小分子溶质和溶剂通过，大分子不能通过；②具有化学惰性，与溶质不起化学作用，在水、盐、稀酸、碱中不溶解；③有一定的机械强度和良好的再生性能。透析膜可自制，市售的透析膜多为管状，工业上大量溶液透析脱盐时，可用透析膜片较为方便。

透析的方法通常都比较简单。实验室少量样品可放入做成的透析袋内，并留出一半左右的体积，然后扎紧袋口，悬挂于盛有纯净溶剂（如水）的大容器内，即可透析。成品的透析器有：透析袋、旋转透析器、平面透析器、连续循环透析器、微量透析器、减压透析器、反流透析器。透析过程中通过搅拌和不断更换新鲜溶剂，可大大提高透析效果。如果透析的样品为酶制剂类，则应置于低温环境下进行，以防酶的失活。

（五）硫酸铵饱和度的调整方法

（1）硫酸铵使用前的预处理　用一般生化工业制备的硫酸铵即可，如果待盐析的蛋白质和酶的活性中心含硫基，如菠萝蛋白酶和木瓜蛋白酶等属于硫基蛋白酶类的制品，则需预处理，去除硫酸铵中的重金属离子，以消除其对酶活性的影响。方法是将硫酸铵配成浓溶液，然后通入 H_2S 气体至饱和。放置过夜后用滤纸滤除重金属沉淀物，滤液在瓷蒸发皿中浓缩结晶,再在100℃下干燥即可使用。

(2) 硫酸铵饱和度的调整　①当盐析要求饱和度高而又不宜增大溶液的体积时,可直接加入硫酸铵的固体盐,不同的饱和度应加入的硫酸铵用量可查阅相关的分析手册。②当盐析要求的饱和度不高,又必须防止局部浓度过高时,通常是采用加入饱和硫酸铵溶液法。盐析时要求的饱和度以及所需加入饱和硫酸铵溶液体积的计算如下:

$$V = V_0(S_2 - S_1)/(1 - S_2) \tag{2-2}$$

式中:V——需加入饱和硫酸铵溶液的体积;

　　　V_0——待盐析溶液的体积;

　　　S_1——原来溶液的硫酸铵饱和度(第一次盐析时通常为零);

　　　S_2——需达到的硫酸铵饱和度。

(3) 实例:使用盐析法提取大豆球蛋白工艺流程如下:

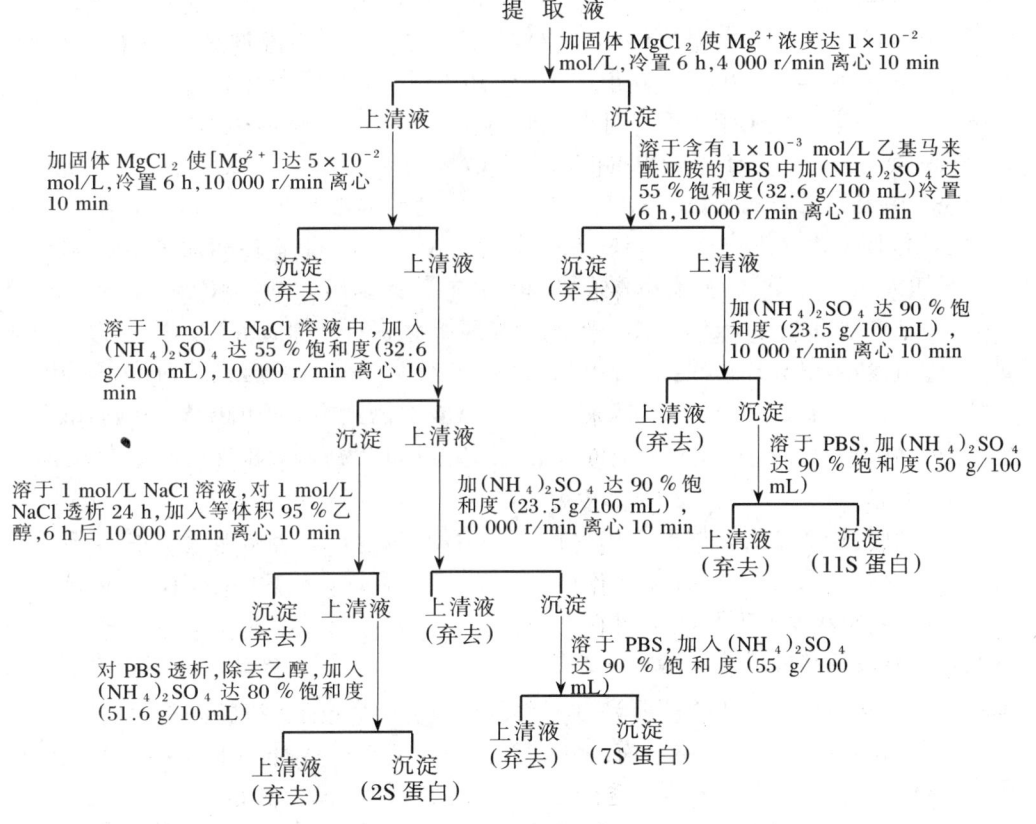

第三节　有机沉淀剂沉淀分离法

一、基本原理及其特点

无机沉淀剂沉淀分离法的最大缺点是分离的选择性和灵敏度都比较差。与无机沉淀剂相比，有机沉淀剂的优点在于：①选择性比较高，即一定浓度的有机沉淀剂只沉淀分离某一种或某一类溶质组分。②沉淀后所得产品不需脱盐，残留的沉淀剂通过挥发而易于去除。有机沉淀剂的缺点是对某些具有生物活性的大分子物质如酶类具有失活作用，因而常常需要在低温下操作。

有机沉淀分离方法之所以能将溶质如酶和蛋白质等从溶液中沉淀出来，主要原因在于：①有机溶剂改变了溶液的介电常数。加入有机溶剂后，降低了溶液的介电常数，因而增强了溶质分子间的静电作用力，降低了溶质分子与溶剂分子间的相互作用，导致了溶质分子之间发生聚合而析出。②脱水作用。由于有机溶剂必须溶解在水溶液中，这样就减少了溶质与水的作用，因而使溶质脱水而相互聚集沉淀。

二、有机沉淀剂的选择

（一）沉淀金属离子的有机沉淀剂

主要有生成螯合物的有机沉淀剂、生成离子缔合物的有机沉淀剂以及生成三元络合物的有机沉淀剂。形成螯合物的有机沉淀剂为螯合剂，一般有两种基团即酸性基团和碱性基团。酸性基团含有可能被金属离子置换的 H^+，如 —OH、—COOH、—SO_3H、—SH 等。碱性基团以配位键与金属离子结合而生成有环状结构的螯合物，包括 —NH_2、=NH、=N—、=CO、=CS 等。螯合物分子不带电荷，并且有较大的疏水基因，难溶于水。常见的有：

（1）羟基肟类，具 —C=C— 结构，能与二价金属离子形成螯合物，如水杨酸肟在 $pH = 2.5$ 时能沉淀 Ca^{2+}、Pd^{2+}，在 $pH = 5.7$ 能沉淀 Ni^{2+}，在 $pH = 7 \sim 8$ 时能沉淀 Zn^{2+}。

（2）氨基酸类，像邻氨基苯甲酸等几种芳香族氨基酸，能与 Cu^{2+}、Zn^{2+}、Cd^{2+}、Co^{2+}、Ni^{2+}、Ag^+、Mn^{2+}、Hg^{2+}、Pb^{2+}、Fe^{3+} 等离子形成络合物而沉淀，可作为金属离子的沉淀剂。邻氨基苯甲酸容易过滤、洗涤，但是选择性较差。半胱氨酸对 Fe^{3+} 等离子的络合，可以消除对菠萝蛋白酶活性的影响。而蛋氨酸、色氨酸、苯丙氨酸和脯氨酸等由于能螯合一些会促进氧化作用的金属离子，因而又可以作为抗氧化剂及抗氧化剂的增效剂。

其他的螯合剂和络合剂如偶氮类化合物、亚硝基化合物、8-羟基喹啉、联苯胺、二苦胺、吡啶等，均具有较强毒性甚至致癌性，并且常常带有较强的异味，因此不能使用。

（二）沉淀有机成分的有机沉淀剂

不少的有机溶剂都可以使水溶液中的氨基酸、蛋白质、酶、核酸、多糖、果胶以及其他生化小分子成分发生沉淀作用，此类沉淀剂有：乙醇、甲醇、丙酮、二甲基甲酰胺、二甲基亚砜、乙腈、乙甲基-2,4-戊二醇（MPD）、异丙醇、α-二氨基乙醇等，其中最常用的是乙醇和丙酮。

食品中蛋白质和酶的沉淀多用乙醇，虽然甲醇、丙酮也能使用，但因为甲醇、丙酮都有一定的毒性，故必须谨慎使用。乙醇还可以作为核酸、核苷酸、糖类、氨基酸、果胶等成分的沉淀剂。马尾藻中的褐藻胶用乙醇提取效果较好；核酸的提取，除了用乙醇外，还可以用异丙醇和 α-二氨基乙醇。

进行有机溶剂沉淀时，有机溶剂的浓度、加入量之间的关系可通过下式求出：

$$V = V_0 (S_2 - S_1)/(1 - S_2) \tag{2-3}$$

式中：V——需加入有机溶剂的体积；

V_0——原溶液体积；

S_1——原溶液中有机溶剂的浓度；

S_2——要求达到的有机溶剂浓度。

（三）影响沉淀效果的因素

1. 金属离子的影响

当溶液中有一些金属离子存在时，能降低大分子溶质的溶解度，同时不影响目标成分的生物活性，可使有机溶剂的用量减少，这在工业上有实用价值。如 Zn^{2+}、Ca^{2+} 在一定的 pH 值条件下能与呈阴离子状态的蛋白质形成复合物，这种复合物在水和有机溶剂中的溶解度明显降低。0.005~0.02 mol/L 的 Zn^{2+} 可以使沉淀蛋白质的有机溶剂用量减少 1/3 至 1/2。Ca^{2+}、Zn^{2+}、Br^{2+} 的存在，也能提高粘多糖的乙醇分段沉淀效果。

2. 盐浓度的影响

溶液中盐的浓度太大或太小，对沉淀都有不良影响。沉淀蛋白质和多糖时，有机溶剂中盐的浓度以不超过 5% 为宜。

3. 溶质相对分子质量与有机溶剂用量的影响

一般说来，待分离组分的相对分子质量越小，有机溶剂的用量越多。不同浓度的有机溶剂能使溶质中不同的组分先后沉淀，因而能起到分步沉淀的效果。例如用乙醇沉淀分离右旋糖酐，不同浓度沉淀的组分如表 2-3 所示。

表 2-3 不同浓度的乙醇沉淀分离右旋糖酐的结果

乙醇浓度(%)	沉淀产物
37.5~38.5	相对分子质量 18 万以上的右旋糖酐
38.5~42.5	相对分子质量 4.5 万~7 万的右旋糖酐
45	相对分子质量 2.5 万~4.5 万的右旋糖酐
60	相对分子质量 1 万~2.5 万的右旋糖酐

4. 温度的影响

在有机溶剂存在时，蛋白质的溶解度随着温度的降低而降低。一些具有生物活性的生化成分，如蛋白质、酶、核酸等，对温度变化较为敏感，温度升高时，容易发生变性。因此为了尽可能地保存制品的生物活性，应尽量采用低温操作。溶液及加入的有机溶剂都应尽可能地预冷至低温，操作过程需在水浴中进行。低温对于提高沉淀效果是比较有利的。

5. pH 值的影响

像酶、蛋白质、氨基酸等大多属于两性电解质物质，因此选择其等电点处的 pH 值，可最大限度地进行沉淀。在一定的有机溶剂浓度下，改变 pH 值，就可以进行有选择的分段沉淀，用以分离不同的组分。

必须指出，在有盐存在的情况下，与待分离溶质的最小溶解度相对应的 pH 值往往会发生偏移。例如酪蛋白在无盐情况下，在 pH 值为 4.60 时溶解度最小；当离子强度为 0.1 mol/kg 时，则在 pH 值为 4.06 时的溶解度最小。

第四节 等电点沉淀分离法

一、等电点沉淀分离的基本原理

等电点沉淀分离法主要是利用两性电解质分子在电中性时溶解度最低，不同的两性电解质具有不同的等电点而进行分离的一种方法。对于像蛋白质、酶以及氨基酸等两性电解质，当其整体电荷为中性时，溶解度最小。由于不同的电解质具有不同的等电点，因此控制不同的等电点，就能将其分离。两性电解质在不同 pH 值的溶液中具有不同的解离状态，电荷情况也不同，能使两性电解质处于荷电性为零的 pH 值，即为该两性电解质的等电点，通常以 pI 表示。

下面以氨基酸为例说明电离情况与其等电点的关系。氨基酸同时具有氨基和羧基，在溶液中通常不是以中性分子存在而是以两性离子存在的。最简单的氨基酸是甘氨酸（GLy），在溶液中是以 $H_3^+NCH_2COO^-$ 形式存在的。

在 pH = 1 时，绝大部分甘氨酸以带正电荷的阳离子形式存在；在 pH = 11 时，以带负电荷的阴离子形式存在；在 pH = 6 时，甘氨酸所带正电荷与所带的负电荷恰好相等，总电荷为零，这一 pH 值称为甘氨酸的等电点，用符号 pI 表示。甘氨酸在酸性条件下呈现 $H_3^+NCH_2COOH$ 状态，可以看作是一个二元弱酸，分子上的 —NH_3^+ 及 —COOH 的 H^+ 均可离解，其分步离解过程如下：

$$H_3^+NCH_2COOH \xrightleftharpoons{K_1} H_3^+NCH_2COO^- + H^+$$

$$H_3^+NCH_2COO^- \xrightleftharpoons{K_2} H_2NCH_2COO^- + H^+$$

离解常数为：

$$K_1 = \frac{[H_3^+NCH_2COO^-][H^+]}{[H_3^+NCH_2COOH]} = 10^{-2.34}$$

$$K_2 = \frac{[H_2NCH_2COO^-][H^+]}{[H_3^+NCH_2COO^-]} = 10^{-9.6}$$

$$[H_3^+NCH_2COOH] = \frac{[H_3^+NCH_2COO^-][H^+]}{K_1}$$

$$[H_2NCH_2COO^-] = \frac{K_2[H_3^+NCH_2COO^-]}{[H^+]}$$

根据等电点定义，在等电点状态下，甘氨酸所带的正电荷数与所带的负电荷数相等，即

$$[H_3^+NCH_2COOH] = [H_2NCH_2COO^-]$$

所以有：

$$\frac{[H_3^+NCH_2COO^-][H^+]}{K_1} = \frac{K_2[H_3^+NCH_2COO^-]}{[H^+]}$$

即：$K_1 K_2 = [H^+]^2$

此时的 pH 值，即为 pI 值： $pK_1 + pK_2 = 2pH$

$$pI = \text{pH} = \frac{1}{2}(pK_1 + pK_2) = \frac{1}{2}(2.34 + 9.6) = 5.97$$

从上可以看出，氨基酸在溶液中的离解和带电情况是随溶液的 pH 值变化而变化的，改变溶液的 pH 值，就可以使氨基酸或带正电、或带负电、或不带电。将不带电的氨基酸置于电泳装置中，就不会出现电泳现象。此时溶液的 pH 就称为此种氨基酸的等电点。不同的氨基酸有不同的等电点，等电点是表征各种氨基酸的特征值，可作为分析、鉴定氨基酸的依据。

含有多个氨基或羧基的其他氨基酸，其氨基和羧基的离解常数可通过酸碱滴定进行测定，通过这些离解常数，可计算其 pI 值。各种氨基酸的 pK 值和 pI 值见表 2-4。在偏离 pI 时，氨基酸因带有同种电荷而互相排斥；在 pI 状态下，所带电荷为零，易于互相接近，溶解度小。从小麦面筋水解液或从微生物发酵液中提取谷氨酸时，一边搅拌料液，一边加 HCl 溶液，在达到 pH = 4 时，开始有谷氨酸结晶出现，继续加入 HCl 溶液至 pH = 3，静置一段时间，大部分谷氨酸就沉淀出来，谷氨酸的 pI = 3.22。谷氨酸的溶解度与 pH 值的关系可以用图 2-1 表示。谷氨酸发酵工业中，根据等电点沉淀法的原理提取谷氨酸的工艺流程如图 2-2 所示。

表 2-4 各种氨基酸的离解常数和等电点(25℃)

氨基酸种类	代号	pK_1(COOH)	pK_2	pK_3	pI
丙氨酸	Ala	2.34	9.69	—	6.00
精氨酸	Arg	2.17	9.04(NH_3^+)	12.48(胍基)	10.76
天门冬酰胺	Asn	2.02	8.80	—	5.41
天门冬氨酸	Asp	1.88	3.65(COOH)	9.60(NH_3^+)	2.77
半光氨酸(30℃)	Gys	1.96	8.18(SH)	10.28(NH_3^+)	5.07
胱氨酸(30℃)	Gys-Gys	<1.0	1.7(COOH)	7.48 和 9.02(NH_3^+)	4.60
谷氨酸	Glu	2.19	4.25(COOH)	9.67(NH_3^+)	3.22
谷氨酰胺	Gln	2.17	9.13	—	5.65
甘氨酸	Gly	2.34	9.60	—	5.97
组氨酸	His	1.82	6.00(咪唑基)	9.17(NH_3^+)	7.59
羟脯氨酸	Hyp	1.92	9.73	—	5.83
异亮氨酸	Ile	2.36	9.68	—	6.02
亮氨酸	Leu	2.36	9.60	—	5.98
赖氨酸	Lys	2.18	8.95(α-NH_3^+)	10.53(ε-NH_3^+)	9.74
蛋氨酸	Met	2.28	9.21	—	5.74
苯丙氨酸	Phe	1.83	9.13	—	5.48
脯氨酸	Pro	1.99	10.60	—	6.30
丝氨酸	Ser	2.21	9.15	—	5.68
色氨酸	Try	2.38	9.39	—	5.89
酪氨酸	Tyr	2.20	9.11(NH_3^+)	10.07(OH)	5.66
缬氨酸	Val	2.32	9.62	—	5.96

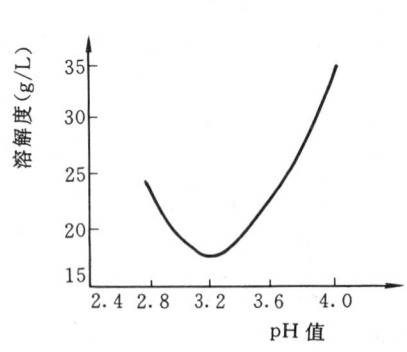 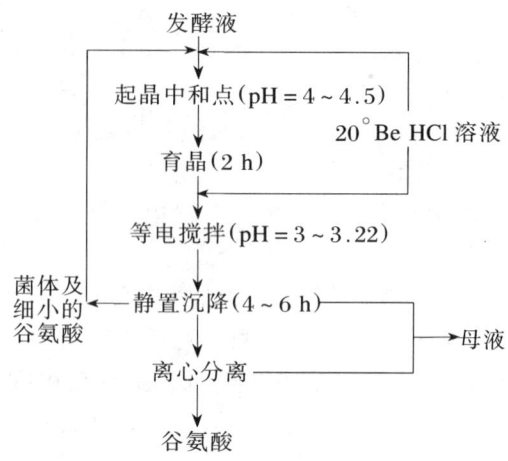

图 2-1 谷氨酸溶解度与 pH 值的关系　　　　图 2-2 等电点法提取谷氨酸工艺流程图

二、蛋白质的等电点沉淀分离

蛋白质由 20 多种氨基酸通过肽键聚合而成，相对分子质量从数万到数百万，虽然肽链中大部分 α-氨基和羧基形成肽键，但肽链末端的氨基和羧基、支链上的可离解基团以及分子中还含有的不同数量的酸性和碱性氨基酸等，都能在水中离解。因此蛋白质也可以用酸碱滴定法确定其等电点。由于不同蛋白质中可滴定的酸性和碱性基团的数目差别很大，从几十到几百不等，所以蛋白质是多价的两性电解质，通常在偏酸性溶液中带正电，在偏碱性溶液中带负电，不同的蛋白质的等电点见表 2-5。

表 2-5　一些蛋白质的等电点

蛋白质	pI	蛋白质	pI	蛋白质	pI
鱼精蛋白	12~12.4	醇溶谷蛋白	6.5	鸡蛋清蛋白	4.55~4.9
胸腺组蛋白	10.8	乳球蛋白	5.1	牛胰蛋白酶	5.0~8.0
溶菌酶	11.0~11.2	菠萝蛋白酶	9.35	家蚕丝蛋白	2.0~2.4
细胞色素 c	9.8~10.3	血红蛋白	7.1	肌球蛋白	5.4
RNA 酶	7.8	牛胰岛素	5.3~5.4	大豆蛋白	4.3
酪蛋白	4.6	明胶	4.7~5.0	人血清蛋白	4.6

蛋白质在其等电点处的净电荷为零，因而容易相互聚集成为较大的颗粒而沉淀。图 2-3 所示为大豆蛋白在不同 pH 值条件下的氮溶解指数。曲线表明，当溶液 pH 值为 0.5 时，有 50% 左右的蛋白质溶解；pH = 2.0 时，约有 85% 的蛋白质溶解；当 pH = 4.2~4.3 时，蛋白质的溶解度趋向于最小，只有 10%，这时大豆球蛋白基本上不溶解；当 pH 值大于 4.3，达到 6.5 时，蛋白质的氮溶解指数为 85%；当 pH = 12 时，蛋白质的氮溶解指数达到最大值，约为 90%。上述曲线便是"碱提酸沉"法分离大豆蛋白的理论依据。其原理就是脱脂豆粉中的蛋白质大部分能溶于稀碱(pH = 9.0~9.1)溶液中，用稀碱溶液将大豆蛋白最大量地浸提出来，然后离心除去不溶性成分，用 10%~35% 的食用 HCl 溶液调

整溶液的 pH 值至 4.3 左右，使蛋白质在等电点状态下沉淀。大豆蛋白的"碱提酸沉"法工艺流程为：

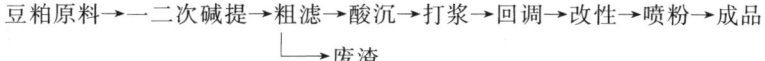

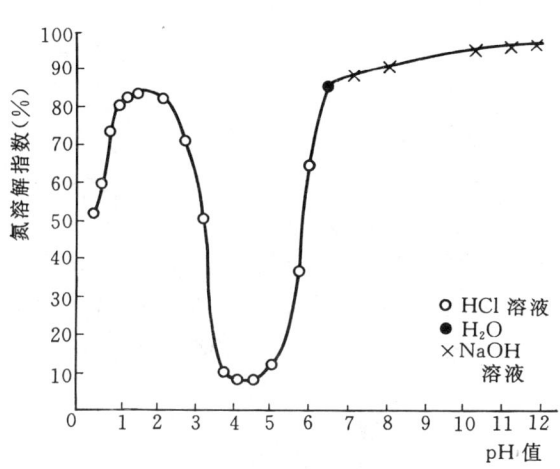

图 2-3 大豆蛋白的氮溶解指数随 pH 值的变化

第五节 其他沉淀分离技术

一、变性沉淀分离法

1. 变性沉淀分离的原理

生物大分子在变性时，往往形成沉淀，如鸡蛋在水溶液中经加热后就凝固而不再溶解，这就是蛋白质不可逆变性的明显的例子。生物大分子经变性沉淀后，就变得容易提取和去除。因此，此种方法的原理就是利用生物大分子对物理、化学等外部环境因子敏感性的差异而选择性地使一种组分发生变性形成沉淀，而让另一些组分保持不变性，这样就可以达到分离和除杂、提纯的目的。

2. 酶和蛋白质变性的概念及影响因子

生物化学认为，酶和蛋白质具有四级结构，其一级结构是指蛋白质肽链中的氨基酸组成和排列形式，而其二、三、四级结构则包括肽链的组成、空间结构及其互相作用的关系。蛋白质的变性通常是指二、三、四级结构发生变化，从而导致蛋白质物理、化学性质的改变及生物功能的改变，变性不涉及一级结构的破坏。如果蛋白质一级结构发生变化，则属于蛋白质的水解。如果酶和蛋白质的变性程度较严重，往往导致活性的丧失；如果变性程度较轻，酶和蛋白质的生物活性不一定丧失或只丧失部分活性。因此酶和蛋白质的变性不一定都会丧失活性，但是丧失了生物活性的酶和蛋白质，必定是已经变性了的酶和蛋白质。

如果变性因子去除后，变性了的生物大分子能恢复原来的基本构象，其性能也与变性前相差不大时，此种变化称为可逆变性，相反则称为不可逆变性。胰蛋白酶在 pH = 2.0 的酸性环境中可耐较高的温度，热变性后所产生的沉淀是可逆的，冷却后将沉淀溶解即可恢复原来的活性。而鸡蛋的加热凝固是不可逆的变性。一般说来，在温和条件下产生的变性容易恢复，在较剧烈的条件(高温、强酸、强碱)下发生的变性则多为不可逆变性。

影响蛋白质变性的因素包括温度、pH 值以及其他的化学因子。

(1) 温度 在较高温度的作用下，使得维持蛋白质二级、三级和四级结构的弱键发生了断裂，破坏了肽链原来特有的排列和空间结构，使原来在大分子内部的极性基团转到分子的表面，促进了蛋白质分子的相互凝集而沉淀。一般说来，受热温度较低、时间较短时，蛋白质的热变性是可逆的；当受热温度较高、时间较长时，则蛋白质的热变性多数是不可逆的。许多蛋白质都有一个较长的稳定温度区域，此区域多为 5～40℃。但大多数酶类，则要求在较低温度下贮存才能保持不失活的状态。低温往往降低酶的活性，起到一种抑制作用，当温度升高时其活性又得到恢复，因此酶通常保存在低温下。但个别酶如固氮酶在 0～1℃放置 15 h 后，其活性表现出不可逆的丧失。每一种酶都有一个活性最高的温度，但这个温度不是保存酶的最佳温度。如菠萝蛋白酶的最适反应温度为 60℃，在此温度下保存 60 min 或更长的时间，酶活性即会下降一半。

(2) pH 值 大部分蛋白质在 pH = 4～10 的范围内是比较稳定的，超过这个范围就会发生变化。变性的原因在于酸碱的作用使蛋白质分子内的基团带电性质发生了变化，从而破坏了静电引力所形成的键，导致原来构象发生了变化。每种酶都有一个活性表现最大的 pH 值。这个 pH 值称之为酶的最适 pH 值。

(3) 其他化学因子 能使蛋白质变性的化学试剂包括：甲酸、乙酸、二氯乙酸、三氯乙酸等酸类，甲醇、乙醇等醇类，还有 N-甲基乙酰胺、甲酰胺等酰胺类以及二脲、盐酸胍、氯仿、酚等，表面活性剂如十二烷基磺酸钠(SDS)等，它们与蛋白质高度结合，可将蛋白质的亚基拆散从而引起蛋白质变性。此外，由于酶的作用，常常也会使得蛋白质变性沉淀而得到分离，如凝乳酶对牛乳中的酪蛋白作用，可使之成为干酪而得以分离。

3. 蛋白质变性后性质的改变

(1) 生物活性丧失 包括酶活性、激素、毒素、抗原性等性质以及血红细胞的输氧功能的丧失。

(2) 物理化学性质改变 溶解度下降甚至出现沉淀，粘度增加，扩散系数降低，光谱特性变化。又由于变性，使得其结构松散，侧链基团暴露，易于被蛋白酶水解。

4. 变性沉淀分离的方法

(1) 热变性沉淀分离 利用各种蛋白质对热的稳定性不同的特点，使蛋白质组分之间得以分离，同时使蛋白质与水及其他可溶性物质分离开来，此法常用于组织化植物蛋白生产。蛋白质经热变性处理后，易于分离和过滤。利用脂肪酶和淀粉酶的热敏感性不同，在 40℃温度下处理 2.5 h (pH = 3.4)，可将黑曲霉发酵液中 90% 以上的淀粉酶去除，从而可以制备较纯的脂肪酶。

大豆蛋白在 50～60℃时开始变性；在 70～80℃时，其分子结构有较大变化。腐竹的生产是利用大豆蛋白分子的热变性原理进行的。热变性时，大豆蛋白分子间通过其副价键聚集而形成蛋白质聚合体,在豆浆煮沸的温度下,大豆蛋白进一步胶粘聚集成膜,疏水性增加,最后从溶液中分离出来。腐竹的生产工艺流程见图2-5。

原料大豆→清 选→脱 皮→浸 泡→磨 浆→
滤 浆→煮 浆→揭 竹→烘 干→包 装→成 品

图 2-4 腐竹生产工艺流程图

(2) 选择性的酸碱变性沉淀分离　利用酸碱变性原理,调节溶液 pH 值,可以有选择地除去杂蛋白,有利于提高酶制剂的比活和纯度。此种方法在生化制备中经常使用。如用2.5%的三氯乙酸处理胰蛋白酶、抑肽酶或细胞色素 c 等粗酶提取溶液,可除去大量的杂蛋白。大豆蛋白在 pH 值低于 2.2 或高于 12 时,便会出现明显的变性现象,特点是粘性提高,溶解度下降。

(3) 利用酶作用进行变性分离　凝乳酶催化牛乳酪蛋白的沉淀是一个明显的例子。在凝乳酶的作用下,牛乳形成凝块或凝胶的过程分两步:凝乳酶首先把 k-酪蛋白部分降解改性,然后,经过改性了的酪蛋白聚集成胶束并进一步形成凝胶而沉淀,当有 90% 的 k-酪蛋白被水解时,可以看到胶束的聚集现象。利用此原理进行干酪的制作过程如下:

牛乳 + 菌母 + 粗制凝乳酶(30℃) $\xrightarrow{5min}$ 形成凝块 $\xrightarrow{25min}$ 切块 → 清洗 →
沉淀 → 除去上清液(乳清) → 斩碎 + 盐 → 压榨

粗制凝乳酶水解酪蛋白的得率较高,产品中含有适中的肽,但几乎没有游离的氨基酸。凝乳酶主要来自于小牛胃,来源有限,因此可用其他的蛋白酶作代用品,如猪、牛的胃蛋白酶、微小毛酶、麦氏毛酶以及各种植物蛋白酶等等。但是由于酶的专一性不同,因此在产率和产品的特性方面会产生变化并常有苦味出现。表 2-6 为各种来源的酶制剂在干酪制作过程中的效果。

表 2-6　干酪制作中凝乳酶代用品的使用效果

酶种类	产品得率下降率(%)	风味	质地	苦味
猪胃蛋白酶	0.16	一般	可以	可以
牛胃蛋白酶	0.16	一般	一般	一般
微小毛酶	0.48	可以	可以	一般
麦氏毛酶	0.64	一般	可以	可以
栗疫病菌	1.18	可以	可以	一般
凝乳酶 + 猪胃蛋白酶(1:1)	0.10	可以	可以	可以

利用木瓜蛋白酶和菠萝蛋白酶作用于大豆蛋白时会发现,大豆蛋白聚集体会因菠萝蛋白酶的作用而展开,酶主要作用于 11S 蛋白,将其分解为相对分子质量小的碎片,释放出 7S 和 4S 蛋白,这些碎片因聚集而凝结,最后也能形成干酪制品。

(4) 利用表面活性剂或有机溶剂引起变性　在制备核酸时,可加入含水酚、氯仿以及十二烷基磺酸钠等试剂,可有选择地使蛋白质发生变性沉淀,达到去除杂质、提纯核酸的目的。

二、生成盐类复合物沉淀分离法

生物大分子都可以生成盐类复合物,此类盐类复合物溶解度很低,易于沉淀析出而得以分离。

(1) 金属复合盐法　与羧酸、胺及杂环等含氮化合物作用的离子:Mn^{2+}、Fe^{2+}、Co^{2+}、Ni^{2+}、Cu^{2+}、Zn^{2+}等,只与羧酸起作用的离子:Ca^{2+}、Ba^{2+}、Mg^{2+}、Pb^{2+}。与含巯基的生物的分子具亲和力的离子:Hg^{2+}、Ag^+、Pb^{2+}。

(2) 有机盐法　苦味酸、苦酮酸、单宁、茶多酚(包括儿茶素)等可与蛋白质形成复合盐类并沉淀而得以分离。0.3%的茶多酚对菠萝蛋白酶有较好的分离效果,回收率达73%,无单宁的苦涩味,不改变菠萝汁的糖酸比;如用单宁法,添加0.5%的单宁后,糖酸比由原来的11.29降低到5.26。由于茶多酚的抗氧化能力,可使菠萝蛋白酶的半衰期从6天提高到28天。酶的最适pH值和最适温度(60℃)保持不变,米氏常数值稍有提高。

(3) 无机盐法　利用磷钨酸和磷钼酸与氨基酸的作用,形成盐类复合物而使氨基酸得以沉淀分离。

应用实例:单宁沉淀法制备菠萝蛋白酶工艺流程如下:

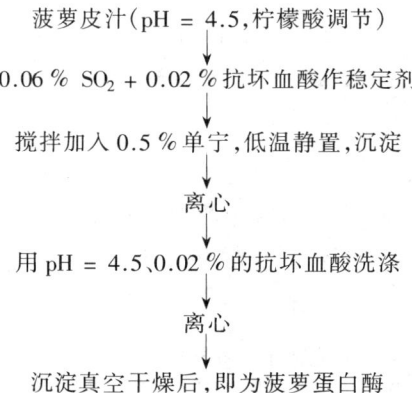

儿茶素对大豆脂肪氧化酶具有沉淀失活作用,因此儿茶素在常温和低浓度下能够有效地抑制脂肪氧化。当儿茶素的浓度为2×10^{-6} mol/L时,可使这种酶丧失50%的活性;当儿茶素的浓度为5×10^{-5} mol/L时,酶的活性几乎完全丧失。这对于大豆除腥、防止脂肪氧化变劣具有重要意义。近年来,以儿茶素为主要成分的茶多酚已被开发成抗氧化剂作为食品保鲜剂。

三、非离子型聚合物沉淀分离法

非离子型聚合物是近年来出现的一类生物大分子沉淀剂。这一类沉淀剂主要是聚乙二醇(PEG),此外还有壬苯乙烯化氧、葡聚糖、右旋糖酐硫酸钠等。目前广泛应用于细菌、病毒、核酸、蛋白质和酶的沉淀分离等。虽然不少高分子有机聚合物都可以用来沉淀蛋白质,但多因溶液的粘度大、不易操作或易使蛋白质变性而无多大实用意义。而PEG在浓度达20%时,粘度仍不大,同时对蛋白质有保护作用,分离的选择性又比硫酸铵、丙酮的分离效果好,有时甚至可以与凝胶过滤相比,加上操作方法简单,可处理量大,因而受到重视。

此类聚合物能够引起生物大分子沉淀的机理目前尚不完全清楚，但有几种解释：①认为沉淀的产生是由于聚合物与大分子共沉而形成沉淀。②聚合物与生物大分子以氢键结合形成复合物而沉淀。③聚合物与生物大分子争夺水分子，水分子在生物大分子以及聚合物之间发生重新分配，生物大分子产生脱水而沉淀。④聚合物对生物大分子的空间排斥作用，使生物大分子被聚集在一起而引起沉淀。上述 4 种解释中，第③、④种解释有较多的实验结果支持，说服力较强。

此种分离方法的优点在于：①操作条件温和，不会引起生物大分子的变性。②具有较高的沉淀分离效果，成本低。③沉淀分离的选择性较好，用不同的浓度可沉淀不同的组分，因而分段分离的选择性较好。④沉淀后的多聚物易于去除，也可以回收。

应用较多的非离子型聚合物有聚乙二醇，聚乙二醇具有如下的化学结构：

$$\begin{array}{c} CH_2-(CH_2-CH_2-O)_n-CH_2 \\ | \qquad\qquad\qquad\qquad\qquad | \\ OH \qquad\qquad\qquad\qquad\qquad OH \end{array}$$

用聚乙二醇沉淀生物大分子时，其效果与如下几种因素有关：①沉淀剂的相对分子质量越大，沉淀效果越好，但聚乙二醇相对分子质量超过 20 000 时，由于粘性太大而不易操作，一般使用的相对分子质量是 2 000 ~ 6 000 左右。②生物大分子的相对分子质量越大，沉淀效果越好，若低于 20 000，效果不明显。③生物大分子的浓度如太稀时，效果也不明显，但蛋白质浓度太高，各组分之间的互相作用系数也越大，反而影响分离效果，所以以小于 10 mg/mL 为宜。④当溶液中的离子强度大时，使用的沉淀剂的浓度可明显降低。也就是说，有其他离子的存在，可提高 PEG 的分离效率。⑤当生物大分子处于等电点状态时，使用的沉淀剂浓度也会有明显的降低，即在两性分子的等电点下，PEG 的分离效果得到提高。

PEG 的沉淀过程仍可由 Cohn 盐析方程式表达：

$$\lg S = \beta - K_S I - f \tag{2-4}$$

式中：I——PEG 的质量分数；

f——溶液中各种蛋白质相互作用系数。

实验结果表明，PEG6 000 对相对分子质量在 95 000 以上的 β-葡萄糖苷酶、β-半乳糖苷酶、β-木糖苷酶有很好的分离效果，比活可以提高 20 倍以上，并且总活力的 70% 以上分布在 12% ~ 16% 的 PEG 范围。对相对分子质量 50 000 左右的葡萄糖淀粉酶，沉淀效果就差得远，对相对分子质量为 20 000 的木聚糖酶，即使 PEG 浓度达 25%，沉淀作用仍然很小。总的说来，PEG 沉淀法对于组分多、相对分子质量差别大、并且相对分子质量大的目标组分样品有较理想的沉淀效果；对组分不多，相对分子质量差别不大的样品分离效果则较差。PEG 有很广的相对分子质量分布范围，但应用得较多的是 2 000 ~ 6 000 之间，相对分子质量太小，起不到分离效果；太大则粘度较大，不易操作。

PEG 沉淀法广泛应用于酶、核酸、蛋白质、病毒、细菌等大分子组分的沉淀分离，其分离效果与沉淀剂浓度、离子强度、pH 值和温度等因素有关。如用 PEG 沉淀蛋白质时，蛋白质相对分子质量越大，浓度越高，沉淀时所需要的 PEG 浓度也越低。当溶液中存在盐组分时，盐的浓度越高，需要的 PEG 浓度越低；溶液中的 pH 值越接近目标组分的等电点时，需要的 PEG 浓度越低。

第三章 超临界流体萃取技术

第一节 概 述

一、超临界萃取及超临界流体的概念

超临界萃取是以超临界流体作为萃取剂,在临界温度和临界压力附近的条件状态下,从液体或固体物料中萃取出待分离的组分,又称为压力流体萃取、超临界气体萃取、超临界溶剂萃取等。与萃取和浸提比较,其相同之处均是以溶剂作为萃取剂,实现相与相之间的传质分离;不同的是,超临界流体萃取的溶剂是处于稍为超过其临界点状态下,即流体处于一种超临界状态,在这种超临界状态下的流体具有气体的低粘度、高扩散系数和液体的高密度的特性,对许多物质成分均具有很强的分离能力,其分离速率远比常规的液体溶剂萃取快,因此其分离效率可大大提高。

超临界流体是指处于超过物质本身的临界温度和临界压力状态时的流体。稳定的纯物质都具有固定的临界点,包括临界压力 p_c、临界温度 T_c 和临界密度 ρ_c。物质的临界状态是指其气态和液态共存的一种边缘状态,在此状态中,液态的密度与其饱和蒸气的密度相同,因此界面消失。这样的状态只有在临界温度和临界压力下才能实现。如果气体处于临界温度之上,无论施加多大的压力,都不能将其液化。对于稍为超过其临界点即在临界点附近的超临界流体,操作温度或压力的微小变化,都会引起流体密度的很大变化,同时会引起其溶解能力的变化。因此,利用超临界流体的此种特性,在高密度条件(低温、高压)下,溶解出所需要的组分,然后改变操作条件(提高温度或降低压力),在低密度条件下将萃取出来的成分与萃取剂分离,从而实现整个分离过程。

二、超临界流体萃取技术的发展现状

超临界流体萃取技术是一项新开发的分离技术,但超临界流体的溶解和萃取现象的发现,可追溯到 1879 年,最先由 Hannay 和 Hogarth 用实验证实了金属卤化物可以溶解在超临界流体乙醇和三氯化碳中,当压力降低时便有盐从此种流体中析出。到本世纪 50 年代,美国 Todd 和 Elgin 从理论上提出将超临界流体用于萃取分离的可能性。与此同时,前苏联的科学家提出将超临界分离技术应用于石油的脱沥青过程。60 年代初,西德学者开始从事这方面的研究,并于 1963 年在世界上首次申请了这方面的专利。真正把超临界流体技术作为一类具有强溶解能力的萃取分离技术,则是近 20 年的事情。1978 年在西德召开了首届国际超临界流体萃取技术的专题会议,使之成为国际上关注的新技术课题之一。目前,超临界流体萃取技术已经成为一项新的分离技术,对其研究的范围,包括过程原理、测试手段、基础数据以及与之有关的超临界热力学、工艺学及高压设备等方面的研究也相

继展开。其应用范围，包括石油化工、食品工业和医学医药工程等多个方面，具体的应用表现在如下几个领域：

(1) 石油脱沥青；
(2) 从煤中萃取出用作化学原料的碳氢化合物；
(3) 鱼肝油的分离；
(4) 高碳烯烃的分离；
(5) 甘油油酸酯的分离；
(6) 从蛇麻中提取有效的成分；
(7) 从胡椒、肉豆蔻、辣椒中提取有效成分；
(8) 从可可豆中提取可可脂；
(9) 从大豆中提取豆油；
(10) 从植物中提取生物碱；
(11) 去除烟草中的尼古丁和焦油成分；
(12) 从咖啡和茶叶中去除咖啡碱。

第二节　超临界流体萃取的基本原理及特征

一、超临界流体的基本性质

（一）超临界流体的临界点

稳定的纯物质都具有固定的临界点，包括其临界压力 p_c、临界温度 T_c 和临界密度 ρ_c。表 3-1 列出了一些超临界流体萃取中常用到的萃取介质的上述三个临界值。

表 3-1　常用超临界流体的临界点

流体种类	临界温度(℃)	临界压力(×101.33 kPa)	临界密度(g/cm³)
乙烷 C_2H_6	−88.7	48.8	0.203
丙烷 C_3H_8	−42.1	42.6	0.226
丁烷 C_4H_{10}	10.0	38.0	0.228
戊烷 C_5H_{12}	36.7	33.8	0.232
乙烯 C_2H_4	9.9	51.2	0.227
氨 NH_3	132.4	112.8	0.236
二氧化碳 CO_2	31.1	73.8	0.460
二氧化硫 SO_2	157.6	78.8	0.525
水 H_2O	374.3	221.1	0.326
一氧化二氮 N_2O	36.5	71.7	0.451
氟里昂-13 $CClF_3$	28.8	39.0	0.578
甲醇 CH_3OH	240.5	81.0	0.272

表 3-1 中的二氧化碳是最常用到的超临界萃取介质，这是因为它的临界温度最接近常温，临界压力约为 7.4 MPa，容易达到，并且具备了无毒无臭和防氧化及来源方便等优

点，因此是最常用的萃取剂，在食品行业中尤为重要。图 3-1 为二氧化碳的 p-ρ 等温线。此图主要说明在等温条件下，处于超临界状态下的萃取剂的密度与压力之间的关系。阴影部分中，在稍高于 CO_2 临界点温度的区域内，压力的微小变化，都会引起密度 ρ 的较大变化。密度越高，对物质的溶解能力越高。因此超临界流体萃取技术就是利用超临界流体的这种密度变化特性，控制适当的操作条件，在高密度条件(低温、高压)下，将待分离组分萃取出来，然后改变操作条件(稍为提高温度或降低压力)，将待分离组分析出而得以分离。

图 3-1 中的阴影部分处于 CO_2 的临界温度点附近，因此是最适宜选用的操作区域。一般地说，操作温度是高出流体临界值的 10 ~ 100℃，压力为 5 ~ 30 MPa。

(二) 超临界流体的性质

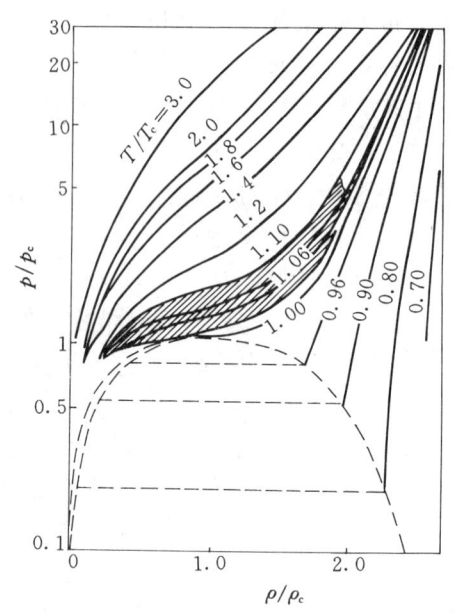

图 3-1　CO_2 的 p-ρ 等温线

超临界流体的最重要的性质是密度、粘度和扩散系数。表 3-2 为超临界流体与一般气体、液体的比较。

表 3-2　气体、液体与超临界流体的特性比较

物理性质	气体 (常温、常压)	超临界流体		液体 (常温、常压)
		T_c, p_c	T_c, $4p_c$	
密度(g/cm^3)	0.006 ~ 0.002	0.2 ~ 0.5	0.4 ~ 0.9	0.6 ~ 1.6
粘度(10^{-5} Pa·s)	1 ~ 3	1 ~ 3	3 ~ 9	20 ~ 300
扩散系数(10^{-4} m^2/s)	0.1 ~ 0.4	0.7×10^{-3}	0.2×10^{-3}	$(0.2 ~ 2) \times 10^{-5}$

从表 3-2 可知，超临界流体在密度上接近于液体，因此，对固体、液体的溶解度也与液体相接近，密度越大，溶解能力也越强。又由于超临界流体在粘度上接近于气体，扩散系数比液体大 100 倍，因此，渗透性极佳，能够更快地完成传质过程而达到平衡，实现高效的分离过程。

(三) 超临界流体的溶解能力

超临界流体对待分离组分的溶解能力随着超临界流体密度的改变而改变。在临界点附近(即适宜的操作区域)，改变温度或压力都会明显地改变超临界流体的密度，也就改变了超临界流体的溶解度。图 3-2 表示了萘在 CO_2 流体中的溶解度随着压力变化而变化的情况。当压力小于 7 MPa 时，萘在 CO_2 中的溶解度是非常小的，当压力上升到 CO_2 的临界压力附近时，溶解度迅速增大，当压力上升到 25 MPa 时，溶解度可达 70 g/L。超临界流体的溶解能力 C 与密度之间的这种关系可以用下面的关系式表示：

$$\ln C = m \ln \rho + 常数 \tag{3-1}$$

式中：ρ——流体的密度；

m——正数，m 值和常数值与所使用的超临界流体以及待分离组分的化学性质有关。

因此上式表明了超临界流体的溶解度随密度的增大而增大。根据"相似相溶"的原则，选用的超临界流体在化学性质上与待分离组分的性质越相似时，式中的 m 值和常数值就越大，超临界流体对分离组分的溶解能力就越大。从以上分析可知，只要选择了恰当的超临界流体，适当地改变温度和压力等操作条件，就可以对物料中的多组分体系实现选择性的分离。

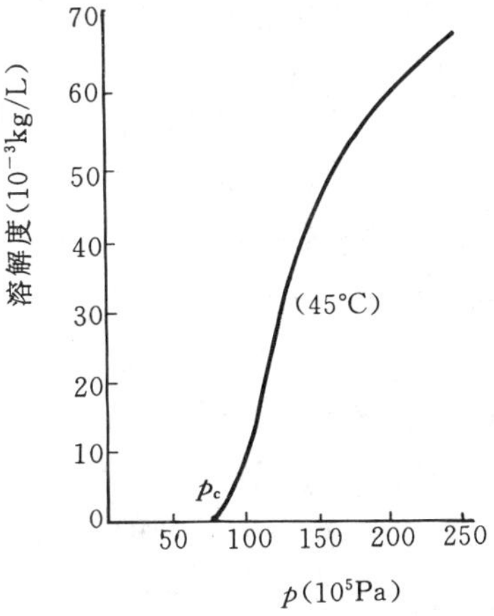

图 3-2 萘在 CO_2 中的溶解度与压力之间的关系

二、超临界流体萃取的特征

（1）超临界流体的溶解能力随着其密度的增大而提高，因此，通过改变超临界流体的密度，可以将待分离的成分萃取和分离。提高超临界流体的密度，将待分离成分溶出，然后降低超临界流体的密度，使待分离成分从超临界流体中析出来。同时超临界流体又能保持气体所具有的传递特征，比液体溶剂渗透得快，能更快地达到平衡。因此超临界流体兼备了液体和气体的特征，其萃取效率一般都高于液体溶剂萃取。

（2）在接近临界点处只要温度和压力有微小的变化，超临界流体的密度和溶解度都会有较大变化。因此，改变超临界流体密度的方法有二：一是采用固定温度、改变压力的方法；二是采用固定压力、改变温度的方法。这都是比较容易控制的工艺条件。

（3）萃取过程完成后，超临界流体由于状态的改变，很容易从分离成分中脱除，不给产品和食品原料造成污染，因此，尤其适用于食品和医药等行业。

（4）超临界流体萃取技术中所选用的萃取剂，其临界温度不过高也不过低，并且化学性质稳定，具有无腐蚀性，因此特别适用于具有热敏性或易氧化的成分，如食品的香气成分、生理活性成分以及酶和蛋白质等成分的提取和提纯。

（5）超临界流体萃取技术属于高压技术，需要相应的高压设备。

三、超临界流体的选择

在超临界流体萃取的工艺过程中，对超临界流体的要求，第一是具有良好的溶解性能，第二还要求其具备良好的选择性。这样才能有效地除杂，提高产品质量。提高超临界流体选择性的基本原则有两条：①工艺中的操作温度与超临界流体的临界温度接近；②超临界流体的化学性质与待萃取成分的化学性质相似。如果符合上述两个原则，一般都会取得较好的分离效果。对于超临界流体的具体要求，还有如下几点：①作为超临界流体的萃取剂，应该是化学性质稳定，无毒性和无腐蚀性，不易燃和不易爆。②超临界流体的操作温度应接近于常温，以节约能源，并使操作温度低于待分离成分的分解温度。③超临界流体的操作压力应尽可能的低，以降低压缩机的动力消耗。④对于待分离成分要有较高的选择性和较高的溶解度。⑤来源广泛，价格便宜。

常用的超临界流体有 CO_2、SO_2、C_2H_6、C_2H_4、C_3H_8、C_4H_{10}、C_5H_{12}、$CClF_3$ 等。这些萃取剂中以 CO_2 最为常用，对食品分离尤为重要，这是因为：

（1）CO_2 的临界温度为常温（31.4℃），操作温度接近于常温，对热敏性的食品原料无破坏性作用，因此不会影响食品的风味，对食品中待分离的热敏性成分如香气成分、生理活性物质、酶及蛋白质等亦无破坏作用。

（2）CO_2 的临界压力为 7.4 MPa，比较容易达到。

（3）CO_2 的化学性质稳定，不燃烧、不爆炸、无腐蚀性。

（4）CO_2 无色、无臭、无毒，对于食品和医药等行业无污染之虑。

（5）CO_2 具有防氧化和抑制好气性微生物活动的作用，因此食品物料在分离过程中不易腐变，对分离过程有利。

（6）CO_2 容易得到较纯的产品，来源方便，价格便宜。

从 CO_2 的 p-ρ 图中可以看出，在超临界区附近，当压力或温度有微小变化时，CO_2 的密度都会出现较大的变化。密度的变化导致了 CO_2 对待分离成分溶解度的变化。因此可以在高压、低温状态下进行萃取，而在低压、高温下将被萃取的成分析出、分离。

第三节　超临界流体萃取的工艺流程及在食品工业中的应用

一、超临界流体萃取的典型流程

超临界流体萃取是利用萃取剂密度的变化而导致其对待分离组分的溶解能力的变化，从而实现分离的过程。因此，超临界流体萃取过程分萃取和分离两个阶段。在萃取阶段，超临界流体有最大的密度，对待分离组分有最大的溶解度，因而能将所需组分从物料中萃取出来。在分离阶段，超临界流体的密度变化到最小，对其中已萃取出来的组分溶解度也最小，使之析出而实现分离。萃取剂可返回过程循环使用。根据对过程中超临界流体密度调控的方法不同，上述过程可分为等温变压法和等压变温法以及吸附法 3 个基本流程。

1. 等温变压法

此种流程通过压力的变化引起超临界流体密度的变化，使得组分从超临界流体中析出分离。原理见图 3-3a。萃取剂经压缩达到最大溶解能力的状态点（即超临界状态）后加入到萃取器中与物料接触进行萃取。当萃取了溶质的超临界流体通过膨胀阀进入分离槽后，压力下降，超临界流体的密度也下降，对其中溶质的溶解度跟着下降。溶质于是析出并在槽底部收集取出。释放了溶质后的萃取剂经压缩机升温加压后再送回萃取槽中循环使用。此种方法是超临界流体萃取中应用最方便的一种。过程中只需补充适量的萃取剂，就可以不断循环。由于过程中的压力变化不大，所以需要的能量输入也不大。

2. 等压变温法

等压变温法流程中，超临界流体的压力保持一定，而利用温度的变化，引起超临界流体对溶质溶解度的变化，从而实现溶质与超临界流体分离的过程，如图 3-3b。降温升压后的萃取剂，处于超临界状态，被送入到萃取槽中与物料接触进行萃取。然后，萃取了溶质的超临界流体经加热器升温后在分离槽析出溶质。作为萃取剂的气体经冷却器等降温升压

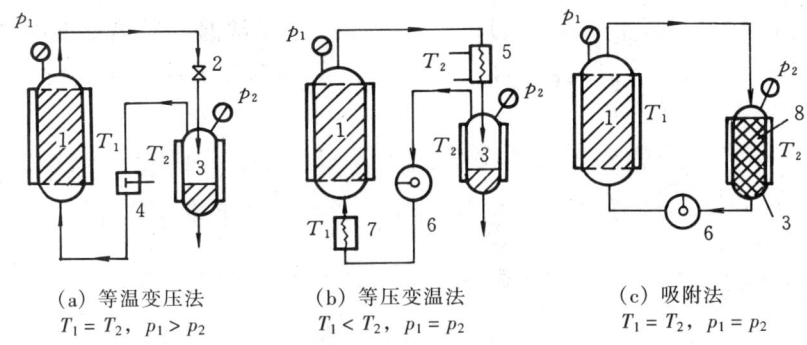

(a) 等温变压法　　　　(b) 等压变温法　　　　(c) 吸附法
$T_1 = T_2$, $p_1 > p_2$　　　$T_1 < T_2$, $p_1 = p_2$　　　$T_1 = T_2$, $p_1 = p_2$

图 3-3　超临界流体萃取的三种典型流程
1—萃取槽；2—膨胀阀；3—分离槽；4—压缩机；5—加热器；
6—泵；7—冷却器；8—吸收剂(吸附剂)

后送回萃取槽循环使用。此种流程中，由于温度升高会使溶质的蒸气压也提高，其溶解度也会提高，往往会抵消了升温导致超临界流体的分离效果，因而比较复杂一些。

3. 吸附法

此种流程是将萃取了溶质的超临界流体，再通过一种吸附分离器，这种吸附分离器中装有只吸附溶质而不吸附萃取剂的吸附剂，如图 3-3c 所示。当萃取了溶质的超临界流体通过这种吸附分离器后，溶质便与萃取剂即超临界流体分离，萃取剂经压缩后循环使用。

二、超临界流体萃取技术在食品工业中的应用

1. 植物油的提取

植物油的加工提取，过去一直采用压榨法，压榨法得率低，压榨后的蛋白质已经变性，不好利用，目前已逐渐被溶剂萃取法代替。溶剂萃取法具有得率高和蛋白质不变性的优点。但是产品中的溶剂残留较难控制，并且萃取的纯度也不是很理想，如采用己烷萃取时，磷脂质残留量较高，达 500～700 mg/L。采用超临界 CO_2 流体萃取大豆油时，磷脂质的残留可降至 100 mg/L，表 3-3 是用不同萃取剂对大豆油进行超临界流体萃取时的条件和效果。超临界流体萃取技术也可用于对其他植物油如菜籽油的提取。

表 3-3　不同萃取剂对大豆油进行超临界流体萃取时的工艺条件

萃取剂	萃取温度(℃)	分离温度(℃)	萃取时间(min)	萃取压力(MPa)	出油率(%)	残渣含油率(%)
CO_2	18	80	300	7.4	19.29	1.9
C_2H_6	20	80	240	4.9	19.43	1.1
C_3H_8	20	140	30	4.3	19.43	0.57
N_2O	20	75	150	7.3	19.43	0.9

2. 咖啡豆和茶叶中咖啡碱的提取

咖啡碱存在于咖啡豆和茶叶中，茶叶中咖啡碱的含量在 3% 左右，咖啡碱在医药上具有利尿和强心的作用，同时一些国家和地区的人喜欢饮无咖啡碱的咖啡和茶饮料，因此从咖啡豆和茶叶中提取咖啡碱是一举两得的事。利用 CO_2 作为萃取剂对咖啡豆进行超临界萃取，CO_2 是一种理想的萃取剂，其选择性极好，不造成芳香性成分的损失，因此不影响咖

啡豆的风味。CO_2 也不残留于咖啡豆中。超临界 CO_2 萃取咖啡碱可采用两种流程。

（1）水洗流程　将浸泡后的咖啡豆置于萃取器中，通入处于超临界状态的 CO_2，操作压力为 16.2~20.3 MPa，温度为 70~90℃，密度为 0.4~0.6 g/cm³。CO_2 将咖啡碱萃取出来后，在水洗塔用水洗脱，使咖啡碱转入水相，CO_2 则循环使用。水相中的咖啡碱可用蒸馏法分离。见图 3-4a。

（2）吸附流程　在此流程中，萃取了咖啡碱的 CO_2 经过活性炭柱，其中的咖啡碱被活性炭吸附而与 CO_2 分离，经解吸后即得到咖啡碱，而 CO_2 则回到萃取器中循环利用。见图 3-4b。

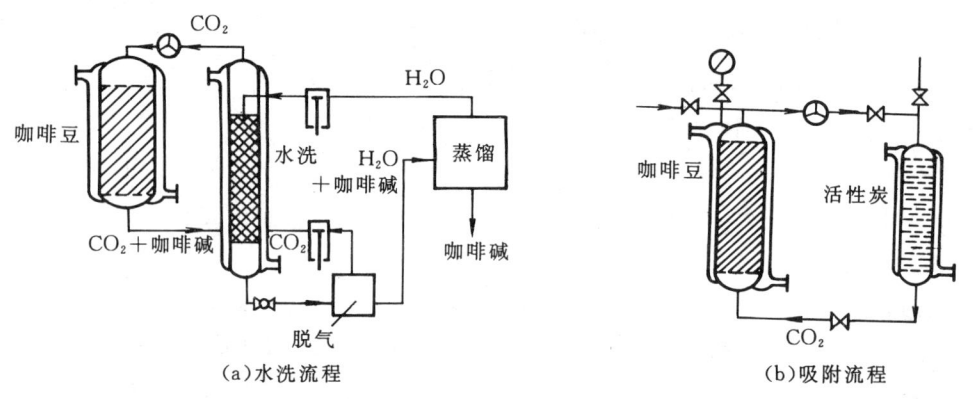

图 3-4　超临界 CO_2 流体萃取分离咖啡碱的工艺流程

3．啤酒花有效成分的提取

啤酒花在啤酒酿造中起着重要作用，是啤酒特殊苦味的来源，同时具有防腐和维持泡沫的作用。酿造啤酒时添加的是啤酒花干，由于啤酒花干体积大、运输不便、且不耐贮藏，用啤酒花有效成分代替啤酒花干是一种好方法。如果用正己烷等有机溶剂提取啤酒花的有效成分时，残留的有机溶剂除具有毒性外，还会影响啤酒的风味和品质。采用超临界 CO_2 萃取技术，可以很好地解决上述问题，而且有效成分的提取率也得到了提高，如对主要成分软树脂的提取率可达 96.5％，其中的 α-酸提取率可达 98.7％。此种技术目前在德国等欧洲国家已经做到了工业化。

4．处理食品原料

用于做酒的米、面原料，其中的脂肪含量会影响到产品的质量。研究表明：将各种米、面用超临界 CO_2 流体进行脱脂，能除去 30％左右的粗脂质，酿出的米酒色度降低，醋酸异戊酯和异戊醇的含量提高，因此酒的色泽和香味等品质都有明显的提高；而与质量成反比关系的紫外吸收值则下降。

5．去除烟草中的尼古丁

尼古丁对人体健康的危害性，已是众所周知，因此除去烟草中的尼古丁，其意义是不言而喻的。用有机溶剂去除尼古丁后烟草会形成如橡胶状的结构，不能作为原料，因此这种技术方法也就失去了意义。超临界 CO_2 流体萃取是一种可行的技术方法。在超临界 CO_2 流体萃取尼古丁过程中，烟草中的水分含量是一个重要影响因子。当烟草水分含量较低时，只能萃取出烟草的香气成分而萃取不出尼古丁；当烟草水分含量为 25％左右时，在压力为 30 MPa、温度为 33～100℃的条件下，可有效地去除尼古丁。若采用三级萃取，可除去烟草中约 95％左右的尼古丁。

6．从木浆废液中提取香草醛

香草醛是一种重要的食品香料，用于冰淇淋饮料和饼干等各种食品的增香。一般的溶剂法从木浆中提取香草醛时，存在着浓度低、处理量大以及产品纯度不高(只有 60％的含量)等问题。采用超临界 CO_2 流体萃取技术，可以得到含量为 90％的高纯度香草醛，将此产品进行结晶除杂，可得到纯度为 99.58％的产品，此技术对于我国造纸业的废水处理和综合利用是一条有效的途径。

7．生化制品及天然产物的分离提取

由于超临界流体萃取技术所采用的萃取剂主要为 CO_2，其毒性低，并且操作温度低，因此很适合于生化制品及其他天然产物的分离提取。如在氨基酸、蛋白质、酶、多肽的提取方面，都显示出其优势。各种天然产物的有效成分，如柠檬油、胡椒中的胡椒碱、紫丁香的香气成分等，都能利用超临界技术进行萃取。超临界流体萃取技术在医药和食品工业等方面正展现出越来越广泛的应用前景。

第四章 反相微胶团萃取与双水相萃取技术

第一节 反相微胶团萃取技术

一、反相微胶团萃取的概念及分离原理

(一)反相微胶团萃取的概念

在水溶液中形成的胶体或微胶团，是由于表面活性剂中极性基团定向排列的结果。这种由于在水溶液中加入表面活性剂而形成的胶体结构中，表面活性剂的极性基团(即亲水性部分)朝外，即靠向水溶液，而非极性基团(即疏水性部分)则靠内而互相聚集成一种微胶团结构，见图4-1a。上述情况发生在以极性液体(大多数情况下为水)作为溶剂的情况下。如果溶剂为非极性液体，当加入表面活性剂至一定浓度时，由于表面活性剂的极性和非极性基团的定向排列，也会形成微胶团结构。但是这种微胶团结构与上述的微胶团结构相反，表面活性剂的非极性基团部分朝外，即朝向非极性溶剂部分，而极性基团部分则朝内，因而形成一种与水相微胶团结构反向的聚集体，这种聚集体就称为反相微胶团。在反相微胶团中，表面活性剂的极性基团部分围成一个极性核心，称为水池。这个水池包括表面活性剂的极性基团内表面和其中的水分，以及溶解于水中的离子等。具有亲水性的生物大分子就可以溶解于水池中的水分而被以微胶团的形式萃取出来。将待分离组分以微胶团形式进行萃取的过程，称为微胶团萃取或胶团萃取，如果待分离组分是以反相微胶团的形式被萃取，就称之为反向微胶团萃取。

(a)极性溶剂中的微胶团　　　　(b)非极性溶剂中的微胶团
　　　　　　　　　　　　　　　　　(反相微胶团)
　●━ 表面活性剂分子
　●　亲水头
　━　疏水尾

图4-1 表面活性剂在溶液中的不同的聚集体

(二)反相微胶团萃取的原理

在反相微胶团萃取过程中，蛋白质或酶等生物大分子主要以水壳的形式存在于反相微胶团中的极性核心部分，能避免与有机溶剂的直接接触，因而可以尽量地保持整个萃取过程中生物大分子活性不丧失，这样，就实现了既能溶出酶及蛋白质等生物大分子，又能与水分相分离，并尽可能地保存了这些生物大分子的生物活性。关于蛋白质及酶等生物大分

子是以何种形式被反相微胶团萃取的机理，有三种不同的见解。一种认为是在反相微胶团中，由表面活性剂的极性部分围成一个中心，中心为水等极性溶剂占有，生物大分子就溶解于其中，并且在生物大分子周围包膜着一层水壳，对生物大分子起保护作用。此种见解即是所谓的水壳模型。见图 4-2a；第二种见解认为生物大分子虽然溶解于由表面活性剂极性部分围成的中心，但在中心部分生物大分子是以被吸附的状态附着于胶团的极性壁上，见图 4-2b、c；第三种见解则认为生物大分子的非极性部分与多个微胶团的非极性部分连接，由此形成生物大分子溶解于多个微胶团之间的一种状态，见图 4-2d。上述几种见解中，以所谓的"水壳模型"解释具有较强的说服力。

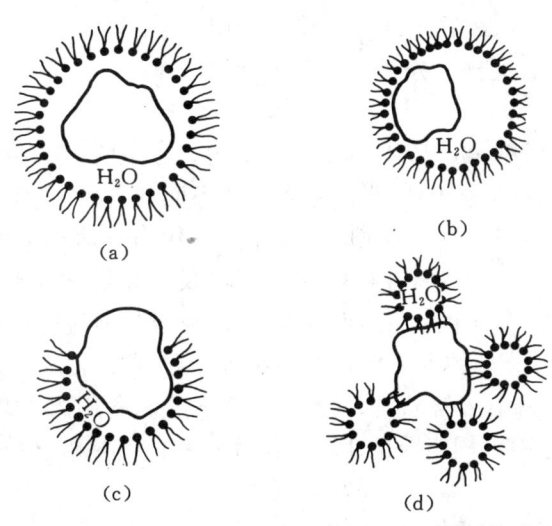

图 4-2　蛋白质溶于反相微胶团的几种可能的模型

二、影响反相微胶团形成的因素

反向微胶团的形成、大小及形状，与表面活性剂的种类、浓度以及操作时的温度、压力等有关。反相微胶团一般比水相微胶团要小，其分子聚集数一般都小于 50。而水相胶团的分子聚集数在 50~100 之间。反相微胶团中的水分含量通常用非极性溶剂中的水浓度和表面活性剂浓度之比 w_0 来表示：

$$w_0 = [H_2O]/[表面活性剂]$$

w_0 值越大，反相微胶团内的水分含量就越多，形成的反相微胶团的半径就越大。能溶解水溶性成分的量就越多。因此，w_0 值大小可以反映出反相微胶团的大小和溶解能力。

1. 表面活性剂和溶剂的种类

表面活性剂要形成反相微胶团，在溶剂中的浓度必须达到一定值，否则就不能形成微胶团，这个形成微胶团所必需的最低浓度值，叫做表面活性剂形成微胶团的临界浓度（CMC）。不同的表面活性剂的 CMC 值在 0.1~1.0 mmol/L 之间，随温度、压力和溶剂的变化而变化。最常用的表面活性剂为丁二酸二异辛酯磺酸钠（Aerosol OT，简称 AOT），分子式为：

$$\begin{array}{c}
\text{CH}_2\text{—COCH}_2\text{—CH—CH}_2\text{—CH}_2\text{—CH}_2\text{—CH}_3 \\
\text{CH—COCH}_2\text{—CH—CH}_2\text{—CH}_2\text{—CH}_2\text{—CH}_3 \\
\text{SO}_3^- \\
\text{Na}^+
\end{array}$$

溶剂通常为异辛烷(2,2,4-三甲基戊烷)。AOT 能溶解于有机溶剂中,也能溶解于水中,并形成反相微胶团。AOT 在形成反相微胶团时的 w_0 值较大,可达 60。因此在反相微胶团内就可以溶解较多的生物大分子而提高了萃取效率。

2. 水相的酸碱度

反相微胶团内水相的酸碱度,主要影响到生物大分子的荷电性,进而影响到生物大分子与反相微胶团的结合。因为 AOT 属于阴离子型表面活性剂,其亲水部分带负电荷,形成的反相微胶团内表面带负电。当反相微胶团内水相的 pH 值小于生物大分子的等电点 pI 时,可使生物大分子带正电,这样生物大分子可与反相微胶团中带负电性的内表面相吸,形成比较稳定的含生物大分子的反相微胶团,可以较容易地进行萃取。当反相微胶团内水相中的 pH 值大于生物大分子的等电点时,生物大分子带负电,较难与反相微胶团内壳相结合而呈较低溶解甚至是不溶解状态,分离效率下降。利用此原理,通过调节水相中的 pH 值,就可以分离溶液中不同组分的生物大分子。

3. 水相中的离子强度

反相微胶团中水相的离子强度对反相微胶团萃取的影响,可以用前面第二章中的盐溶和盐析现象来解释。在低离子强度下,酶和蛋白质等生物大分子表面上的荷电性和亲水性得到了改善,溶解度上升,与反相微胶团内表面的结合力增强。当水相中的离子强度增加到一定程度时,由于抵消了生物大分子表面上的电荷,并且由于离子的水化作用而使蛋白质分子表面上的水膜消失,减少了与反相微胶团内表面的结合作用,从而降低了溶解度,使分离效率降低。

4. w_0 值大小

w_0 值的大小,也直接影响到反相微胶团的萃取效率。w_0 值太小,说明反相微胶团内的水分含量不高,对生物大分子的溶解度下降,甚至当 w_0 值过小

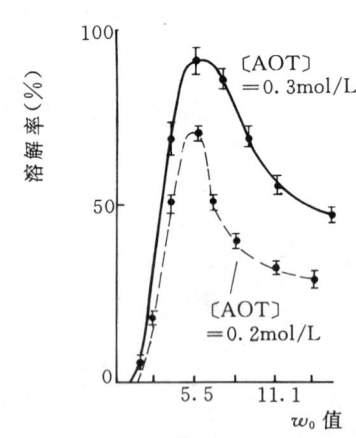

图 4-3 反相微胶团中的 w_0 值与蛋白质溶解率之间的关系

时,形成的反相微胶团太小,生物大分子根本无法进入反相微胶团内,这就必然影响到萃取效率。图 4-3 表示了 w_0 值和蛋白质溶解率之间的关系。

三、反相微胶团分离方法

反相微胶团分离过程分两步：第一步是含生物大分子的反相微胶团的形成，第二步是反相微胶团的破乳及生物大分子的释放。

形成含生物大分子的反相微胶团的方法有多种，最常用到的有3种：

（1）相转移法　通过将含生物大分子的水相与溶解有表面活性剂的有机相接触，缓慢地搅拌，在形成反向微胶团的同时，其中的生物大分子即转入到反相微胶团中，直到处于萃取平衡状态为止。此过程中可用图4-4a表示。

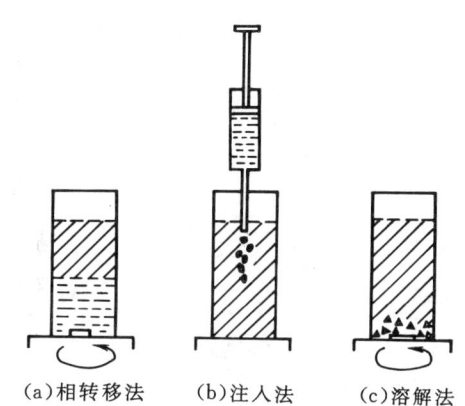

图4-4　形成含生物大分子的反向微胶团的方法

（2）注入法　通过将含有生物大分子的水溶液注入到含有表面活性剂的有机相中，从而实现萃取过程，见图4-4b。

（3）溶解法　对于固体粉末中含有的生物大分子，或不溶于水的生物大分子，可采用溶解法进行。过程是先制备好含水（$w_0 = 3 \sim 30$左右）的反相微胶团的有机溶液，然后把含生物大分子的固体粉末加进此种反相微胶团的有机溶液中，同时搅拌，生物大分子慢慢地即可进入到反相微胶团内的水中心而实现萃取过程。其过程见图4-4c所示。

制备了含生物大分子的反相微胶团后，可参考液膜分离（见第五章）的方法，将混合液送入到澄清器中，使反相微胶团与外相有机溶剂分离。然后对溶解有生物大分子的反相微胶团进行破乳以释放其中的生物大分子，破乳的原理和方法有化学破乳和物理破乳等，可参考第五章中的液膜分离技术。

四、影响反相微胶团萃取效果的因素

下面以溶菌酶、胰蛋白酶和胃蛋白酶的萃取为例，说明水相的pH值、离子强度、阳离子种类和蛋白质相对分子质量等因素对反相微胶团萃取效果的影响。

1. 水相pH值对蛋白质萃取率的影响

水相的pH值对蛋白质的萃取率影响较大。溶菌酶、胰蛋白酶和胃蛋白酶的萃取率与pH值的关系见图4-5。图中的pH值为达到萃取平衡后的水相的pH值。

由图4-5可知，在pH<9时，溶菌酶的萃取率接近100%，随着pH值的增大，萃取率下降，并在其等电点（$pI = 11.1$）附近处急剧下降，直至萃取率接近于零。

pH值对萃取率的影响主要体现在改变蛋白质的表面电荷上。当pH>pI时，蛋白质表面带负电荷，而AOT是一种阴离子表面活性剂，它所形成的反相微胶团的内表面带负电荷，由于蛋白质表面的负电荷与反相微胶团表面负电荷之间的排斥作用，使蛋白质的萃取率几乎为零。在pH<pI时，蛋白质表面带正电荷，这时蛋白质表面与反相微胶团内表面之间的吸引力，使蛋白质的萃取率接近100%。

对胰蛋白酶萃取时，萃取率随pH值变化的趋势与溶菌酶类似，但其萃取率发生急剧

变化的 pH 值在 5.0 附近。

从图 4-5 还可以看到，虽然胃蛋白酶的萃取率随着 pH 值的增大而减小，但变化比较平缓，而且一次萃取的最大萃取率只能达到 30% 左右。这可能是蛋白质的相对分子质量大小在这里起重要作用，由于胃蛋白酶相对分子质量大，只能为占一定比例的较大的反相微胶团所溶解。

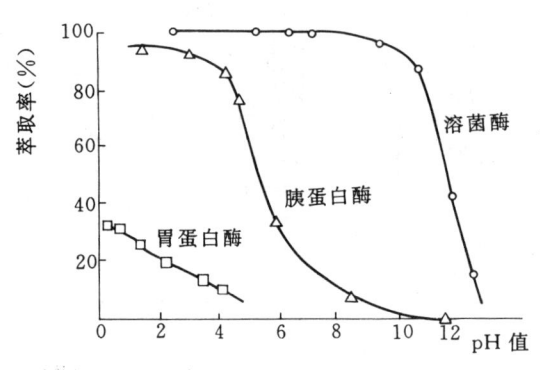

图 4-5　水相 pH 值对蛋白质萃取率的影响　　图 4-6　水相盐浓度对蛋白质萃取率的影响

2. 盐浓度对蛋白质萃取率的影响

水相中 KCl 浓度对三种酶萃取率的影响见图 4-6。把 pH 值都固定在可保证不降低其萃取率处，这样排除了 pH 值的影响。三种酶的萃取率都随 KCl 浓度的增大而逐渐减小，但是萃取率开始明显下降时的 KCl 浓度不同。可见，除了利用控制 pH 值，还可以通过控制盐浓度实现对各种蛋白质的分离。蛋白质萃取率开始下降时的 KCl 浓度取决于蛋白质的相对分子质量大小、表面电荷分布及密度以及反相微胶团的大小。

盐浓度(离子强度)对蛋白质萃取率的影响来自两方面：一是离子强度增大时，反相微胶团内表面的双电层变薄，使蛋白质表面与反相微胶团表面间的静电引力下降；二是反相微胶团内表面的双电层变薄后，也减小了表面活性剂极性头之间的斥力，从而使反相微胶团变小。反相微胶团的大小正比于含水量 w_0。由图 4-6 可以看出，w_0 确实随 KCl 浓度的增大而减小。对于胃蛋白酶，在 KCl 浓度大于 0.4 mol/L 后，w_0 变化很小。

3. 蛋白质相对分子质量对萃取率的影响

蛋白质的相对分子质量对最大萃取率的影响见图 4-7。当蛋白质的相对分子质量大于 30 000 时，最大萃取率小于 60%，效果明显下降。因此如何使反相微胶团变得足够大，使其能包住蛋白质，是反相微胶团萃取中有待解决的一个重要课题。

4. 阳离子种类对萃取率的影响

K^+、Na^+、Ca^{2+} 这 3 种阳离子对溶菌酶萃取率的影响见图 4-8。在 0.1～1.0 mol/L 浓度范围内，溶菌酶的萃取率几乎不随 NaCl 和 $CaCl_2$ 浓度的变化而变化，一直保持在较高状态。

阳离子种类对萃取率的影响主要体现在改变反相微胶团内表面的电荷密度上。通常反相微胶团中表面活性剂的极性部分不会是完全电离的，有很大一部分阳离子仍在胶团的内

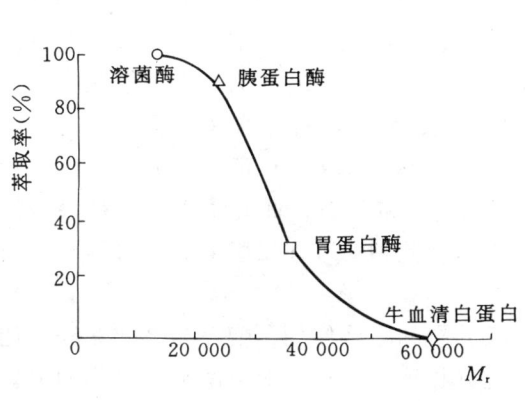

图 4-7 蛋白质相对分子质量对萃取率的影响

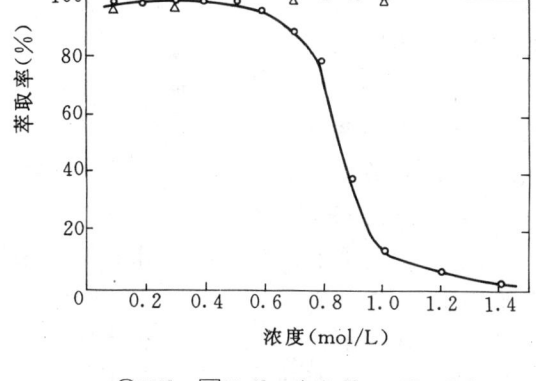

○KCl　□NaCl　△CaCl$_2$　pH = 7.0

图 4-8 阳离子种类对溶菌酶萃取率的影响

表面上。极性部位的电离程度愈大,反相微胶团内表面的电荷密度愈大,产生的反相微胶团也愈大。表面活性剂电离的程度与离子种类有关。表 4-1 为同一离子强度下的 4 种离子对反相微胶团中 w_0 值的影响。极性部位的电荷密度按 K^+、Ca^{2+}、Na^+、Mg^{2+} 顺序逐渐增大,电离程度也相应地逐渐增大。水相为 $MgCl_2$ 溶液时,水相混浊,不能很好地分相,这可能是因为极性部位的电荷密度太大,以至有些 AOT 溶于水相,形成乳状液。水相为 NaCl 或 $CaCl_2$ 溶液时,萃取率基本上不随盐浓度变化而变化,这是因为 Na^+ 和 Ca^{2+} 存在时,反相微胶团内表面的电荷密度较大,以至在盐浓度较高时,胶团的大小及胶团表面间的静电引力仍足以使蛋白质溶于反相微胶团中。

表 4-1　阳离子种类对 w_0 值的影响

离子种类	K^+	Ca^{2+}	Na^+	Mg^{2+}
离子强度	0.3	0.3	0.3	0.3
w_0 值	9.2	15.4	20.0	43.6

第二节　双水相萃取技术

一、双水相体系概念

把两种或两种以上具有一定浓度的亲水性聚合物溶液混合后静置,这些亲水性的高分子聚合物并不混为一相,而是分成多个液相,这种现象称之为聚合物的不相容性。由于这些聚合物都是以水作为溶剂,因此形成上述的两个相体系就称为双水相体系。利用双水相的成相现象及待分离组分在两相间分配系数的差异,进行组分分离或多水相提纯的技术就叫做双水相萃取技术。

聚合物的不相容性最初是由 Beijerinck 通过把（明胶+琼脂）溶液与（明胶+可溶性淀粉）溶液相混合时发现的。以后发现聚合物的这种不相容性是一种普遍现象。把多种不相容的聚合物溶液混合在一起，可以得到多相体系，最多的有时达到 18 个相。但最常用到的多是双水相体系。在多相体系中，溶剂不一定是水，也可以是有机溶剂。一般情况下是一种聚合物在某一相，而另一种聚合物则在另一相。但是当聚合物均为两性电解质时，将溶液的酸碱度调至一定的 pH 值，使一种聚合物带正电，而另一种聚合物带负电。在分相时，由于这两种聚合物的正负电相吸而会聚到同一相中，如在 pH 值小于 4.8 时，由于明胶的等电点为 pH=4.8，此时明胶带正电，阿拉伯树胶带负电，此时若将这两种溶液混合，就会由于正负电性的互相吸引而聚集在一个相中。此种原理在微胶囊制备过程中有应用（见第十二章）。

聚合物间的不相容性主要是由于聚合物分子间的空间阻碍作用，使互相之间无法渗透而分离成多相。当两种聚合物溶液浓度太低时则无分相现象，这是对空间阻碍作用的最好解释。但是当某些聚合物溶液与某些无机盐溶液混合时，只要其浓度达到一定值，也会形成双水相体系。即聚合物-盐双水相体系。不同的溶质可组成不同的双水相体系，表 4-2 是一些常见的双水相体系。不同的双水相体系，其成相条件是不同的，相图常被用于研究不同双水相体系中的成相现象。把双水相体系中的组成成分，分别以不同的浓度相混，然后观察其成相过程，把此过程以图的形式描绘下来，即称为此种双水相体系的相图。以图 4-9 为例，图中当体系的组成处于 TCB 曲线的上方时，如 M 点，体系分为两相。上相（轻相）的组成用 T 表示，下相（重相）的组成用 B 点表示。直线 TMB 称为结线（系线）。当体系的总组成由 M 变到 M' 时，则体系组成为 T' 和 B' 两相。T'、B' 间的差别比 T、B 相间的差别要小。进一步改变体系的组成，分相时形成的相间差别进一步变小，达到 C 点时，则无成相现象。C 点称为分相临界点，曲线 TCB 称为双结点曲线。体系中的组成处于 TCB 曲线下方，体系中由于不满足成相条件而呈现单相。

表 4-2 不同类型的双水相体系

双水相体系	组成
聚合物-聚合物-水	聚丙烯乙二醇-甲氧基聚乙二醇 聚乙二醇-聚乙烯醇 聚乙二醇-葡聚糖 聚乙烯吡咯烷酮-甲基纤维素
高分子电解质-聚合物-水	硫酸盐葡聚糖钠盐-聚丙烯乙二醇 羧基甲基葡聚糖钠盐-甲基纤维素
高分子电解质-高分子电解质-水	硫酸葡聚糖钠盐-羧基甲基纤维素钠盐 硫酸葡聚糖钠盐-羧基甲基葡聚糖钠盐
聚合物-低分子组分-水	聚丙烯乙二醇-磷酸钾 甲氧基聚乙二醇-磷酸钾 聚乙二醇-磷酸钾 聚丙烯乙二醇-葡萄糖

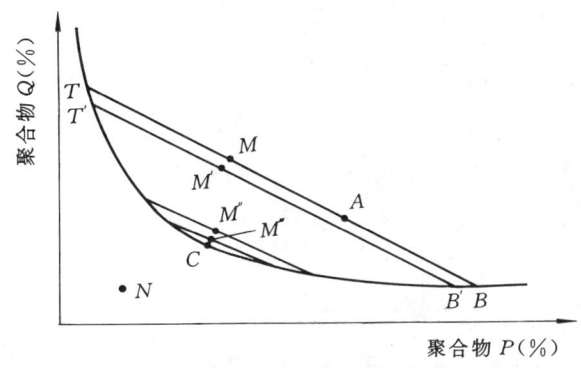

图 4-9 双水相成相相图

二、双水相萃取的特点及其应用

固液分离,尤其是细胞匀浆中的极微小碎片的去除是生化分离中的难点之一。双水相萃取技术主要应用于生物大分子的分离和提纯,如酶、蛋白质、核酸、病毒和细胞等。因为此种分离技术对于生物大分子的活性具有良好的保护效果。与蒸馏、沉淀、结晶等常规分离技术不同,此种技术不需经过加热和相变过程,在能耗和保持活性方面具有独特之处。与一般的溶液萃取技术不同,双水相体系中水的含量在 70% ~ 90% 之间,因此可以尽量避免生物大分子与有机溶剂的接触,从而避免活性的丧失。双水相分离技术中的聚合物多数为聚乙二醇类大分子,在第二章中已讲过,聚乙二醇对大多数酶、蛋白质和细胞等生物大分子都不具有毒害性,甚至还起着稳定的作用。在双水相体系中,生物大分子的分配系数差异较大,如各种细胞、噬菌体的分配系数在 0.01 ~ 100 之间,各种酶及蛋白质的分配系数也在 0.1 ~ 10 之间。利用此种分配系数的差异进行双水相萃取,可以获得很好的选择性和回收率。甚至因为存在着细胞和蛋白质较大的分配系数差异,可以直接从含有菌体的发酵液和培养液中进行蛋白质、酶或其他生物活性成分的提取。正因为双水相萃取在生物大分子的分离中具有特殊的效果,因此目前应用得最多的是对生物工程产品的分离。如对酶的提取,已进行过对 30 多种酶的有效分离研究,其中有的分离规模达 50 kg 的湿细胞量。其次,结合离子强度调节和 pH 值调节技术,可以更有效地改变生物大分子在双水相体系中的分配系数,从而实现对病毒、生长激素、干扰素等进行更有效的分离。表 4-3 为应用双水相体系萃取各种酶的例子。其中在生化分离中应用得较多的为聚乙二醇(PEG)/葡聚糖(DEX)和聚乙二醇(PEG)/无机盐体系,因为聚乙二醇和葡聚糖这两种聚合物均被证明无毒性,并且它们的多元醇和多糖结构对生物分子具有保护作用。

双水相萃取技术具有如下几个特点:

(1) 体系的含水量多达 70% ~ 90%,两相界面的张力极低,有助于保持生物物质的活性和相间的质量传递。

(2) 上下相密度差小,一般为 10^{-2} g/cm³ 左右,是水的密度的百分之一。

(3) 分相时间短,对于聚合物/无机盐体系,自然分相时间为 5 ~ 15 min;对于聚合物/聚合物体系,自然分相时间为 5 ~ 60 min。

表 4-3 应用双水相体系从微生物的破碎细胞中萃取多种酶的例子

酶的种类	菌 种	相分离系统	回收率(%)	分配系数	富集因子	细胞浓度(%)
延胡索酸酶	产氨短杆菌	PEG/盐	83	3.3	7.5	20
天冬氨酸酶	大肠杆菌	PEG/盐	96	5.7	6.6	25
异亮氨酰-tRNA 合成酶	大肠杆菌	PEG/盐	93	3.6	2.3	20
青霉素酰基转移酶	大肠杆菌	PEG/盐	90	2.5	8.2	20
延胡索酸酶	大肠杆菌	PEG/盐	93	3.2	3.4	25
β-半乳糖苷酶	大肠杆菌	PEG/盐	87	62	9.3	12
亮氨酸脱氢酶	球形芽孢杆菌	PEG/粗制葡聚糖	98	9.5	2.4	20
葡糖-6-磷酸脱氢酶	明串珠菌	PEG/盐	94	6.2	1.3	35
乙醇脱氢酶	面包酵母	PEG/盐	96	8.2	2.5	30
甲醛脱氢酶	博伊丁假丝酵母	PEG/粗制葡聚糖	94	11	未定	20
葡糖异构酶	链霉菌	PEG/盐	86	3.0	2.5	20
L-2-羟-异己酸脱氢酶	干酪乳杆菌	PEG/盐	93	6.5	17	20

(4) 双水相萃取易于连续操作和工程放大,可直接线性放大 40 000 倍。

(5) 双水相萃取处理容量大,能耗低。成本主要消耗在聚合物的使用上,而聚合物可循环使用,因此生产成本较低。

自 70 年代 Kula 等人应用双水相萃取技术从细胞匀浆中分离酶和蛋白质以来,双水相萃取以其独特的优势,在蛋白质、酶等生物大分子的分离、纯化及病毒和细胞的分离等多方面受到广泛重视。但是,利用双水相萃取法纯化某些蛋白质或酶的效果,还不如色谱法。然而它在分离细胞碎片和胞内蛋白质的过程中,却显示出极大的优越性和发展潜力。利用双水相萃取技术从微生物破碎细胞中分离多种酶的结果见表 4-3。从这些结果可见:

(1) 大多数情况下,目标产物的回收率高于 90%;

(2) 目标产物的分配系数多在 1~20 范围,一般都大于 3;

(3) 大量杂质蛋白能够与所有固体物质一起被去掉,与其他常用固液分离方法相比,双水相萃取法可省去一到两步过程。

三、影响组分在双水相系统中分配的主要因子

1. 聚合物的相对分子质量

聚合物相对分子质量的增加,生物大分子或颗粒在该聚合物相中的分配系数会下降。PEG 相对分子质量增加时对不同蛋白质的影响不同。对于相对分子质量大的蛋白质,PEG 相对分子质量的增加对其分配系数的影响比对相对分子质量小的蛋白质的影响更大。增加 PEG 的相对分子质量对细胞碎片的分配行为的影响也非常显著。

2. 成相溶液的浓度

当成相溶液的浓度接近于临界点时,可溶性组分如蛋白质等,会均匀地分配于两相之中;当该浓度远离临界点时,蛋白质则趋向于一侧分配。当聚合物浓度增加时,细胞器、

细胞碎片等颗粒物质通常更趋向于相界面分配。

3. pH 值

pH 值对组分在双水相中分配行为的影响较为复杂。主要是 pH 值的变化能够影响蛋白质中可解离基团的离解度，使得蛋白质表面所带电荷量发生改变。例如支链淀粉酶在 PEG/DEX 体系中，如果缓冲液为磷酸盐，则随着 pH 值的增大分配系数也增大；而在 Tris（三羟基甲基胺基甲烷）缓冲液系统中，其分配系数则不受 pH 值的影响。

4. 无机盐

在 PEG/DEX 体系中，加入无机盐会使两相间形成电位差，这对属于两性电解质的生物大分子如蛋白质、酶和核酸等的分配行为产生很大影响。加入适当的盐类可促进带相反电荷蛋白质组分的分离，但是随着盐浓度的增加，这种作用逐渐减小。当盐浓度很大时，由于盐析作用，蛋白质易于分配于上相，分配系数几乎随着盐浓度的增加成对数地增大。

对于 PEG/无机盐系统，盐浓度的增加会使下相体积增大，同时也使细胞碎片趋于向 PEG 相分配。

不同的盐类对蛋白质的分配系数的影响显著不同。对于带负电荷的蛋白质，其分配系数因阳离子的存在按下列顺序降低：$Li^+ < NH_4^+ < Na^+ < Cs^+ < K^+$；而一价阴离子则按下列顺序降低：$F^- < Cl^- < Br^- < I^-$；对于二价阴离子，如 HPO_4^{2-}、SO_4^{2-} 和 -2 价柠檬酸根离子则会增大其分配系数。带正电荷的蛋白质受盐离子的影响与之正相反。因此，为了增加带负电荷的蛋白质的分配系数，应使用 Li^+、HPO_4^{2-}、SO_4^{2-} 和 -2 价柠檬酸根离子等；要降低分配系数时，则需要使用 KCl 溶液和 NaCl 溶液。

5. 温度

温度的变化可以改变相的组成。温度升高时，两相中蛋白质的分布趋于一致。增加聚合物的浓度，可以使温度的作用降低或消失。

四、聚合物和盐的回收再利用

在大规模的双水相萃取过程中，成相材料的回收、循环使用，不仅可以减少污水处理的费用，而且可以节省试剂，降低萃取过程的成本。对 PEG 循环使用的最好办法是：直接重复利用一级萃取时的终了 PEG 相。如果目标产物在 PEG 相中，则在 PEG 相加盐形成新的双水相，反萃取使得 PEG 与目标产物分离，其工艺流程如图 4-10。Kula 等使用此法在产氨短杆菌中提取富马酸酶时成功地减少了 60% 的试剂消耗。但此法的不足之处在于：由于反复的使用，PEG 相中可能含有大量的蛋白酶和其他杂质，这对目标产物的分离不利。此外回收聚合物的方法还有：超滤法、离心法、清洗法、酶沉淀法和离子交换吸附法等。

盐的回收：最常用的是通过冷却盐相至 6℃，使得盐结晶析出，然后用离心或过滤等方法收集；也可用电渗析的方法回收盐类以及对 PEG 相除盐。

五、双水相萃取技术的新发展

1. 双水相萃取与细胞破碎过程相结合

利用高速珠磨机，将细胞破碎和双水相萃取同时在珠磨机内进行。整个操作如图 4-11 所示。由于珠磨机内有良好的混合条件，PEG、无机盐和水得到充分混合，形成均匀的双

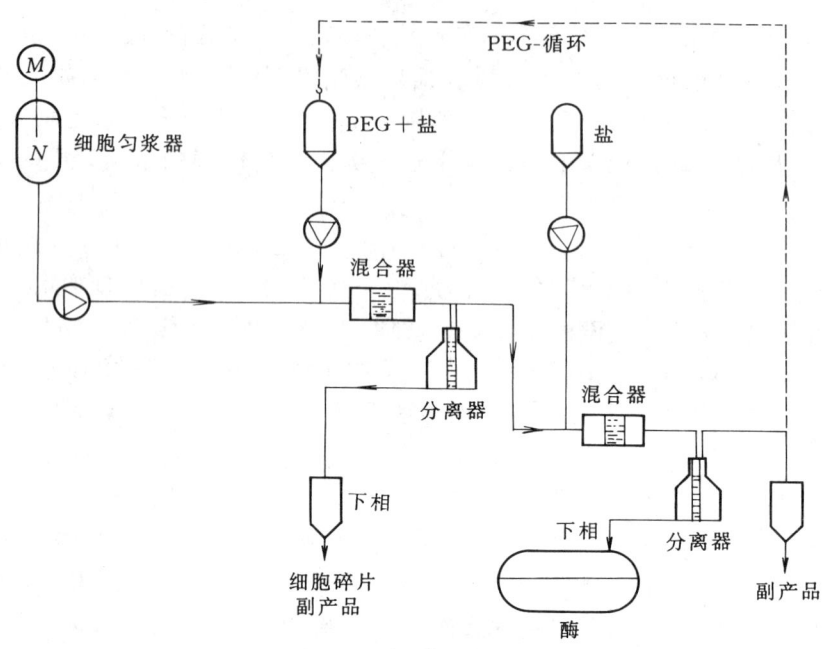

图 4-10　二级双水相萃取提纯酶和循环使用 PEG 的流程图

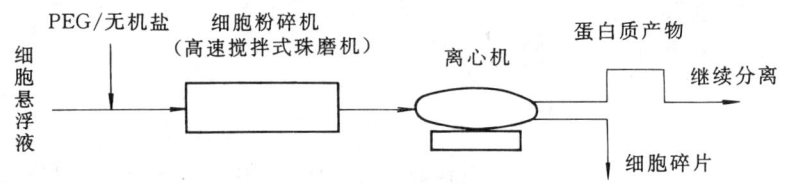

图 4-11　细胞破碎和双水相萃取同时进行的流程图

水相分散体系。细胞破碎释放出的产物很快被萃取到 PEG 富集相。经过珠磨机加工的匀浆直接用离心机分相，细胞碎片分配在下相，胞内产物分配在上相。这种方法不仅节省了萃取设备和时间，而且由于双水相对很多蛋白质具有保持活性的特点，可以避免胞内产物的损失。

2. 亲和双水相萃取

亲和吸附具有专一性强、分离效率高等特点。利用这些特点，将亲和吸附与双水相萃取技术相结合，对成相聚合物进行化学修饰，在 PEG 或 DEX 上共价地接上亲和配基，如离子交换基团、疏水基团、染料配基(以三嗪染料为主)、金属螯合物配基以及生物亲和配基等，从而构成亲和双水相萃取体系。该体系不仅具有萃取系统处理量大、放大简单等优点，而且具有亲和吸附的专一性强、分离效率高等特点。目前，利用亲和双水相萃取技术已成功地实现了 α-干扰素、甲酸脱氢酶和乳酸脱氢酶等多种生物制品的大规模提取。

3. 双水相萃取与膜分离相结合

利用中空纤维膜传质面积大的特点，将膜分离与双水相萃取结合，可以大大加快萃取传质速率。而且利用膜将双水相体系隔开，还可以避免由于双水相体系的界面张力小而产生的乳化作用。因此，将膜分离同双水相萃取技术相结合，是解决双水相体系易乳化问题及加快萃取速率的有利手段。同时可通过选择恰当孔径的超滤膜，实现对成相物质如 PEG 等的回收。

4. 使用带配基的吸附剂微粒特异性地吸附待分离的生物大分子，利用微粒与杂蛋白分配系数的差别，分离某些难以分离的生物大分子

例如，用偶联了某些蓝色染料配基的琼脂糖凝胶粒吸附经破碎处理后的粗提取液，然后将该微粒加入到 PEG/DEX 体系中，吸附了目标产物的微粒分配于富含 PEG 的上相中，而细胞碎片和杂蛋白则留在下相的 DEX 相中，从而达到分离的目的。

与通常的亲和双水相相比，其优点是微粒可偶联多个配基，同时微粒的分离与再生以及聚合物的回收均比较容易。

5. 双水相萃取与生物转化过程结合

在生物转化过程中，随着产物量的增加，由于产物的反馈抑制效应，会抑制转化过程的继续进行。因此，及时移走产物是生化反应中的主要问题之一。设想在生物反应过程中，如果酶催化的生物反应和微生物发酵的过程是在双水相萃取系统中的某一个相中进行，而形成的产物能够分配于另一个相中，则可以避免产物对生物转化过程的抑制效应，又可减轻目标产物与反应物及生物体或酶混于一体难以分离的困难，实现反应与分离的同步进行。Andersson 等曾综述了在双水相萃取系统中进行的生物转化过程(包括酶催化和微生物细胞发酵)。其研究结果表明，在双水相萃取系统中进行的生物转化，其生产能力、收率及分离效率均优于单一水相。

第五章 膜分离技术

第一节 概　述

一、膜分离技术的发展

1748年，Abble Nelkt 首次进行猪膀胱膜的渗透分离试验，揭示了膜分离现象，但至20世纪60年代中期，才应用于工业上。在膜分离技术发展史上，首先出现的技术为超滤（Ultrafiltration，简称 UF）和微孔过滤（Microfiltration，简称 MF），然后出现反渗透（Reverse Osmosis，简称 RO）。

1831年英国 I V Milehell 发现气体能透过橡胶膜。1855年 Fick 将陶瓷管浸入硝酸纤维素乙醚的溶液中，制成超滤半透膜。1861年 Thomas Graham 介绍了用膜分离法可以从多糖蛋白质溶液中除去一些无机盐类物质。1907年 Bechhold 首先发表了滤膜性质的报告。1930年左右法国出现硝酸纤维素膜商品，用于过滤病毒和分离血清蛋白质等。直至50年代末60年代初，在制膜技术取得了突破后，膜分离技术才得到飞跃发展。1953年 Reid 发现了醋酸纤维的半透性。1954年英国 Brubaker 等采用聚乙烯、醋酸丁酸纤维素等合成材料膜对混合气体进行分离、浓缩的研究。1956年 Loed 等从事醋酸纤维素膜反渗透研究，用不对称多孔二醋酸纤维素膜脱盐。1965年美国 Dupont 公司首先发明了中空纤维膜及其分离装置，并提出了用聚烯腈膜、对苯二酸-乙二醇膜分离氢、氮的专利申请，这对膜法气体分离技术的发展起到了促进作用。1968年美国 N N Li（黎念之）发明了液膜分离技术。1971年 Dupont 公司成功研制出 B-9 中空纤维式的反渗透膜。1970年 Ecusslur 研制了含流动载体的液膜和隔膜型液膜。

1961年美国 Hevens 公司首先提出管式膜组件的制造方法。1965年出现了管式膜组件系统。1964年美国 Gulf General Atomic 公司研制出螺旋卷式组件。1968年日本东丽公司进行了另一种卷式组件——水流道卷式组件的研制。平板式组件则由丹麦 DDS 公司制造，1973年获得专利。

1957年中国科学院化学所开始了离子交换膜的研究。1964年海军医学研究所研制出苦咸水淡化器。1966年聚乙烯异相离子交换膜在上海化工厂正式投产。1970年北京市环境保护科学研究所建立电渗析淡化水站，淡化水生产量达 100 m^3/d 以上。1981年国家海洋局第二海洋研究所等单位在西沙群岛上建成淡化水量为 200 m^3/d 的海洋淡化站。1982年郑州铁路局建成了 2 400 m^3/d 的电渗析淡化站，为蒸汽机车锅炉供水。1977年至1984年，我国共生产电渗析器 4 000 台左右，平均每年生产约 600 台。电渗析膜的使用寿命为 5～10年。电渗析法主要用于锅炉、蒸汽机车、电站、化工、制药等用水的生产。食品工业主要用于啤酒、白酒、饮料、冰淇淋的水质除盐与降低硬度，牛乳除盐，味精母液的分离等。

70年代初，在全世界范围开始了超滤和反渗透技术应用于乳品加工的研究。至1974年膜的清洗难题获得突破。1979年Abcor、DDS、PCI、Phone Poulene和Romicon公司用于乳品加工的超滤膜面积达21 000 m²。1988年10月据J L Maubois的统计，已有150 000 m²超滤膜和45 000 m²反渗透膜用于乳品工业，前者增长率为5%～10%。微孔过滤、超滤、超薄复合膜和无机膜已相继被引入乳品工业，并生产出众多的新型乳制品。

膜分离法是最节能的食品浓缩脱水方法。果汁中的芳香成分可保留30%～60%，并能除去细菌及未分解的果酸。膜分离法浓缩果汁已形成工业大规模生产，可生产25°Bx的浓缩果汁，经多级反渗透可制取40～45°Bx的苹果汁，可以将桔子汁浓缩到55°Bx。意大利1989年建立了超滤法生产葡萄汁的工厂，1984年建成反渗透浓缩番茄汁生产线，去除1 t水的费用为0.9英磅，只有三效蒸发法的11.8%。采用膜法进行生啤酒无菌过滤已在工业上得到广泛应用。用反渗透技术可以把啤酒中的乙醇含量从3.5%降至0.1%，DDS公司已生产出这类反渗透装置。用超滤法分离葡萄酒可获得透明的葡萄酒产品。1977年日本引入SF膜系列(孔径为0.02～0.4 μm)来生产清酒。Millipore公司制造了一种称为Millispark的膜装置，由亲水膜和疏水膜组成，亲水膜可使酒与酵母接触，疏水膜使发酵气体可以自由交换。在两膜之间封入传统酵母，然后放在发酵大酒瓶颈部位置。当发酵完成时，Millispark会自动跳出，解决了倒置瓶及摇瓶问题，缩短了发酵时间(只有原来的1/4)。用膜法处理的高浓度液体食品大都含有蛋白质、脂肪、纤维素、无机盐等，因此膜的污染和清洗是一个普遍存在的问题。

中国在80年代初开始研究用聚砜酰胺超滤膜分离氨基酸和蛋白酶。徐协卿等用截留相对分子质量为10 000的甲基丙烯酸甲酯-丙烯腈共聚物超滤膜，对B.S2709碱性蛋白酶发酵液进行超滤，达到了增加浓缩比、除去糖、盐和色素等低分子物质的目的。张金城等用外压管式CA超滤膜浓缩糖化酶，酶截留率达99%，膜通量为63 L/(m²·h)。用CA膜浓缩精制黑曲糖化酶、淀粉酶、碱性蛋白酶，酶活从废液中的1 160 u/mL，浓缩到26 442 u/mL，浓缩了23倍，酶累积透过率小于10%。90年代宗润宽等用旋叶式动态膜分离酶与菌体及残渣，膜面流速为10 m/s，流路畅通，不易堵塞。1987年以后，果汁的澄清、速溶茶的生产，饮料用水、矿泉水、太空水及家用净水器等越来越多地应用到膜技术。70年代末80年代初，上海汽水厂等采用电渗析法生产汽水用水，耗电量为3 kW·h/t。王巨梅等用醋酸纤维素微孔膜和超滤膜组成的净水器，可得到直接饮用水。王生春等研究用中空纤维进行矿泉水除菌、澄清。利民等将板式超滤器、聚砜和聚芳砜膜等超滤技术，用于处理天然饮料、营养饮料，包括猕猴桃汁、苹果汁、梨汁等，研究表明超滤法能有效去除果汁饮料中的果胶、细菌、蛋白质和高级棕榈酸酯絮状物等造成沉淀的物质。高孔荣等研究了从菠萝汁中回收菠萝蛋白酶，酶活达600 000 u/g。张利奋等研究了反渗透浓缩对果汁中主要芳香组分和维生素的影响，发现其浓缩前后变化很小。吴玲玲等使用孔径0.034～0.054 μm的聚砜膜和聚砜酰胺膜超滤器对酒进行了试验，结果发现酒液清澈，口味柔和。对黄酒、香槟酒、白酒等都进行了较多研究，结果表明均能改善酒的质量。

我国还进行了牛肉清蛋白超滤、白蛋白溶液超滤、胎盘血浆-白蛋白超滤、分离大豆蛋白和菜籽蛋白、乳品浓缩、甜叶菊甙提取、味精等电点母液提取谷氨酸、明胶浓缩、天然色素提纯等研究,均取得良好的效果。

二、膜分离技术的原理

用天然或人工合成的高分子膜,以外加压力或化学位差为推动力,对双组分或多组分的溶液进行分离、分级、提纯和富集的方法,统称为膜分离法。膜分离法可用于液相和气相。对于液相分离,可用于水溶液体系、非水溶液体系、水溶胶体系以及含有其他微粒的水溶液体系。

用半透膜把容器隔开,膜的一侧是溶液,另一侧是纯水,或者膜的两侧是浓度不同的溶液。小分子溶质透过膜向纯水侧移动,而纯水透过膜向溶液侧移动,此种现象称为渗析(或透析)。如果仅有溶液中的溶剂透过膜向纯水侧移动,而溶质不透过膜,这种分离现象称为渗透。只能使溶剂或溶质透过的膜称为半透膜。如果半透膜只能使某些溶质或溶剂透过,而不能使另一些溶质或溶剂透过,称之为膜的选择透过性。属于渗析的分离方法有电渗析、压渗析、渗析、热渗析;属于渗透的分离方法有:电渗透、反渗透、渗透、热渗透。引起上述分离的推动力各有不同,有电位差、压力差、浓度差、温度差等。

各种分离法及适用范围如图 5-1 所示。

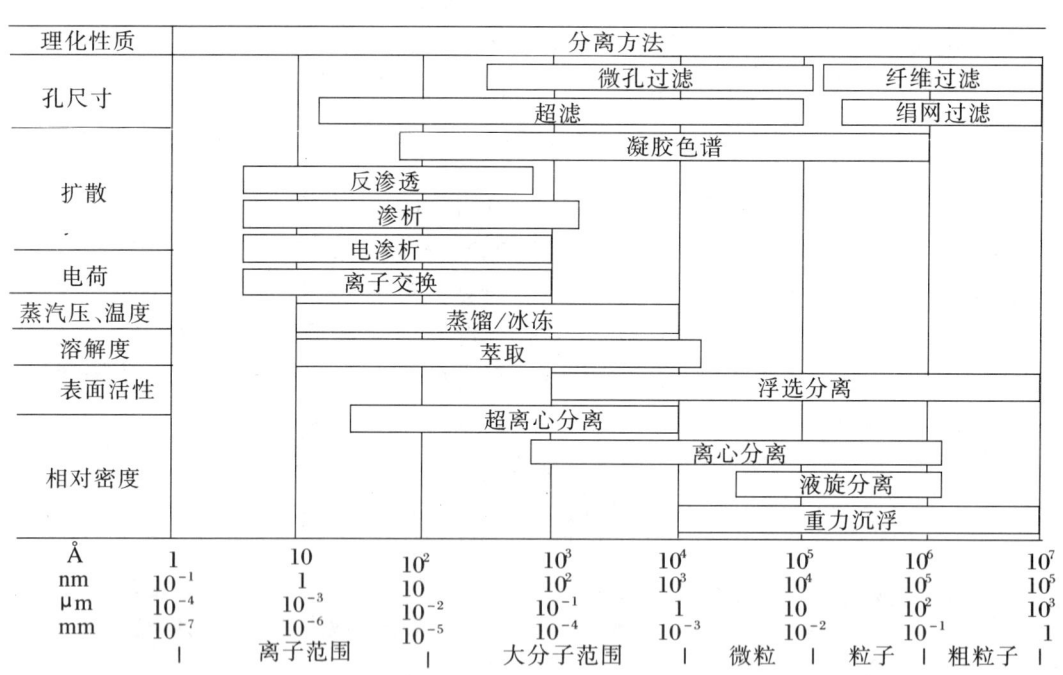

图 5-1 各种分离法及适用范围

三、膜分离技术的分类

按膜的不同可分固膜及液膜两大类。固膜包括气体渗透、反渗透、超滤、渗析、电渗析。液膜包括液膜、固定液膜。

气体渗透的推动力为分压差,常应用于空气中氧气的分离、富集。

反渗透的推动力为压力差(1~10 MPa)，应用于海水淡化、番茄汁、西番莲汁、蔬菜汁、鸡蛋白、糖浆等浓缩，从酒中除去酒精，生产去离子无菌水，食品厂废水处理等。

超滤的推动力也是压力差，压力为0.1~1 MPa，应用于高分子化合物、胶体溶液或气溶胶的分离以及液体的提纯、澄清和浓缩。其有效分离范围是0.0015~0.2 μm，截留相对分子质量为500~300 000，在这个范围内，几乎包括了食品的全部有效组分和营养物质在内。用超滤法浓缩抽提液时，只有果胶等大分子被截留，糖、盐、酸等小分子都随水的渗透初分离。超滤法浓缩果胶可以减少沉淀剂酒精的用量，果胶纯度高，成本也较低。超滤法澄清的果汁质量好，成本低。超滤得到的米酒、黄酒、清酒，透明度好，可延长贮存期。

渗析的推动力为浓度差，应用于造纸工业碱的回收。人工肾也是基于渗析的原理制成的。

电渗析的推动力为电位差，应用于海水淡化、高纯水制备等。如用于软饮料和啤酒厂生产软化水，乳清脱盐，回收乳糖、蛋白质、脂肪、乳酸和维生素等物质，并能除去葡萄酒中的部分酒石酸，以防止结晶析出。

液膜分离法是利用液体把被分离物包裹成为乳化型液膜而被分离。应用于废水处理，如含铜废水、含锌废水、含酚废水的处理，以及从黄柏皮中提取黄连素等。

四、膜分离技术的特点

膜分离技术一般在常温下操作，不需要加热，被分离的物质能保持原来的性质，能保持食品原有的色、香、味、营养和口感；能保持生物物质的活性。其选择性强，操作过程简单，适用范围广。张利奋教授用反渗透方法把西番莲汁浓缩到23°Bx时，甲酸乙酯的损失率为零，乙酸乙酯的损失率为零，丁酸乙酯损失率为13.8%，己酸乙酯的损失率为31.3%，维生素C的损失率为9.9%；而用普通浓缩方法时，损失率较大，甲酸乙酯损失20.6%，乙酸乙酯损失99.4%，己酸乙酯损失100%，维生素C损失100%。

从能耗方面比较，各种浓缩方法中，反渗透浓缩能耗最低，其次是冷冻浓缩，蒸发浓缩能耗最高，见表5-1。

表5-1 三种浓缩法的能源消耗比较

类型	条件	能源	除去1 t水能耗(kW·h)	相应的费用比
反渗透	渗透率25 L/(m²·h)	电	8	8
蒸发	四效蒸发	蒸汽	161	80
冷冻	冷冻设备	电	73	73

超滤法澄清果汁便于管道化连续生产，产品质量好，可提高果汁产量5%~8%，节省硅藻土或其他助滤剂和酶制剂，减少了反应罐、压滤机、离心机等设备，降低了操作费用和人工费用，减少废渣等环境污染物，可回收果胶和水果中的酶。超滤果汁已除菌，可直接与无菌包装系统联接。超滤后的果汁的微生物含量完全符合食品卫生要求。超滤苹果汁的回收率达50%~90%，好氧菌、酵母菌、霉菌嗜冷菌、嗜热菌含量均小于1个/mL。

电渗析技术的发展特点为：电渗析器趋向大型化，将 1 000～9 000 mg/L 的含盐水制成 100～900 mg/L 的淡水是电渗析法的最有效应用之一。电渗析法和离子交换法联合应用制取纯水和高纯水，则效果更好。先将原水进行软化，可防止电渗析器结垢。目前电渗析器已完全自动化，可用计算机控制。可利用风力发电进行电渗析除盐，采用导电网可提高电渗析的电流，减少结垢。电渗析可用于牛乳除盐，在不改变果汁品味条件下使果汁脱酸。电渗析技术在淡化除盐、浓缩制盐、制取高纯度烧碱等方面均获得广泛应用。

五、膜的分类和性质

膜分离技术的关键是膜的选择。选择膜时首先要考虑原料的性质，包括相对分子质量的大小、颗粒大小、胶体含量、悬浮物含量、粘度、固体物质含量、pH 值、成分、温度等，按物料的性质选择与之相适应的膜。膜的孔径大小是主要参数之一，要求孔径分布均匀，大小一致，膜材料耐用，便于再生。常用的膜分为微孔膜、非多孔性膜、非对称膜（包括醋酸纤维膜、芳香聚酰胺膜、聚砜膜等）、离子交换膜等固相膜以及液膜。

1. 微孔膜

分无机物与高分子聚合物两类。一类是由氧化铝、氮化硅、碳、钨、镍、铝及多种有机高分子等微细粉末在高温下烧结而成。孔径超过 1 μm，可用于气体、液体中微粒分离。另一类微孔膜由纤维素的聚合物制成，孔径 $10\sim10^4$ Å，用于微孔过滤或超滤，如水的净化、溶液除菌、除酶、血液净化等。微孔膜具有较高的渗透性，但选择性较低。这些膜用于基础研究、工程开发、工程优化等，其中用于气体分离（GS）、控制释放（CR）、电渗析（ED）、反渗透（RO）、超滤（UF）、微孔过滤（MF）、渗析（D）等的膜发展速度较快。

2. 非多孔性膜

又称均质膜，其结构较为致密。其特点为分离系数较高，但渗透系数较低。主要有硅橡胶膜，适用于气体分离和渗透蒸发，用于气调保鲜有较好的效果。

3. 非对称膜

是一种复合膜，由极薄的活化皮层和较厚的多孔支撑层组成，由同一材料或不同材料复合而成，皮层厚 1 Å，支撑层厚 1 000～2 000 Å。皮层的分离特性与渗透性能均较好，用作超滤和反渗透膜，如非对称醋酸纤维膜、芳香聚酰胺膜和聚砜膜等。

（1）醋酸纤维膜（CA） 是使用较早的反渗透膜。但 CA 膜易水解，在高压下易被压实，影响分离效果。经改进后可制成高取代度和低取代度的混合膜。高取代度的乙基值在 40% 以上。混合膜包括二醋酸纤维和三醋酸纤维的混合膜、醋酸丁酸纤维膜（CAB）、醋酸丙酸纤维膜（CAP）和醋酸甲基丙烯酸纤维膜（CAM）等。CA 膜适用于酸性溶液。

（2）芳香聚酰胺膜 膜的材料为芳香聚酰胺，采用中空纤维作支撑层。具有较高的脱盐率，透水性能、抗压性能均较好，化学性质稳定，适用 pH 值范围较大，操作压力较低。

（3）聚砜膜 采用聚砜中空纤维作支撑层，表面涂有有机硅氧烷，可用于合成氨尾气中的氢气的去除。

4. 离子交换膜

是一种带电基团的聚合膜，分阳离子交换膜和阴离子交换膜。阳离子交换膜带有阳离子交换基团，带负电荷，能选择性地吸附阳离子并使之通过，对阴离子则产生排斥现象。

与之相反，阴离子交换膜带有阴离子交换基团，带正电荷，能选择性地吸附阴离子，并使之通过而排斥阳离子。离子交换膜主要用于电渗析。常用的有聚乙烯膜或聚氯乙烯膜。阳离子交换基团为磺酸和磷酸型，阴离子交换基团为季胺、叔胺和仲胺等。

5．液膜

按使用条件不同，分液体表面活性剂膜和多孔聚合物固定液膜两种。

（1）液体表面活性剂膜　液膜由溶剂、表面活性剂和添加剂组成。溶剂分油溶性溶剂和水溶剂两大类。表面活性剂有促进膜过程乳化和选择性分离的作用。添加剂包括载体和膜稳定剂等。载体的作用是使分离组分与载体在液膜的一端形成结合体，然后在液膜中扩散，及至扩散至液膜的另一侧时将分离组分释放，载体再返回与其他分离组分结合。载体的类型依据分离组分的特点来选择。膜稳定剂的作用为提高膜的稳定性。此外尚有增稠剂。成膜的方法是：将成膜剂倒入分离液中，高速搅拌使之乳化，乳化液外层即为液膜，液膜分油包水型和水包油型两类。水溶性分离液采用油溶性成膜剂，乳化后形成油包水型液膜；油溶性分离液则采用水溶性成膜剂，形成水包油型液膜。液膜厚度约为 $1 \sim 10\ \mu m$，乳化液的液滴直径为 $0.05 \sim 0.2\ mm$。

（2）多孔聚合物固定液膜　采用多孔聚合物如微孔聚丙烯薄膜等作为固定膜，然后用有机膜液体将其孔隙填充，制成多孔聚合物固定膜。这种液膜几何构型稳定，可直接用于连续分离过程。

按膜的材料不同，固相膜可分为纤维素酯类膜和非纤维素酯类膜，如表 5-2 所示。

表 5-2　膜材料化学组成不同的主要固相膜

固相膜		典型膜的化学组成	已制成膜的类型
纤维素酯类膜		二醋酸纤维素	RO UF MF
		三醋酸纤维素	RO MF
		混合醋酸纤维素	RO UF MF
		硝酸纤维素	MF
		醋酸硝酸纤维素	MF
		醋酸丁酸纤维素	RO
		醋酸磷酸纤维素	RO
		氰乙基纤维素	RO UF
非纤维素酯类膜	无机物膜	玻璃中空纤维	RO UF
		氢氧化铁、水合氧化锆等动态膜	UF
		金属多孔膜	MF
	合成高分子膜	聚酰胺系	
		脂肪族聚酰胺（尼龙-66等）	RO UF MF
		芳香族聚酰胺	RO UF MF
		芳香族聚酰胺酰肼	RO
		聚砜酰胺	RO UF MF
		芳香-杂环聚合物系	
		聚吡嗪酰胺	RO
		聚苯并咪唑	RO
		聚苯并咪唑酮	RO
		聚酰亚胺	RO UF

按膜断面的物理形态,可将膜分为对称膜、非对称膜和复合膜。对称膜又称均质膜。非对称膜指膜的断面不对称,这种膜具有极薄的表面活性层(或致密层)及其下部的多孔支撑层。复合膜是用两种不同的膜材料,分别制成表面活性层和多孔支撑层。

按膜的形状,可将膜分为平板膜、管式膜和中空纤维膜。其中平板膜可用于板式及螺旋卷式分离装置中。

按膜的制备方法,有浇铸膜,又称流涎膜,常用于非对称膜和复合膜多孔支撑层的制作。除此之外,还具有标准孔径的核径迹——蚀刻膜和经拉伸成孔的拉伸膜,这两种膜用于微孔过滤和超滤等过程。

按孔径大小来划分,孔径在 0.000 1~0.001 μm 的称为反渗透膜;孔径在 0.001~0.1 μm 的称为超滤膜;孔径在 0.1~10 μm 的称为微滤膜。100 μm 孔径膜可用于花粉等过滤;10 μm 孔径膜可用于淀粉、血液细胞等微过滤;1 μm 孔径膜可用于细菌等过滤;1 000 Å 孔径膜可用于细菌等过滤;100 Å 孔径膜可用于 100 000 相对分子质量的大分子及 DNA、病毒、维生素等物质的超滤;10 Å 孔径膜可用于相对分子质量为 1 000 的成分如葡萄糖、维生素 B_{12} 等物质的超滤;1 Å 孔径膜用于反渗透,如食盐等过滤。此外,还有蚀刻膜,孔径为 0.1~5 μm。孔径的测定可用最大气泡点法、标准尺寸粒子法或细菌过滤法测定。

中国研制生产常用的超滤膜有二醋酸纤维素膜(CA)、三醋酸纤维素膜(CTA)、氰乙基纤维素膜(CN-CA)、聚砜膜(PS)、磺化聚砜膜(SPS)、聚砜酰胺膜(PSA)、圈型聚砜膜(PDC)、聚丙烯腈膜(PAN)、聚醚砜膜(PES)、聚偏氟乙烯膜(PVDF)、聚苯醚酮膜(PEEK)、聚氯乙烯膜(PVC)、聚酰亚胺膜(PI)等。超滤膜的种类和性能如表 5-3 所示。

表 5-3 超滤膜的种类和性能

种 类	水通量[kg/(m²·h)]	pH 值范围	孔径(μm)
CTA	30~160	2~9	0.01~0.08
CA	20~150	3~8	0.01~0.08
CA-CTA	30~180	2~9	0.01~0.10
PSF	20~200	2~13	0.04~0.12
PES	20~180	2~13	0.04~0.08
PVDE	50~500	1~14	0.05~0.30
PAN	50~400	2~11	0.04~0.10

反渗透膜有 CA201、CA-CTA102、KXS-Ⅰ、KXS-Ⅱ 等膜,水通量约为 25~40 kg/(m²·h),对盐的脱除率 85%~97%,操作压力为 1.5~30 MPa,进液温度 20~25℃。

醋酸纤维素膜经不断改进后,具有较高的透水速度,为 3.18~3.89 mL/(cm²·h),分离率在 90% 左右。高分离率的醋酸纤维素混合膜分离率可达 99%。醋酸丁酸纤维膜、醋酸纤维复合膜的透水速度为 2.1~2.43 mL/(cm²·h),亦可制成中空纤维膜。醋酸纤维素微孔膜,孔径为 0.45 μm,孔隙率 76%,透水量为 43.3 mL/(cm²·h),爆破压力为 10.8 N/cm²。

合成高分子膜有亲水性的极性基团,透水性增加,具有性质稳定、抗压性能高、耐热性强、透水阻力较小、耐有机溶剂等优点。

第二节 反渗透分离技术

一、反渗透膜的透过机理

50 年代以来,相继有人提出了多种非对称反渗透膜和离子反渗透膜的透过机理和模型,解释了膜的透过现象。其主要的透过机理和模型分述如下。

(一) 氢键理论及结合水-空穴有序扩散模型

Reid 等提出在醋酸纤维素膜中,由于氢键和范德华力的作用,大分子之间是牢固结合的,形成晶相区域和非晶相区域。在非晶相区,水与醋酸纤维素羰基上的氧原子形成氢键,形成所谓的"结合水"。当醋酸纤维素吸附了第一层水分子后,会引起水分子熵值的极大下降,类似于冰的构造。与醋酸纤维不能形成氢键的离子或分子不能透过结合水区域,而能和膜产生氢键结合的离子或分子(如水、酸等)可以进入结合水区域,并进行迁移,通过膜。在压力作用下,溶液中的水分子和醋酸纤维素的羰基上的原子形成氢键,而原来水分子间形成的氢键被断开,水分子解离出来和羰基上的原子形成新的氢键。这样连续的氢键形成与断开,使水分子进入膜的多孔层,由于多孔层含有大量的毛细管水,水分子能畅通流出膜外。这种离子或分子的迁移称为孔穴扩散。

在结合水中依靠氢键与膜保持紧密结合的称为一级结合水,保持较松散结合的称为二级结合水。一级结合水的介电常数很低,对离子无溶剂化作用,离子不能进入一级结合水而透过膜。二级结合水的介电常数与普通水相同,离子可以进入并透过膜。理想的膜表面只存在一级结合水,因此对离子有较高的分离作用。

反渗透的膜材料必须是亲水性的,能与水形成氢键。水在膜中的迁移主要是扩散。但氢键理论忽略了溶质-溶剂-膜材料之间的相互作用力。另外盐的渗透与孔穴形成的几率有关,孔穴的形成是高分子布朗运动的结果。提高聚合物的结晶度或增加压力使水分子更加牢固地充满孔穴,都会使高分子的布朗运动受到抑制,从而降低了孔穴形成的几率,减少了盐的渗透性。

(二) 优先吸附——毛细孔流理论

1963 年 Sourirajan 在 Gibbs 吸附方程的基础上提出了优先吸附——毛细孔流理论。当溶液与高分子多孔膜接触时,如果膜的化学性质使膜对溶质负吸附,对水优先吸附,那么在膜与溶液界面附近的溶质浓度会急剧下降,在界面上形成被吸附的纯水层,由于压力作用将使其通过膜表面的毛细孔,即可获得纯水。纯水层的厚度与溶液及膜的化学性质有关。纯水层厚度约为 1~2 个水分子层,水分子的有效直径约 5 Å,则纯水层厚度约为 5~10 Å。当膜表面毛细孔径为纯水层厚度的 2 倍时,每个毛细孔就得到最大流量的纯水,此时该毛细孔径称为"临界孔径"。如果孔径大于临界孔径,就会产生溶质的泄漏。但临界孔径可以比溶质与溶剂分子直径大几倍,而溶质仍能进行分离。因此,这种分离不是简单的筛分和超过滤作用,而是与孔的结构有关,包括与纯水层厚度、膜的厚度、孔径与孔分布、孔隙率、支撑层孔隙大小等有关。

膜材料对水要优先选择吸附,对溶质要选择排斥,膜表面应具有尽可能多的有效直径的孔，这才能获得最佳的分离率和最高的透水速度。这个理论符合氢键理论的结合水和孔穴型扩散模型，说明能与膜产生氢键的溶质以有序扩散的方式迁移。Clueckauf 等指出，如果膜有微孔存在，则孔内电解质浓度比接触膜的水溶液浓度小得多，即膜界面不是纯水层。但是用电子显微镜观察，并没有看到所谓的临界孔径细孔及纯水层。

（三）溶解扩散理论

Lonsdale 和 Riley 等认为，溶剂与溶质透过膜的机理是由于溶剂与溶质在膜中的溶解。在化学位差的推动力作用下，使之透过膜。在给定条件下，溶质与溶剂在膜中的溶解度和扩散系数应恒定，过滤速率及分离率也应当恒定。

醋酸纤维素膜内的分子扩散系数由醋酸纤维膜的乙酰基含量决定，当含量为 33.6%～43.2% 时，水分子的扩散系数为 $5.7 \times 10^{-5} \sim 1.3 \times 10^{-6}$ cm^2/s，而溶质的透过系数为 $2.9 \times 10^{-8} \sim 3.9 \times 10^{-11}$ cm^2/s，溶质的扩散系数要比水的扩散系数小得多。随着乙酰基含量增加，它们的差别就越大，所透过的水质就越好。

Lonsdale 等用溶解扩散理论建立了溶质与溶剂的迁移方程，从理论上计算出乙酰基含量为 39.8% 的醋酸纤维素膜，对 1% NaCl 水溶液在 3.4 MPa、6.9 MPa 和 10.3 MPa 压力下，NaCl 的分离率分别为 99.37%、99.72% 和 99.82%。如果分离率过低，则表明膜存在细孔缺陷，为"不完整的膜"。

溶解扩散理论认为膜可以是均质膜，或非均质多孔膜但表面具有致密活化层，或超薄膜。但这个理论忽略了膜结构性能的重要影响。同时还不能解释膜材料具有高度吸附性和对水、盐具有高渗透性的原因。Strathmann 等研究结果说明在聚合物中，水只有以分子分散状态存在时，水的渗透性才会得到最大值。如果水以集团形式存在，则水在聚合物中的扩散需要较高的活化能，因而使水的渗透性下降。

（四）反渗透膜的其他透过理论

（1）扩散-细孔流理论　Sherwood 认为膜表面存在细孔，水和溶质能通过细孔，并在溶解、扩散的双重作用下透过膜。膜的透过特性既取决于细孔流，也取决于水和溶质在水溶胀的膜表面中的扩散系数。透水量愈小，水的扩散系数愈大，则膜的选择透过性愈好。

（2）自由体积理论　Yasuda 提出膜的自由体积概念，它包括聚合物的自由体积和水的自由体积。聚合物的自由体积系指无水时未被高分子占据的空间。水的自由体积系指水溶胀时膜中纯水所占的空间。水可在膜的自由体积中迁移，而盐只能在水的自由体积中迁移，从而使膜具有选择透过性。膜的自由体积不是固定的孔，而是膜中的高分子波动而产生的孔隙，其形状尺寸可连续变化。由于孔隙的波动性，水可作扩散和粘性流两种形式的迁移。但膜的含水率并不与膜的透过特性有良好的相关性。

（3）离子性膜的透过机理　一般用 Donnan 平衡理论来解释，在此不作详述。

二、反渗透分离原理

一个容器中间用半透膜分隔为两部分，一边是水，一边是溶液。当两边液体上部压力 $p_1 = p_2$ 时，由于水的化学势 μ_1 大于溶液的化学势 μ_2，引起水向溶液方向渗透。如果增加溶液上方压力 p_2，当 p_2 与 p_1 之差等于某一数值时，水就不会向溶液方向渗透，溶液中的水也不会作反向渗透，两边处于渗透平衡状态。这时 $p_2 - p_1 = \Pi$ 称为溶液的渗透压。当 p_2 继续增大，使 $p_2 - p_1 > \Pi$ 时，则溶液一侧的水就会透过半透膜向水侧方向渗透。此时水渗透方向正好与上述渗透过程的方向相反，称为反渗透。这会使溶液中的水分与溶质分离，溶液不断地增浓。利用反渗透原理就可将溶液的不同组分分离。要进行反渗透分离，就必须向溶液施加一个比溶液渗透压大的压力，同时选择一个渗透选择性能良好的半透膜。反渗透是在常温和大气压下收集透过膜的产物。产物中富集了混合物中一种或多种组分，而在高压侧留下其他组分的浓缩溶液。反渗透方法适用于无机或有机物质的水溶液或非水溶液的分离。

反渗透主要是利用溶剂或溶质对膜的选择性渗透原理。在反渗透过程中虽然与膜的微孔孔径大小有一定的关系，但主要的是受膜材料的化学性质影响，主要决定于膜的选择性。当膜表面孔的直径小于溶剂分子或溶质分子直径时，溶质依然可以分离。这说明筛分过滤原理对反渗透是不适用的。

反渗透溶剂的透过速率可表示为：

$$J_W = \frac{D_W c_W V_W}{RT \Delta x}(\Delta p - \Delta \Pi) = A(\Delta p - \Delta \Pi) \tag{5-1}$$

式中：D_W——溶剂在膜中的扩散系数；

c_W——溶剂在膜中的浓度；

V_W——溶剂的摩尔体积；

R——摩尔气体常数；

T——绝对温度；

Δx——膜的有效厚度；

Δp——压力差；

$\Delta \Pi$——渗透压差；

A——溶剂对膜的渗透系数。

溶质的透过速率为：

$$J_S = -D_S K_S \left(\frac{c_R - c_p}{\Delta x}\right) = B(c_R - c_p) \tag{5-2}$$

式中：D_S——溶质的扩散系数；

K_S——溶质在膜中的溶解度系数；

c_R、c_p——溶质在高、低压侧的浓度；

Δx——膜的有效厚度；

B——溶质对膜的渗透系数。

三、反渗透分离溶质的物理化学准则

(一) 溶质、溶剂、聚合物的相互作用

膜-溶液界面上的优先吸附性是溶质、溶剂和聚合物(膜材料)三者相互作用的函数。溶质和溶剂可以是极性的，也可以是非极性的。它们相互作用的结果决定了膜-溶液界面上优先吸附的是溶剂还是溶质，或者两者皆不吸附。在反渗透过程中，当膜对水的吸附大于对溶质的吸附时，会得到溶质与溶剂的分离；当膜对两者吸附相等时，为零分离；当膜对溶质的吸附大于对水的吸附时，甚至会出现负分离。上述分离情况均可用溶质的极性、非极性、分子结构和离子特性参数来判断。所以了解溶质的物理化学准则是必要的。

(二) 分离有机溶质的物理化学准则

把分离试验数据与溶质的极性、非极性、分子结构和离子特性参数建立联系，便可预测反渗透分离结果。有关参数如下：

1. 极性参数

极性参数就是表达有关分子的酸性(给予质子的特性)或碱性(接受质子的特性)在膜分离中所起的作用。

(1) 酸性和碱性值($\Delta v_{S酸性}$和$\Delta v_{S碱性}$)　酸性值是表示一种酸给予质子能力的相对量度，也就是氢键键合能力大小的量度。

碱性值是表示一种碱接受质子能力大小的相对量度。

质子的给予能力与质子的接受能力呈相反的趋势，故在反渗透中组分酸性的增加值等于碱性的减少值。

酸性和碱性值是用溶质在特定溶剂中溶解后，由其红外光谱的相对位移量来测得的。一般羧酸的极性不采用$\Delta v_{S酸性}$值表示。只有醇和酚才采用$\Delta v_{S碱性}$值表示其极性大小。

(2) pK_a值　pK_a值为溶质的解离常数。利用解离常数可以计算酸碱在水溶液中的离解度。解离常数是水溶液中两性电解质的一个极性参数。羧酸、胺和氨基酸是两性电解质。解离常数是溶质分子的酸性或碱性的定量量度。

(3) σ(或$\Sigma\sigma$)值和σ^*(或$\Sigma\sigma^*$)值　σ值称为Hammett数，即极性取代基常数，它可用(5-3)式表示：

$$\lg \frac{K}{K_0} = \rho \sigma \tag{5-3}$$

式中：K、K_0——分别表示给定反应和标准反应的平衡常数；

　　　ρ——与σ有关的比例常数。

在标准反应中$\rho = 1$，故

$$\sigma = \lg \frac{K}{K_0} \tag{5-4}$$

(5-3)式称为Hammett方程，σ值是芳香族化合物的间位或对位取代反应中反应成分极性效应的定量量度。

σ^*值称为Taft数，即极性取代基常数，在芳香族化合物的邻位、脂肪族化合物和酚的取代反应中，取代基接近于反应中心，其取代效应可用(5-5)式的Taft方程表示：

$$\lg \frac{K}{K_0} = \rho^* \sigma^* \tag{5-5}$$

式中：K、K_0——分别为R—COOR′和CH_3COOR的水解速度常数；

　　　ρ^*——与σ^*相关的比例常数；

　　　σ^*——反应中极性取代效应的能力。

在取代反应中，σ和σ^*值越低，其电子回收能力就越小。对一给定的官能团，σ或σ^*值较低，则表示分子的酸性较低。分子的Hammett或Taft数($\Sigma\sigma$或$\Sigma\sigma^*$)是每个取代基的σ或σ^*值的总和。σ值适用于间位和对位取代的芳香族化合物，而σ^*值则适用于脂肪族化合物、酚和邻位取代基的芳香族化合物。这些参数对于应用不同的膜分离技术具有一定参考价值。

2. 空间参数

Taft 用 σ^* 和 E_S 表示分子取代基的极性和空间效应，E_S 称为位阻参数，它们之间的关系为：

$$\lg \frac{K}{K_0} = \rho^* \sigma^* + \delta^* E_S \tag{5-6}$$

式中：δ^*——与 E_S 有关的比例常数。

(5-6)式表明取代基的极性效应与空间位阻效应对分子解离能力的影响。实际上取代基的极性效应很小时，$\rho^* \sigma^*$ 可以忽略不计，则 Taft 方程可写成：

$$\lg \frac{K}{K_0} = \delta^* E_S \tag{5-7}$$

分子空间参数 $\sum E_S$ 为各取代基 E_S 的总和。不同化合物的空间参数不同，丙醛的 $\sum E_S$ 为 -0.07，丙酮的 $\sum E_S$ 为 0，苯甲醚的 $\sum E_S$ 为 -0.06。这种 $\sum E_S$ 值的差异，也是各种成分在膜分离过程中具有不同分离效果的原因之一。

3. 非极性参数

烃类化合物溶质具有疏水性或非极性性质，碳氢分子的疏水性可由其在水中的摩尔溶解度直接量度，由溶解度数据以及 Small 数（摩尔吸引常数）引申得到的非极性参数称为修正 Small 数，用 $\sum S^*$ 表示，以此来定量表示碳氢分子的相对疏水性。

修正 Small 数与液体的内聚能有关。设 n_1 摩尔、体积为 V_1 的液体的内聚能为 E_1，n_2 摩尔、体积为 V_2 的液体的内聚能为 E_2，两者混合后，其总的内聚能为 E，则：

$$E^{\frac{1}{2}}(n_1 V_1 + n_2 V_2)^{\frac{1}{2}} = n_1 (E_1 V_1)^{\frac{1}{2}} + n_2 (E_2 V_2)^{\frac{1}{2}} \tag{5-8}$$

修正 Small 数是有机分子间相互吸引的定量量度。修正 Small 数的增减就意味着其非极性特性或疏水性的增减。修正 Small 数与摩尔溶解度有关，修正 Small 数随着摩尔溶解度的增加而减少。烃类化合物的 $\sum S^*$ 可通过其化学结构分析及其在水中的溶解度获得。$(EV)^{1/2}$ 称为摩尔吸引常数。它是表示有机分子间互相吸引的定量量度，是分子间力的作用结果，据此可以对不同组分间的分离难易作出判断。

(三) 分离无机溶质的物理化学准则

分离无机溶质主要考虑的是离子排斥自由能参数 $\left(-\dfrac{\Delta\Delta G}{RT}\right)$，它是表示溶液与膜界面之间的离子与溶剂相互作用的自由能变化值。对于水溶液中的离子来说，水是被膜优先吸附的，因此，$-\dfrac{\Delta\Delta G}{RT}$ 称为离子排斥自由能参数。$\left(-\dfrac{\Delta\Delta G}{RT}\right)_i$ 值是膜化学性质的函数，能反映出膜对无机离子的某些分离效果。

$$-\left(\frac{\Delta\Delta G}{RT}\right)_i = \frac{1}{RT}\left[\left(\frac{E_i}{r_i + \Delta_i}\right) - \left(\frac{E_B}{r_i + \Delta_B}\right)\right] \tag{5-9}$$

式中：ΔG——离子-溶剂相互作用的自由能；

R——摩尔气体常数；

T——绝对温度；

r_i——离子的结晶半径；

Δ_i——r_i 的修正值；

下标 i——某种离子；

$$E = \frac{N_A}{2}(z_i e_0)^2 \left(1 - \frac{1}{\varepsilon_e}\right)$$

z——离子化合价；

N_A——阿佛加德罗常数；

e_0——电子的电荷；

ε_e——介电常数；

Δ_B——水化自由能。

根据 Born 方程可知，E 与 ΔG 的关系：

$$\frac{1}{\Delta G} = \frac{1}{E} r_i - \frac{\Delta}{E} \tag{5-10}$$

式中，$\frac{\Delta}{E}$ 为截距，$\frac{1}{E}$ 为斜率，$\frac{1}{\Delta G}$ 与 r_i 为直线关系。

阳离子的 $\left(-\frac{\Delta\Delta G}{RT}\right)$ 值为正值，阴离子的 $\left(-\frac{\Delta\Delta G}{RT}\right)$ 值均为负值。例如 Na^+、K^+、NH_4^+ 在 25℃时的自由能参数分别为 5.79、5.91、5.97；Mg^{2+}、Ca^{2+}、Ba^{2+} 的自由能参数分别为 4.73、5.22、5.23；Cl^-、ClO_3^-、CH_3COO^-、NO_3^- 的自由能参数分别为 -4.42、-4.10、-4.89 和 -4.25。结果表明：在醋酸纤维膜的液-膜界面上，阳离子被吸引，而阴离子被排斥，这是由于醋酸纤维膜表面具有负电性。在阳离子中，二价离子比一价离子具有较低的自由能参数。

四、反渗透分离溶质的影响因素

(1) 醇、酚的分离　其分离度和溶剂透过速率随 $\Delta v_{S酸性}$ 或 $\sum\sigma^*$ 值的增加而下降，理想条件下 $\sum\sigma^*$ 小于 0。当 Δv_S 值约为 300 cm^{-1} 或更大时，溶剂透过速率出现突然下降，这可能是溶质被优先吸附，膜表面的孔被堵塞的缘故。

(2) 一元羧酸的分离　主要受 pK_a 值的影响。pK_a 值减少，表示溶液的酸性增加，形成氢键的结合能力增加，水的优先吸附能力下降，导致分离度下降。当达到足够酸度时，分子离解为离子形式存在于溶液中，位于膜附近的离子受到静电排斥作用，使水有较大的优先吸附性，因而有较大的分离度。当 pK_a 值在 5.15～4.7 范围内，酸的离解度仅为 10%～15%，溶质的分离度从 66% 降至 16%；当 pK_a 值在 2.9～2.17 范围内，酸的离解度从 70% 增至 92%，分离度增加很快，达到 72%。因此，离解度成为主要影响因素。

(3) 二元羧酸的分离　$\sum\sigma^*$ 值的变化对二元羧酸的分离影响较大，在不同的变化范围内，二元羧酸的分离度变化有所不同。$\sum\sigma^*$ 减小时，离解度下降，分离度也下降。但当 $\sum\sigma^*$ 减小至一定程度时，分离度反而增加。其总的结果是分离度下降，主要是由于未离解酸的优先吸附造成的。

(4) 羟基-羧酸的分离　溶质的分离效果通常按下列顺序排列：单羟基-三羧酸(柠檬酸) > 二羟基-二羧酸(酒石酸) > 单羟基-二羧酸(苹果酸) > 单羟基-一羧酸(乳酸) > 一元酸(醋酸、丙酸、丁酸、戊酸和苯甲酸)，说明溶质分子中极性官能团数目的增加，其优先吸附作用增大，溶质的分离度较高，但溶剂透过速率变化不大。酸离解度增加，分离度更大，此时未解离的酸在膜-液界面上受到排斥作用较大，水被膜优先吸附程度增加。

(5) 醛、酮、醚、酯的分离　这些溶质都是质子受体，离解常数非常低，多以未离解的分子状态存在于水溶液中。溶质的分离度随着 Δv_S 的增加而增加，但超过一定 Δv_S 值时，分离度增加甚微，$\Delta v_{S碱性}$ 对溶剂透过速率的影响不大。$\sum \sigma^*$ 减少，分离度增加。当 σ^* 或 $\sum \sigma^*$ 为较高正值时，溶质的分离度的变化较平稳。随着 $\sum E_S$ 值（空间参数）的降低，醚的分离度增加。

(6) 胺的分离　胺属碱类，伯胺与仲胺带有 2 个或 1 个氢原子，有一定的酸性；叔胺的 N 原子上没有氢原子，为完全的碱性。叔胺在 pK_a 值增加时，溶质分离度增大；仲胺当 $pK_a > 10.8$ 时，pK_a 值增加会使分离度增加很快；伯胺的分离与仲胺相似。随着 pK_a 值的增加，溶剂透过速率会略有增加。

(7) 氨基酸的分离　氨基酸含有不同的酸性和碱性基团。在酸、碱性溶液中存在带不同电荷的离子，有不同的平衡常数 K_1、K_2、K_ϵ，即有不同的 pK_1、pK_2、pK_ϵ 值。pK_1 对溶剂透过速率影响不大。在进料时加入 HCl 溶液，使 pH 值降低，阳离子浓度增加，随着 pK 值降低，溶质分离度增大。

(8) 无机溶质的分离　20 多种无机物的反渗透试验结果表明，当 $\sum(-\Delta \Delta G/RT)_i$ 值减少时，其分离度增加。

五、反渗透基本迁移方程

Kimura-Sourirajan 根据优先吸附——毛细管流动模式以及浓度差极化的"薄膜"理论，推导出反渗透的基本方程。他们把溶剂水在膜表面毛细管的迁移视为粘性流动，而把溶质的迁移视为通过膜表面孔的扩散。

(一) 基本迁移方程

$$A = \frac{PWP}{M_B S p} \tag{5-11}$$

式中：PWP——纯水透过速度，g/h；
M_B——水的相对分子质量；
S——膜面积，cm²；
p——操作压力，Pa；
A——纯水透过常数，mol/(cm²·s·Pa)。

纯水透过常数 A 是膜的一个基本物理量，是膜的总孔隙度的量度。它代表了膜在高压侧不存在浓度极化（基准条件）时的纯水迁移量。A 值大小与溶质无关，反渗透时迁移情况如图 5-2 所示。溶剂水透过膜的迁移量（通量）为：

$$\begin{aligned} N_B &= A(p - \Pi x_{A_2} + \Pi x_{A_3}) \\ &= \left(\frac{D_{AM}}{k\delta}\right)\left(\frac{1-x_{A_3}}{x_{A_3}}\right)(c_2 x_{A_2} - c_3 x_{A_3}) \\ &= kc_1(1-x_{A_3})\ln\left(\frac{x_{A_2}-x_{A_3}}{x_{A_1}-x_{A_3}}\right) \end{aligned} \tag{5-12}$$

式中：N_B——透过膜的溶剂（水）通量，mol/(cm²·s)；
$\Pi(x_{A_2})$、$\Pi(x_{A_3})$——相当于溶质的摩尔分数分别为 x_{A_2}、x_{A_3} 时溶液的渗透压，Pa；

p——操作压力，Pa；

$\left(\dfrac{D_{AM}}{k\delta}\right)$——溶质迁移参数；

k——膜高压侧的传质系数，cm/s；

δ——膜的有效厚度，cm；

D_{AM}——溶质的扩散系数，cm²/s；

c_1、c_2、c_3——分别表示主体溶液、膜高压侧溶液、膜低压侧透过液的物质的量浓度，mol/cm³；

x_{A_1}、x_{A_2}、x_{A_3}——分别表示主体溶液、膜高压侧溶液、膜低压侧透过液的溶质摩尔分数。

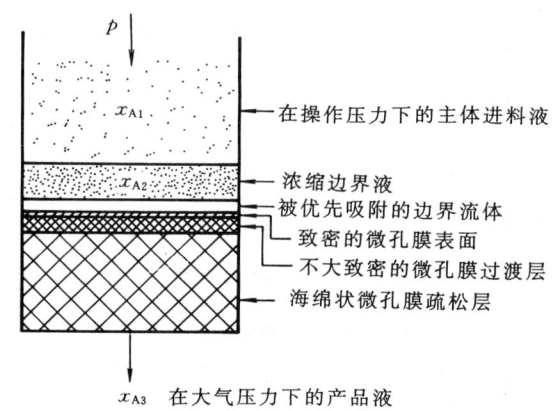

图 5-2 反渗透迁移示意图

（二）极稀进料液表示式

1. 溶质分离率（截留率）表达式

溶质分离率（截留率）定义为：

$$f = \frac{c_{进料} - c_{产品}}{c_{进料}} \tag{5-13}$$

式中：$c_{进料}$——进料液中溶质的浓度；

$c_{产品}$——透过液中溶质的浓度。

设 Q' 为透过液产品产率，W_A、W_B 为溶质和溶剂（水）的产率，则单位面积膜面的透过液产品产率为：

$$Q' = W_A + W_B$$

经推导，可得到：

$$Q' = W_A / c_{进料}(1 - f) = N_A M_A / c_{进料}(1 - f) \tag{5-14}$$

式中：N_A——透过膜的溶质通量，mol/(cm²·s)；

M_A——溶质的相对分子质量。

设产品溶液透过膜的速度为 PR，以 S 表示膜面积，则

$$PR = 3600Q'S \tag{5-15}$$

2. 溶质通量表达式

$$\text{溶质通量 } N_A = \frac{PR(1-f)}{3600SM_A} \tag{5-16}$$

假设溶液的物质的量浓度 c 为常数，产品液中溶质摩尔分数 $x_{A_3} \ll 1$，则基本迁移方程可表示为

$$N_A = \frac{x_{A_3}}{1-x_{A_3}}N_B = (D_{AM}/k\delta)c(x_{A_2}-x_{A_3})$$

$$N_B = kc\ln\left(\frac{x_{A_2}-x_{A_3}}{x_{A_1}-x_{A_3}}\right)$$

经推导得：

$$N_A = \left(\frac{D_{AM}}{k\delta}\right)c_{\text{进料}}\frac{fx\rho}{M_A}\exp\left(\frac{PR}{3600Sk\rho}\right) \tag{5-17}$$

式中：ρ——溶液密度，g/cm^3；

M_A——溶质的相对分子质量；

PR——产量产率，g/h；

S——膜面积，cm^2。

3. $\left(\dfrac{D_{AM}}{k\delta}\right)$ 表达式

$\left(\dfrac{D_{AM}}{k\delta}\right)$ 称为溶质迁移参数，可将其视为一整体。

经推导得：

$$\left(\frac{D_{AM}}{k\delta}\right) = \frac{PR}{3600S\rho}\frac{(1-f)}{f}\left[\exp\left(\frac{PR}{3600Sk\rho}\right)\right]^{-1} \tag{5-18}$$

4. 膜高压侧传质系数 k 表示式

在一定温度下，k 是溶质的性质、进料液浓度、流速和反渗透装置几何形状或膜构型的函数。对于一定的反渗透装置和恒定粘度的进料液（极稀液其动力粘度与水相同），在一定的流速下，各种溶质的 $\dfrac{k}{(D_{AM})^{2/3}}$ 为常数。从反渗透实验中测定参照溶液的传质系数 k_{ref}，则其他溶液的传质系数 k 可用下式表达：

$$k = k_{\text{ref}}\left[\frac{D_{AM}}{(D_{AM})_{\text{ref}}}\right]^{2/3} \tag{5-19}$$

式中：D_{AM}，$(D_{AM})_{\text{ref}}$——分别为溶质和参照溶质在水中的扩散系数。

一般选用 NaCl 为参照溶质，其扩散系数与渗透压等有关。D_{AM} 值可由 Wike 和 Chang 方程求得：

$$D_{AM} = 7.4 \times 10^{-8}\frac{(xM_A)^{1/2}T}{\mu V_1} \tag{5-20}$$

式中：μ——溶液粘度，$Pa \cdot s$；

M_A——溶质相对分子质量；

x——溶质摩尔分数；

T——绝对温度，K；

V_1——正常沸点下溶质的摩尔体积，cm^3/mol。

上式可计算醇类、醛类、酮类、醚类以及不离解的氨基酸的 D_{AM} 值，完全离解的氨基酸的 D_{AM} 值，应乘以系数 0.863。

对于无机电解质在溶液中的 D_{AM} 值，可由 Nernst 方程式求取：

$$D_{AM} = \left(\frac{1}{z^+} + \frac{1}{z^-}\right) RT \bigg/ \left(\frac{1}{\lambda_+^0} + \frac{1}{\lambda_-^0}\right) F^2 \tag{5-21}$$

式中：z^+，z^-——阳离子和阴离子的价数；

R——摩尔气体常数，$R = 8.314\ J/(mol \cdot K)$；

T——绝对温度，K；

λ_+^0、λ_-^0——阳离子和阴离子的摩尔电导率，$S \cdot cm^2/mol$；

F——法拉第常数，$F = 96\ 485\ C/mol$。

六、影响反渗透操作的因素

(1) 浓度差极化　当溶质不透过膜(或只有少量透过)而溶剂却透过膜发生迁移时，在溶液与膜的界面上，溶质逐渐积累。当其浓度超过主体液浓度时，产生了界面与主体液之间的浓度梯度，引起溶质从界面向主体液扩散，这种现象称为浓度差极化。其结果会引起渗透压增加，这就使有限的操作压力减少，引起透过通量减少。浓度差极化现象主要由界面-溶液的边界层厚度来控制。一般可以通过提高主体溶液的流速，或增加其湍流程度，来减轻浓差极化现象的影响。

(2) 膜的压实　当反渗透压力较高时，会使膜产生变形，不透过物在膜表面沉积而被压实，影响透过的通量。改进的方法为提高膜的机械强度，减少膜的变形。同时定期进行反冲洗，恢复膜原有的孔隙。

(3) 膜的降解　膜的降解包括化学降解和生物降解两种。可通过选用化学性能稳定的膜材料解决化学降解问题。生物降解是微生物在膜上繁殖的结果，可用清洗或消毒方法处理，如用甲醛溶液对膜进行消毒。

(4) 膜的结垢　垢主要由悬浮物、离子化合物或盐类物质构成。悬浮物可通过预处理除去，离子化合物或盐类物质可通过添加螯合剂除去。

七、膜材料

制造膜的材料有高分子材料和无机材料，按不同的工艺制得不同性能的膜，如反渗透膜、超滤膜和微孔滤膜等。

目前在工业上应用的膜材料主要有醋酸纤维素和芳香聚酰胺两大类。醋酸纤维素膜是疏水性的，用硅油处理能提高其分离率。经研究表明，三醋酸纤维素的化学结构适宜作为海水的脱盐膜。

试验结果表明，多数高分子材料膜虽然有高的分离率，但透水速度很低。随着亲水性基团的增加，其透水速度加大。将水溶性高分子混入非水溶性高分子材料中，制成多孔结构的膜，使其透水速度增加。盐的透过性随膜透水性的增加而增加。如 Dupont 公司在高分子材料中引入磺酸基、羧基、磷酸基等离子性基团，增加了膜的亲水性，其透水性增加,盐的透过性也增加了。不同膜的分离率、透水速度均有很大差别。有些膜性能变化很快,而有些膜很稳定。在某些条件下,膜性能还会产生恶化。

(一)膜材料的选择

膜材料的选择通常采用 Lonsdale 选择法。以醋酸纤维素为例,测定各种乙酰化程度的醋酸纤维的含水率、水的扩散系数、食盐的分配系数和食盐的扩散系数等来表征高分子材料的特性。

水和溶质透过膜的速度,可分别表示为

$$F_1 = \frac{D_W c_1 \overline{V}_1 (\Delta p - \Delta \Pi)}{RT\lambda} \tag{5-22}$$

$$F_2 = -D_S K \frac{\Delta c_2}{\lambda} \tag{5-23}$$

式中:F_1、F_2——水和溶质的透过通量;

D_W、D_S——水和溶质的扩散系数;

c_1——膜中水的摩尔浓度;

$\overline{V}_1$——水的摩尔体积;

K——食盐在膜和溶液间的分配系数;

R——摩尔气体常数;

T——绝对温度;

Δp、$\Delta \Pi$、Δc_2——膜两侧压力差、渗透压差、溶质浓度差;

λ——膜厚度。

令 $P_1 = D_W c_1$ 和 $P_2 = D_S K$,P_1 和 P_2 分别称为水的透过系数和溶质的透过系数。用于海水淡化的膜要求 P_1 尽可能大,P_2 尽可能小。

总结 Lonsdale 的膜材料选择法如下:①制作标准膜,将高分子材料溶解在适当的溶剂中,然后使溶剂全部蒸发;②对膜进行正渗透和反渗透试验,测定水的透过系数 P_1;③用吸附法测定食盐的扩散系数 D_S 和分配系数 K;④按(5-24)式计算食盐的理论分离率,以分离率能否达到 99% 作为判断标准之一。

$$S = \left[1 + \frac{D_W c_W \overline{V}_1 (\Delta P - \Delta \Pi)}{D_S KRT\Delta c_2}\right]^{-1} \tag{5-24}$$

用测定的 P_1 值,计算水的透过速度大小,作为判断标准之二。

关于膜的其他选择方法如溶解度参数选择法、高速液相色谱选择法、表征参数选择法等,请参看有关膜分离技术基础,这里不再赘述。

(二)膜材料的物化稳定性

膜的抗氧化性能,决定于分离溶液的性质和膜材料的化学结构。氧化、水解的结果使膜颜色加深、发硬变脆。在脱盐过程中,芳香聚酰胺酰膜对游离氯的允许含量要比醋酸纤维素膜低得多。聚砜酰胺反渗透膜在高浓度 CrO_3 水溶液中,由于长时间氧化,会引起表面脆裂。这主要是由于主键中的 N—N 键发生断裂。当高分子中具有易水解的化学基团—CONH—、—COOR、—CN、—CH_2—O—等时,在酸或碱的作用下会产生水解降解反应,使膜受到破坏。这主要是因为 C—N 键断裂,形成羧酸或羧酸盐。在溶液 pH = 12.8~13.1 时,膜的特性粘度随时间变化。在较低的 pH 值下,膜的水解速度较慢。对于醋酸纤维素膜,分子键中的—COOR 在酸、碱作用下更易水解。为了降低其水解速度,最佳条件为:

pH值为4.8，温度小于35℃。醋酸纤维素的水解反应是酯化反应的逆反应，但是在碱的作用下，反应是不可逆的。为了提高膜的抗水性能，应尽量减少材料中的易水解基团。聚砜、聚苯乙烯、聚丙烯、聚碳酸酯、聚苯醚等高分子材料抗水解性能是优良的，但由于缺乏亲水性的化学基团，制成的膜透水性能很差。通常这些材料用于制作膜表面有孔的超滤膜和微孔滤膜。

（三）膜的耐热性和机械强度

1. 膜的耐热性

膜耐热性高，分离溶液温度高，水的透过速度加快，传质系数增大，使界面溶质浓度降低，浓差极化状况得到改善，有利于医药、食品等需要高温消毒的分离浓缩过程。由于水在膜中的渗透，削弱了高分子之间的作用力，使膜的耐热性降低。在较高温度下，会引起高分子材料的环化、交联和降解反应。膜的耐热性还受溶液性质、使用时间的影响。提高膜耐热性的方法是在高分子主键中尽量减少单键，引进共轭的双键、叁键或环状结构，以提高高分子键的刚性，从而提高膜的耐热性。

2. 膜的机械强度

膜的机械强度是高分子材料力学性质的体现。膜属于粘弹性体，在压力作用下，膜发生压缩和剪切蠕变，表现为膜的压实现象，其结果导致膜透过速度下降。当压力消失后，再给膜施加压力，膜透过速度只能暂时回升，很快又出现下降。这表明由于膜的蠕变使膜产生了不可逆的变形。影响膜蠕变的因素有材料的结构、压力、温度、作用时间、环境介质等。在低压下醋酸纤维素的蠕变较小，但随时间延长，膜的透过速度逐渐下降，直至没有实用价值。在高分子的主键中引入刚性的苯环或进行交联，可以减少蠕变。如聚砜膜的蠕变就很小。增加机械强度的另一种方法是将膜直接制作在高强度的支撑体上。

（四）溶剂和添加剂

1. 溶剂

用于制作膜的溶剂应该能使高分子在该溶剂中以分子形式形成热力学性质稳定的均相体系。混合溶剂对高分子的溶解性比单一溶剂要好。溶剂不仅要使高分子完全溶解，同时不能与膜的任何组分发生化学反应，并能与水互溶，以使膜凝胶化时，溶剂可以向水中自由扩散。表5-4是醋酸纤维素在各种溶剂中的溶解性能。表5-5是制备聚酰胺膜的常用溶剂。

表5-4 醋酸纤维素在各种溶剂中的溶解性能*

溶剂	乙酰基含量及落球粘度		39.8% 1.8～3.9 m²/s		39.8% 17～35 m²/s		43.2% 100～200 m²/s	
	浓度		5%	20%	5%	20%	5%	20%
丙酮			○	○	○	○	×	×
甲基异丁基酮			×	×	×	×	×	×
环己酮			○	○	○	○	△	△
醋酸甲酯			○	○	○	○	×	×

续表 5-4

溶剂 \ 乙酰基含量及落球粘度 \ 浓度	39.8% $1.8\sim3.9$ m²/s		39.8% $17\sim35$ m²/s		43.2% $100\sim200$ m²/s	
	5%	20%	5%	20%	5%	20%
醋酸正丁酯	×	×	×	×	×	×
甲基溶纤剂醋酸酯	○	○	○	○		
乳酸乙酯	○	○	○	○	×	×
甲基溶纤剂	△	△	△	△	×	×
丁基溶纤剂	×	×	×	×	×	×
甲醇	×	×	×	×	×	×
正丁醇	×	×	×	×	×	×
二氯甲烷	○	○	○	○		
氯化丙烯	×	×	×	×		
四氯乙烷	○	○	○	○	○	○
四氯化碳	×	×	×	×	×	×
硝基甲烷	○	○	○	○		
2-硝基丙烷	×	×	×	×		
乙醚	×	×	×	×	×	×
二恶烷	○	○	○	○	○	○
苯	×	×	×	×	×	×
环己烷	×	×	×	×	×	×
水	×	×	×	×	×	×
丙酮-甲醇						
4:1	○	○	○	○	○	○
1:1	×	×	×	×	×	×
醋酸乙酯-乙醇						
4:1	○	△	△	△		
1:4	×	×	×	×		
三氯甲烷-甲醇						
4:1	○	○	○	○	○	○
1:1	×	×	×	×	×	

* ○—可溶；△—难溶或微溶；×—不溶

表 5-5　制备聚酰胺膜的常用溶剂

溶　　剂	结　　构
N,N-二甲基乙酰胺(DMAC)*	$CH_3CON(OH_3)_2$
N-甲基吡咯啉酮(NMP)*	$\underset{\underline{\qquad\qquad\qquad}}{CH_2(CH_2)_2}\overset{O}{\overset{\|}{C}}N{-\!\!\!-}CH_3$
N-甲基己内酰胺(NMC)	$\underset{\underline{\qquad\qquad\qquad}}{CH_2(CH_2)_3}\overset{O}{\overset{\|}{C}}N{-\!\!\!-}CH_3$
六甲基磷酰胺(HMPT)	$[(CH_3)_2N]_3PO$
四甲基脲(TMU)	$(CH_3)_2NCON(CH_3)_2$
二甲基亚砜(DMSO)*	CH_3SOCH_3
N,N-二甲基甲酰胺(DMF)	$HCON(CH_3)_2$
四甲撑砜(TMS)	$\underset{\underline{\qquad\qquad\qquad}}{CH_2(CH_2)_3SO_2}$
甲酸(FA)**	$HCOOH$

* 最常用于制膜。

** 仅限于脂肪族聚酰胺。

2. 添加剂

添加剂有助于将高分子溶液简单地流涎成膜。如果把单组分或多组分的有机物或无机物均匀地溶解在高分子溶液中，然后流涎成膜，这样得到的是非对称的具有多孔结构的半透膜，这些有机物或无机物称为致孔剂和溶胀剂，它不与高分子和溶剂发生化学反应，但可溶解在溶剂和凝胶介质中。醋酸纤维素能在高氯酸镁水溶液中溶胀，甚至溶解，结果水分子进入高分子链构成的网络中，可以形成更为疏松的高分子网络结构。对于芳香聚酰胺膜，盐的存在使膜凝胶时降低了溶剂的化学势，降低了溶剂从成膜层向凝胶液扩散的速度，提高了凝胶液向成膜层的扩散速度，从而使透过速度增加。Panar通过核磁共振和红外光谱的实验指出，聚苯酰胺在全取代酰胺(酰胺基上与氮相连的氢原子全部被甲基取代)与氯化锂的混合溶剂中，芳香聚酰胺与氯离子结合而带负电，该负电荷链能被锂离子——溶剂络合物溶剂化，说明了盐对溶剂与高分子材料起络合助溶作用。目前制造芳香聚酰胺膜所用的添加剂大多是氯化锂、氯化钙、硝酸锂、硝酸钙等。

第三节　超滤分离技术

1861年施米德特(Schmidt)开展了超滤技术的研究。1896年马丁(Martin)首次制出了人工超滤膜，用于分离蛇毒液。1904年鲍里尔(Borrel)提出用火棉胶袋分离培养液中的破伤风病毒。1907年贝克霍尔德(Bechhold)开始使用"超滤"(Ultrafiltration)这一术语，提出用吹气法测定膜的孔径的方法。1918年森格蒙得(Zsigmondy)提出生产硝化纤维膜的方法，1921

年获得专利。1933年阿谢肖费(Asheshor)证明了在硝酸纤维素溶液中加入戊醇或丙酮可以改变膜的孔径。同年埃尔福德(Elford)制出了不同孔径的超滤膜。以后30年超滤技术发展相对缓慢,仅限于实验室应用。1960年洛布和索里拉金(Loeb-Sourirajan)研制出非对称醋酸纤维素反渗透膜,促进了超滤技术的发展。1963年米卡埃尔(Michaels)制备了截留各种相对分子质量的膜,从此超滤膜开始进入商品化生产。接着生产出板式、管式、卷式和中空纤维式超滤装置。1965年出现多种聚合物超滤膜。80年代超滤技术高速发展,已成为食品、化工、医药、环境保护等工业部门重要的新技术。

一、超滤原理

在一定压力(0.1~0.8 MPa)下,流体经过装置内部膜表面时,依据超滤膜的物理化学性能,只允许溶剂、无机盐和小分子物质透过,而截留溶液中的悬浮物、胶体、微粒、有机物、细菌和其他微生物等大分子物质,这样便达到流体的净化、分离与浓缩之目的。它和反渗透法相比,其分离的物理因素比物化因素更为重要。超滤膜在小孔径范围内与反渗透膜相重叠,在大孔径范围内与微孔滤膜相重叠。超滤膜的孔径范围在50~10 000 Å。正常超滤时,溶液中的相对浓度越小,总过滤量越大;在异常超滤时,总过滤量是没有规律的。浓度小时,过滤量也可能小,主要是有一次吸附或阻塞现象出现。一次吸附或阻塞的程度决定于溶质的浓度、过滤量、膜与溶质间相互作用的程度等因素。当初始浓度高、过滤压力大、膜薄又有表面活性剂存在时,一次吸附量剧增,常出现异常超滤。正常和异常超过滤的概念如图5-3所示。

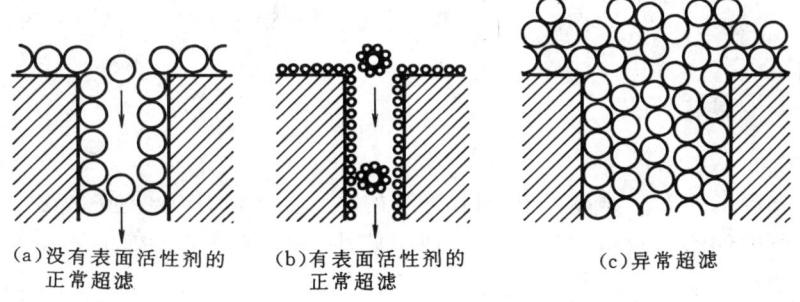

图5-3 正常和异常超滤的概念图

若添加表面活性剂,则在膜面出现选择吸附,如图5-3b所示,也减少了溶质的一次吸附。图5-3c表明,阻塞现象在高浓度和高过滤压力情况下容易发生。增加膜厚度,或添加其他粒子能促进此种现象发生。但是与一次吸附一样,添加表面活性剂会减少阻塞。这就是说,在反渗透压力下,一般膜的透过速度因添加表面活性剂而减少,而超滤正好相反,使透过速度增加。这是由于超滤膜的细孔壁被覆盖,因此相对增大了流动性。对于更致密的反渗透膜,表面活性剂渗透不到其内部,只是在膜与溶液的界面上堆覆,只起到了液体膜的作用。

超滤既有筛分过滤的作用,又有选择性渗透的作用。实际上,超滤过程与反渗透过程是非常接近的,只不过超滤膜孔径稍大,而反渗透操作压力较高。从半透膜的角度来看,对某一种膜，在某一条件下具有筛分过滤作用，而在另一条件下又有反渗透的性能，所以超滤膜实际上可以看作为有较大孔径的反渗透膜。几种固膜分离过程比较如图5-4。

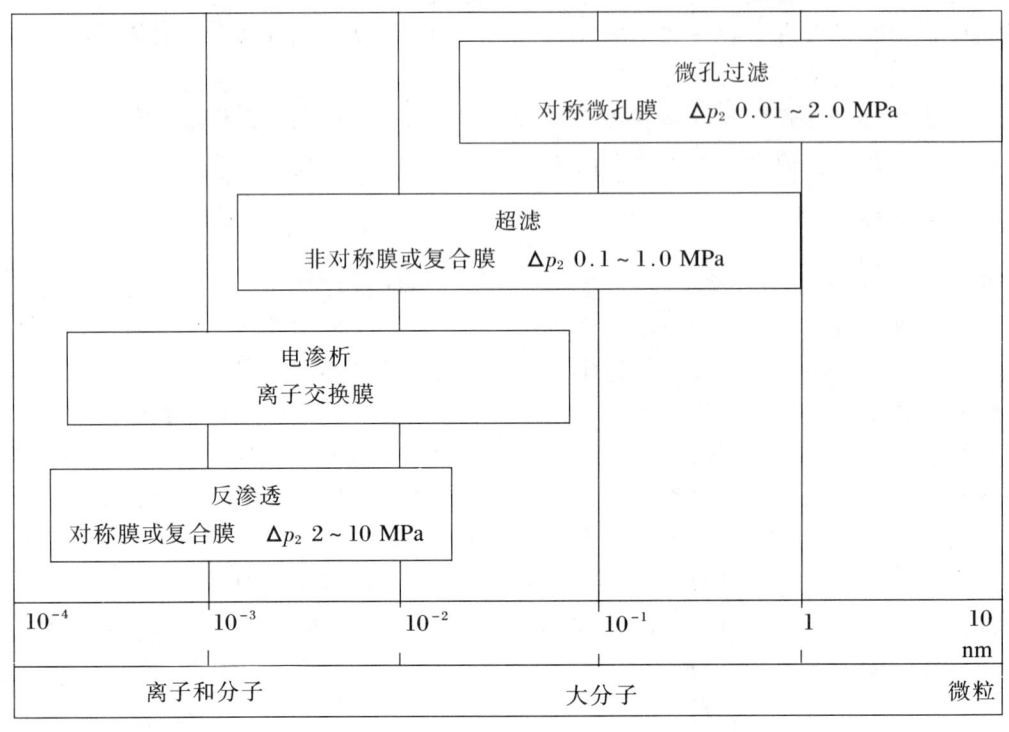

图5-4 几种固膜分离过程比较图

二、超滤膜的特性

（一）膜结构

膜结构是指膜的形态、结晶态和分子态结构。我们可利用电子显微镜、X射线衍射、差热分析、红外线扫描、双折射等方法来研究膜表面的高分子聚集态和高分子链节的取向。

利用光学或电子显微镜观察膜形态结构时，必须使膜保持干燥。对于湿膜，要经过染色、逐级脱水、石蜡包埋、超薄切片、石蜡清洗等处理步骤。干燥的膜要进行蒸镀或复型处理。

低压的超滤膜呈指状结构，膜的断面由指状过渡到海绵状，膜表面存在裂纹或孔状结构，并具有高的溶液透过速度和低的盐分离率。许多超滤膜具有海绵状的网络结构，它的形成是在制膜过程中利用溶质-凝胶相的转化，气泡破裂后膜收缩，膜表面形成开放式网络结构。从表面层向下，聚合物的浓度逐渐减小，因此网络结构有更高的孔隙率。孔径超过 0.1 μm 属于微孔滤膜。超滤膜与微孔滤膜的成膜机理基本相同，其表层和下层均为对称的开放式网络结构。但非对称的微孔滤膜的性能更为优越。例如 Tyrann-M/E 膜是一种非对称微孔滤膜，表面的孔径为背面的 5 倍左右。这种膜的处理能力比醋酸硝酸纤维素混合酯膜要高出 1 倍以上。

（二）膜孔径

膜孔径的测定可通过对膜细孔进行实际观察，用透射或扫描电子显微镜来观察孔的几何结构，以确定孔径大小及其分布，这种孔径定义为几何孔径。用透射电子显微镜观察，其分辨率可以达到 50 Å 以下，能观察到表面致密层紧密堆砌的球晶结构。用扫描电子显微镜观察，其分辨率一般可达 50~100 Å。采用泡压法进行膜的孔径测定时，用膜面上出现第一个气泡所对应的压力计算出的孔半径作为膜的最大孔径，用气泡数最多时所对应的压力计算出的孔半径作为膜的最小孔径。由最大与最小孔径即可计算出膜的平均孔径：

$$r = 2\sigma\cos\theta/p \tag{5-25}$$

式中：r——平均孔径；

σ——表面张力；

θ——液体与孔壁之间的接触角；

p——施加的压力。

膜孔径的测定法还有压汞法、气相吸附法、滤速法、气体渗透法、已知粒径的微粒截留法等。

按孔径大小不同，膜的透过速度也不同。表 5-6、5-7、5-8 为一些过滤膜的性能。

表 5-6　Romicon 超滤膜性能

编　号	相对分子质量	孔径(Å)	水透过速率 $[L/(m^2 \cdot d)，3.75 \times 10^5 Pa]$
UM-05	500	21	290
UM-2	1 000	24	525
UM-10	10 000	30	2 340
PM-10	10 000	38	21 000
PM-30	30 000	47	31 500
PM-50	50 000	66	103 000
XM-100A	6 000~100 000	110	39 500
XM-300	300 000	180	7 900

表 5-7　反渗透膜的种类和性能

种　类	CA201	CA-CTA102	KXS-Ⅰ	KXS-Ⅱ
水通量 $[kg/(m^2 \cdot h)]$	25~30	30~50	25~35	30~40
脱除率 (%)	90~95	85~95	≥95	95~97

注：操作压力 CA-CTA102 型为 1.5~2.0 MPa，其余为 2.8~30 MPa，进液温度 20~25℃。

表 5-8 其他型号超滤膜的透水速率

型　号	在 0.68 MPa 压力下的水透过速率 [mL/(cm²·min)]
Amicon Co. MOS	0.05
M2	0.10
M10	0.30
M10	0.50
M30	0.70
XM50	0.70
XM100A	0.90
XM300	1.10
Millipore Co. PSAC	0.07
PSED	0.40
PSDM	1.40
Abcor Inc HFA-100	1.2
HFA-200	0.75
HFA-300	1.00

第四节　膜分离装置

一、实验室用膜分离装置

如果分离的主要对象为胶体、蛋白质等大分子物质，由于这些物质的扩散系数较小，因此减少浓差极化的设计是十分重要的。常用的方法是电磁振动、机械搅拌、增大流速以提高液体在膜表面的湍流程度。在设计上要求膜的装卸方便、取样均匀，温度与压力恒定。微小型的实验设备每个单元可容纳 2.5 mL 溶液，分静止型、间歇搅拌型、错流型、错流薄层层流型、浸入型等小型超滤器。下面分别介绍几种实验室常用的类型。

1. 间歇式搅拌型

间歇式搅拌型评价池如图 5-5 所示。评价池由容积为 200～300 mL 的耐压圆筒、电磁搅拌转子、不锈钢多孔烧结板、膜透过水的集水板等组成，用 O 形密封圈密封，螺丝紧固。在膜与不锈钢多孔烧结板之间垫有滤纸或筛绢。在评价池的下部装有电磁搅拌器，通过它使转子转动，搅拌液体，从而达到减少浓差极化的目的，并使液体浓度均匀化。压力由氮气钢瓶供给，并通过稳压阀使压力稳定。通常一个钢瓶的氮气可供 3～5 个评价池同时使用。随着分离的进行，试样不断减少，浓度不断增加，可以在较大的浓度范围内取得试验数据，很容易测得膜的分离效果。

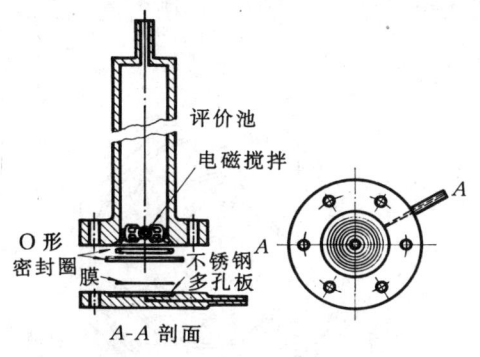

图 5-5　间歇式搅拌型评价池

2. 连续式泵型

此种装置使用广泛，用高压泵提供压力与流量，并通过流速控制浓差极化，其结构如图 5-6 所示。由于高压泵的容量比间歇式大得多，评价池料液入口狭小，因此有很高流速，浓度分布均匀。在实验中可将 6 个评价池串联使用，为了减少料液浓度的影响，离泵近的评价池用溶质分离率高的膜，离泵远的评价池用溶质分离率低的膜，这样一次就可以获得 6 种膜的性能数据。

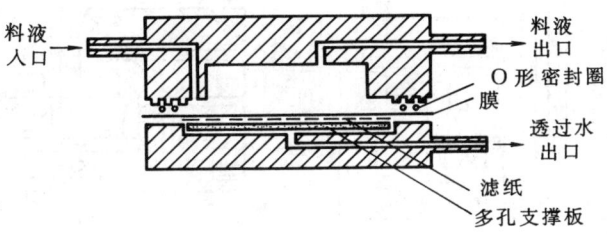

（a）评价池的剖面结构

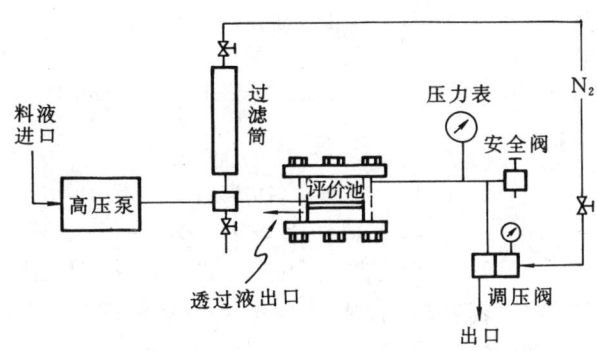

（b）连续评价池的流程示意图

图 5-6　连续式评价池

3．涡轮导流槽型

在评价池膜表面设置涡轮形导流槽板，使在槽内流动的液体获得较高的线速度，其结构如图5-7所示。

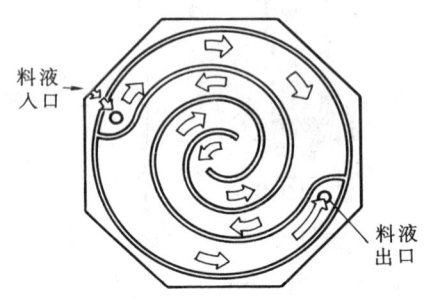

图 5-7　涡轮导流槽板

4．7902 渗透仪

可用于膜的性能测定，也可用于测定膜的孔径尺寸。此种设备具有恒温、恒压及电磁搅拌装置，测定结果可靠，如图5-8所示。

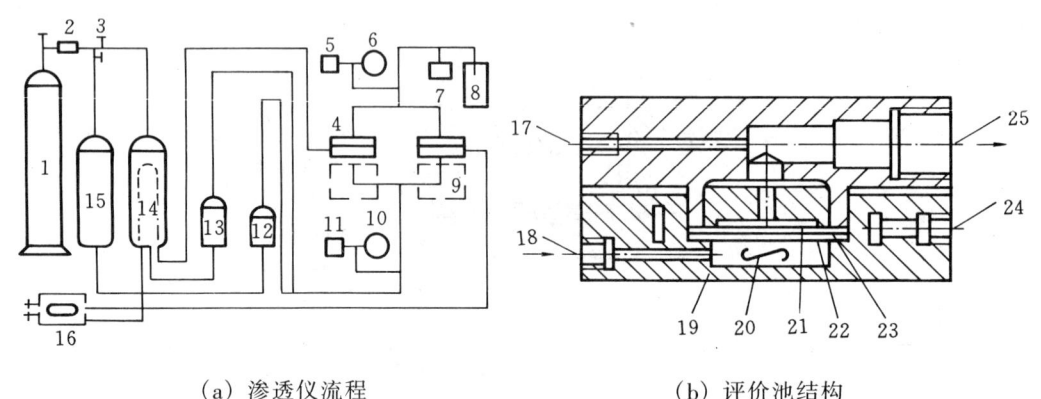

(a) 渗透仪流程　　　　　　　　(b) 评价池结构

图 5-8　7902 渗透仪

1—气瓶；2—稳压(调压)阀；3—截流阀；4—评价池组；5—低压传感器；6—压力表；7—计量器；8—鼓泡器；9—电磁旋转器；10—高压压力表；11—压力传感器；12—干燥器；13—过滤器；14—溶质罐；15—介质罐；16—恒温槽；17—接压力表；18—接溶质罐；19—导流板；20—搅拌桨；21—膜；22—多孔板；23—密封垫；24—接恒温水；25—接电导仪电极

5．超滤评价池

Amicon公司的薄层流道型超滤评价池如图5-9所示。其受压圆筒由有机玻璃制成，评价池设有电磁搅拌的转子。其薄层流道型与反渗透的涡轮导流槽型相似，流道深为1.5～2.0 mm。由于液体运动呈高线速度，大大减少了浓差极化现象。搅拌及薄层流动方式对透过速度的影响如表5-9所示。

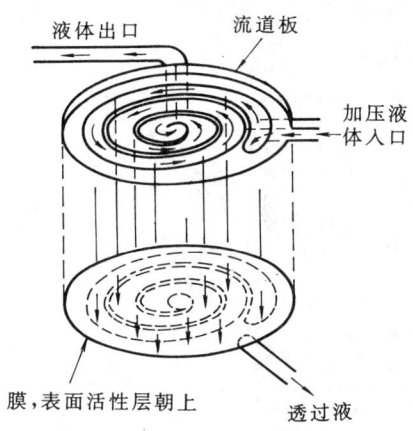

图 5-9 Amicon 公司薄层流道型超滤
评价池的流路图

表 5-9 搅拌及薄层流动方式对透过速度的影响

方　式	膜	白蛋白液浓度(%)	压力(×10⁵ Pa)	透过速度[L/(m²·h)]
无搅拌	XM-50	1	0.71	4.2
有搅拌	XM-50	1	3.91	96
有搅拌	PM-30	1	2.84	48
有搅拌	PM-30	5	2.84	18
有搅拌	PM-30	10	2.84	20
薄层流	PM-30	1	2.84	108
薄层流	PM-30	5	2.84	66
薄层流	PM-30	10	2.84	42

二、工业用膜组件

工业上用的膜组件有管式、平板式、卷式和中空纤维式等，其中管式又分为内压管式、外压管式和套管式。对膜组件的基本要求为：膜的装填密度高，膜表面的溶液分布均匀、流速快，膜的清洗、更换方便，造价低，截留率高，渗透速率大。组件的透水量中空纤维式与卷式相等，管式与板式相等，但小于中空纤维求和卷式。所以中空纤维式和卷式的价格较便宜，但对水质的要求高。膜组件的发展历程首先是平面膜大型化，然后为管式、卷式、中空纤维式组件，各有其特点。由于薄层流道装置的出现，板式组件又获得新生，近年来发展较快。组件的比较见表 5-10。

表 5-10　各种膜组件的比较

项目＼类型	管式	平板式	卷式	中空纤维式
结构	简单	非常复杂	复杂	复杂
膜装填密度（m^2/m^3）	33～330	160～500	650～1 600	16 000～30 000
膜支撑体结构	简单	复杂	简单	不需要
膜清洗	内压式易,外压式难	易	难	难(指内压式)
膜更换方式	更换膜(内压)或组件(外压)	更换膜	更换组件	更换组件
膜更换难易	内压式费时,外压式易	尚可	易	易
膜更换成本	低	中	较高	较高
对水质要求	低　除去 50～100 μm 微粒	较低	较高	高
水质前处理成本	低	中	高	高
要求泵容量	大	中	小	小
按比例放大	易	重新研制	重新研制	重新研制

(一) 平板式组件

平板式超滤器使用最早,反渗透组件的设计要求能耐高压。平板式的特点是制造、组装简单,膜的更换、清洗、维护容易,在同一设备中可按要求改变膜面积。当处理量大时,可以增加膜的层数。其性能与管式相似,原液流道截面积较大,原液虽含一些杂质,但也不易堵塞流道,压力损失较小,原液流速可达 1～5 m/s。适应性较强,预处理要求较低,可以将原液流道设计为波纹型,使液体成湍流。设计时应减少凝胶层厚度,增大雷诺数。设备应具有足够强度。装置大,加工精度要求高。液流流程较短,截面积较大,单程回收率较低,所以循环次数较多,泵的容量较大,泵的能耗增加。间歇操作时容易造成温度上升。可通过多段操作以增大回收率。

图 5-10 是 DDS 公司的平板式反渗透装置和超滤组件的示意图。图 5-11 为 DDS 公司的平板式膜组件结构。图 5-10 中在椭圆形支撑板的两侧配置有膜,膜与支撑板上有料液进口与出口,透过液由支撑板边缘引出管引出,整个设备由多组这样的组件互叠而成。支撑板上的进、出口用抛物线形导流槽连接,避免料液在膜表面形成死角,减少膜的浓差极化现象。膜使用 GR 聚砜膜,温度达 80℃、pH 值 1～13,在乳品工业中广泛应用。

从 1976 年开始,中国科学院海洋研究所、大连物理化学研究所、国家海洋局第二研究所先后研制了平板式膜分离装置,可用于海水脱盐,平均脱盐率达 85%～97.7%,纯水水质达 15～18 $M\Omega \cdot cm$(25℃),还可用于谷氨酸和木糖的浓缩。在板式淡化器中安装蜗旋式导流板,可明显改进脱盐效果,脱盐率达 98.0%～98.7%。流道间隙为 2～3 mm 时,流速取 0.25～0.40 m/s 较适合;当间隙为 1.5 mm 时,流速以 0.20～0.30 m/s 为宜。表 5-11 列出了平板式超滤膜的种类规格。超滤膜使用温度上限为 50℃,适用 pH 值范围 2～13。

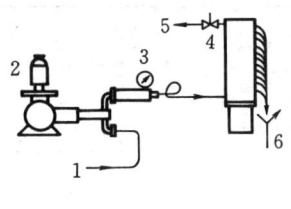

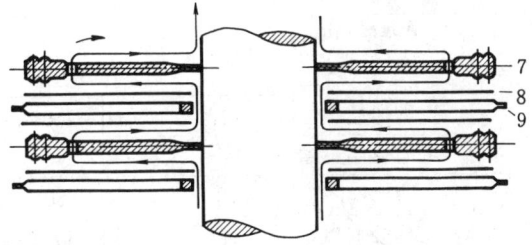

(a) 反渗透流程与装置

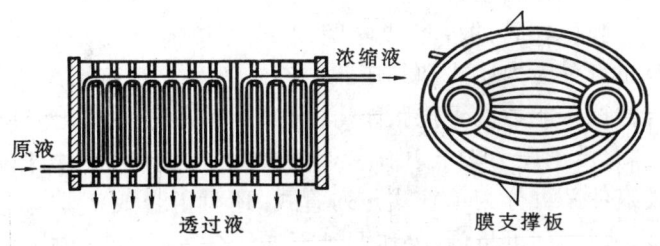

(b) 超滤组件

图 5-10 DDS 公司的反渗透流程与装置和超滤组件示意图
1—进料口；2—泵；3—压力计；4—安全阀；5—浓缩液取出口；6—透过液取出口；7—膜隔板；8—膜；9—膜支撑板

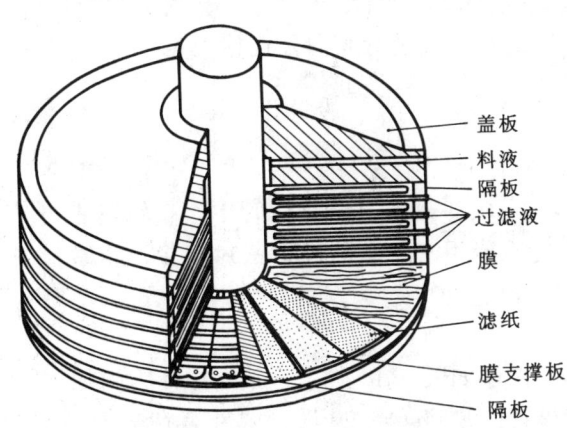

图 5-11 DDS 公司的平板式膜组件结构

表 5-11 平板式超滤膜的种类规格

型 号	膜材料	纯水通量[L/(m²·h)]	参考截留相对分子质量
SPK-40	高分子合金	20~25	4 000
SPS-50	硫化聚砜(SPS)	20~25	5 000
SPS-100	硫化聚砜(SPS)	30~50	10 000
PEK-100	聚醚酮(PEK)	70~80	10 000
PS-200	聚砜(PS)	80~100	20 000
PEK-200	聚醚酮(PEK)	110~120	20 000
PS-300	聚砜(PS)	90~120	30 000
PAN-500	聚丙烯腈(PAN)	160~200	50 000
PAN-700	聚丙烯腈(PAN)	180~240	70 000
PS-700	聚砜(PS)	210~280	70 000
PEK-700	聚醚酮(PEK)	250~300	70 000

(二) 管式组件

管式组件按管径不同分为粗管、毛细管和纤维管(中空纤维)。常用的管式组件是由管状膜及支撑体构成。膜可在管的外壁或内壁，管支撑体应有良好的透水性及较高的强度。管式组件按压力分布可分为内压式和外压式。纤维管和毛细管由于直径很小，一般无需支撑。由于材料本身的抗压能力大于抗张能力，因此在反渗透中所用的中空纤维的工作面多在外壁。而在超滤中，由于压力较低，内压、外压式两种均有，为使凝胶层减至最薄，多选用内压式组件。管式组件又可分为单管式与列管式，还可组合成串联与并联式。为了提高膜的装填密度，改善水流状态，可将内、外压两种形式组合于同一装置中，即为套管式。

这种设备的优点是流道比较宽，不容易堵塞，膜表面可用化学法和物理机械法清洗，适合于工业应用如废水处理等。但膜的装填密度较低，一般为 33~330 m²/m³，设备及操作费用较高。

管式设备结构如图 5-12 所示，它由多段反渗透管段组成。外管为多孔金属管或玻璃纤维增强塑料管，中间为多层合成纤维布过滤层，内层为管状反渗透膜。原液在压力作用下在管内流动，产品液由管内透过管膜向外迁移。

下面介绍管式组件的几种常见类型。

1. UCLA 型

UCLA 型组件如图 5-13 所示，设备为内压式，外径为 22.9 mm 的醋酸纤维素管膜，外卷尼龙布插入 $\phi 25.4$ mm×0.89 mm 的铜或钛管中，在铜管上开有直径为 1.6 mm 的小孔，引出膜的透过水。管膜两端用密封垫圈进行密封连接，膜管长约 3 m，用 U 形弯管相连。该设备可用于苦咸水淡化。

2. 美国标准型

美国标准型管膜的构造如图 5-14 所示，其支撑体为内径 12.7 mm、长 1.5 m 的编织玻璃钢管，管式膜在支撑管内，将 14~20 根管式件装在一管板上，末端用橡胶垫密封。管式膜内充海绵球，起到促进湍流的作用。组件耐压 10.6 MPa。

3. HTS 型

HTS 型管式组件将管形膜装入聚酯支撑管内，管径为 25.4 mm，长 15 m。将膜管卷成

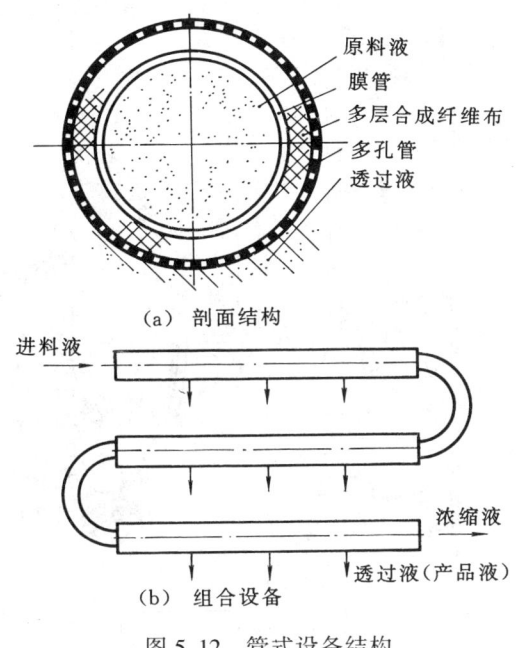

图 5-12 管式设备结构

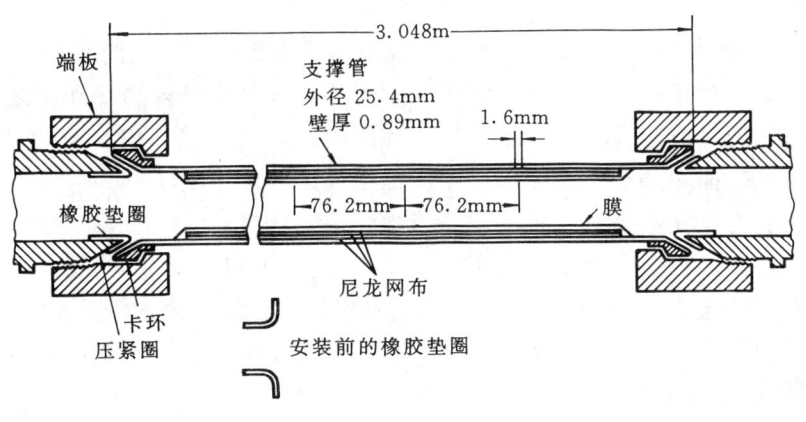

图 5-13 UCLA 型组件

盘管，装入塑料外壳内，膜管耐压达 7 MPa，反渗透最大容量为 380 m³/d。组件结构如图 5-15 所示。

4. UCARSEP 型

它是一种内压超滤组件，支撑体为 6.4 mm 直径的碳管，管内涂有氢氧化锆等无机材料作为膜层，碳管多达 151 根，长 1 219 mm，膜层面积 3.48 m²。这种组件耐 93℃以上高温，适用 pH 值范围 1～14，常用压力 0.14～0.7 MPa，最高可达 4.2 MPa。由于采用无机膜，所以能耐多种溶剂腐蚀。组件按直径划分，有 254 mm、406 mm 和 508 mm 等几种规格。

5. PCL 外压管型

PCL 外压管型的支撑体为直径 3.2 mm 的聚丙烯槽棒，外面编织一层涤纶，然后在支

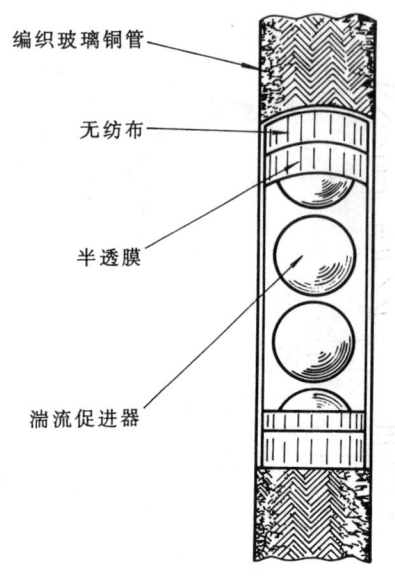
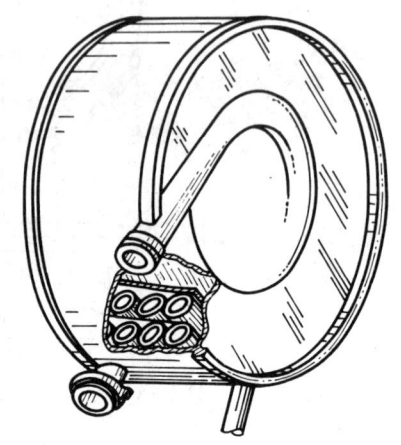

图 5-14 美国标准型管膜的构造　　图 5-15 HTS 型管式组件

撑体外浇铸成膜。组件内装有 109 或 241 根膜棒,膜面积分别为 4.2 m² 和 9.3 m²。

6. LTC 内压管型

其超滤操作压力较低。为了降低支撑体的阻力,支撑体有较大的孔径和孔隙。芯棒周围开有 8 个槽沟,槽深有 0.38 mm 和 0.76 mm 两种。进料液进入芯棒和膜之间的槽沟内,形成薄层流道,透过液通过膜外的纤维支撑管面引出。一个组件内装 60 根膜,组件直径 150 mm,长 1 090 mm,膜面积 1.3 m²。组件结构如图 5-16 所示。

外压管式的支撑体有多孔性的中空陶瓷管,管的内径为 3.2 mm,外径为 6.4~15.9 mm,长度有 229 m、483 m、909 mm 3 种。采用聚氯乙烯和聚丙烯的多孔支撑体,外侧流涎醋酸纤维素膜,在 4.5 MPa 的压力下可获得 90%~92% 脱盐率,透水率为 0.4 m³/m²。膜的支撑体可制成聚丙烯槽棒,直接在支撑体上流涎成膜。有的反渗透装置是套管组件,它是由 3 根长度为 1.4 m（$\phi 10 \times 2$ mm,$\phi 16 \times 2$ mm,$\phi 22 \times 2$ mm）的聚氯乙烯多孔烧结管内外两侧成膜,并套在耐压容器内。每 2 根膜的间隙为 0.8 mm,透过液由内、外膜中间的多孔支撑体引出。膜的装填密度大于 100 m²/m³。膜材料为二醋酸纤维素,在 4 MPa 压力下可获得 92% 的脱盐率。

(三) 中空纤维式组件

中空纤维式超滤器是没有支撑材料的,靠本身的强度承受工作压力。管子的耐压性决定于外径和内径之比,而与管壁的绝对厚度无关,如下式所示：

$$p = K\left(\frac{r_\text{外}}{r_\text{内}} - 1\right) \tag{5-26}$$

式中：K——材料的抗拉强度；

$r_\text{外}$、$r_\text{内}$——分别为管的外径及内径。

当半透膜管径变细时,耐压性得到提高,实际上中空纤维外径一般为 40~250 μm,最

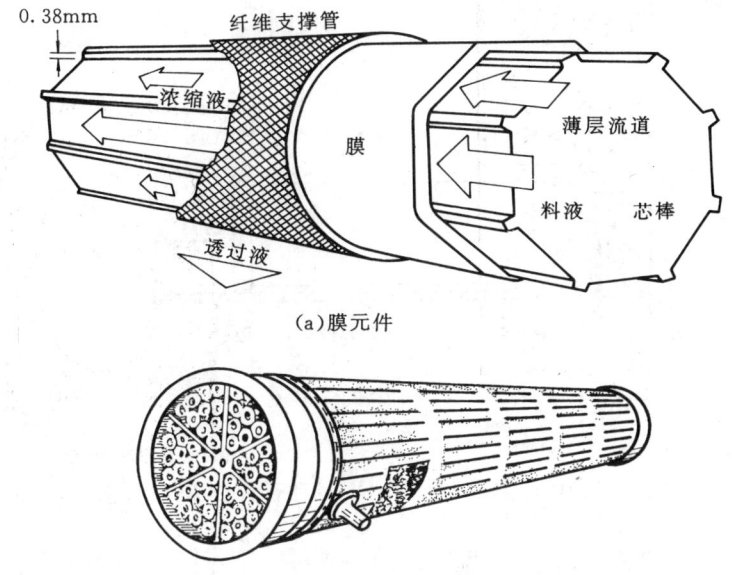

(a) 膜元件

(b) 组件外观（膜面积 1.3 m²，直径 150mm×长 1 090mm）

图 5-16 Romicon 公司的 LTC 内压管型组件

大直径可达 1 mm 以上，外径与内径之比为 2~4 左右。1981 年以后天津纺织工学院、国家海洋研究所、大连化学物理研究所先后研制了芳香聚酰胺酰肼、醋酸纤维、芳香聚酰胺等中空纤维组件。

中空纤维型组件的主要特点为：①体积小，组件内能装几十万到上百万根中空纤维，装填密度高达 16 000~30 000 m²/m³；②透过水侧的压力损失大，透过膜的水是由极细的中空纤维膜的中心部位引出，压力损失达几百个千帕；③膜面污染去除较困难，只能用化学清洗，因此对进水要严格预处理；④一旦损坏无法更换。尽管如此，它仍是主要发展形式之一。

中空纤维反渗透组件按料液流动方式分为 3 种类型：轴流式、放射流式、纤维卷筒式。

1. 轴流式

轴流式的特点是料液流动的方向与中空纤维方向平行，如图 5-17 所示。

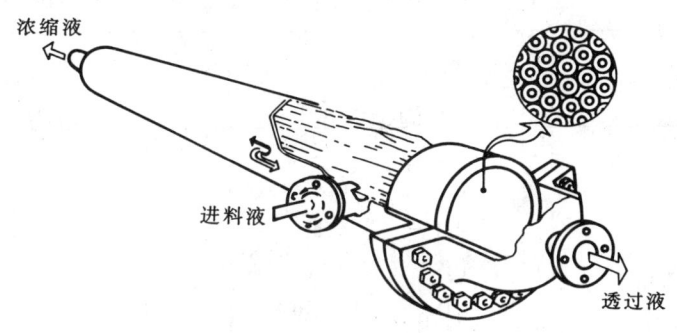

图 5-17 Dupont 公司的轴流式中空纤维膜分离装置

2. 放射流式

放射流式的中空纤维的排列与轴流式一样，料液从组件中心的多孔管流出，从中心向外呈放射型流动，如图 5-18 所示。

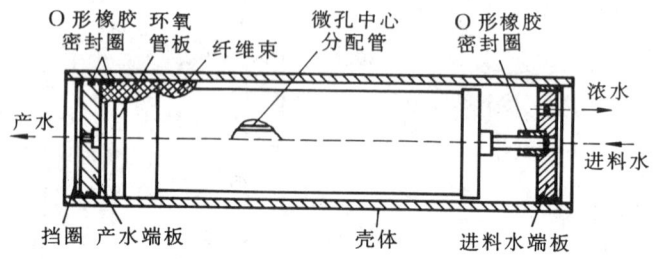

图 5-18 中国海洋局第二研究所研制的放射流式中空纤维膜分离装置

3. 纤维卷筒式

纤维卷筒式是中空纤维在中心多孔管上呈绕线团形式缠绕，如图 5-19 所示。

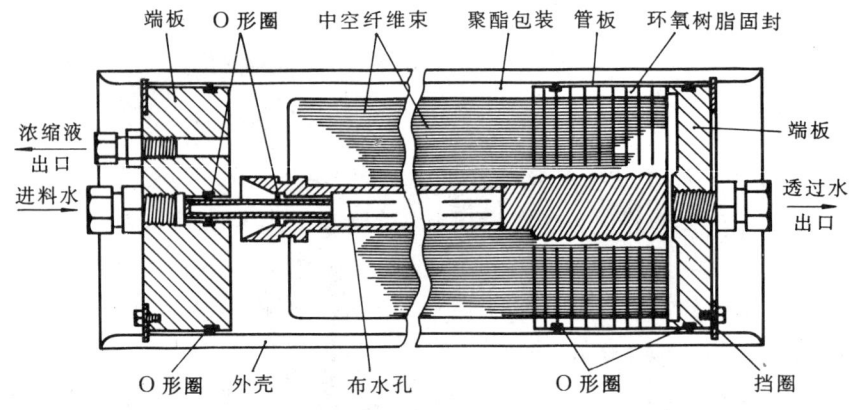

图 5-19 Dowcx 4K 和 20K 型卷筒式反渗透组件断面图

在这 3 种类型中，轴流式膜的装填密度最高，制造比较容易，但原液流动不易达到均匀。放射流式原液流动比较均匀，但制作比较复杂，压力损失比较大。纤维卷筒式组件制造比较容易，装填密度最小。表 5-12 列出了中空纤维超滤组件的特性。

表 5-12 中空纤维超滤组件的特性

生产厂家 项　目	旭　化　成		Romicon		
截留相对分子质量界限	6 000	13 000	10 000	50 000	80 000
中空纤维内径(mm)	0.8	0.8　1.4	0.5	0.5　1.1	0.5
有效膜面积(m²)	4.1	4.1　2.8	2.0	2.7　1.3	2.7
纯水透过率[×10⁻⁵ m³/(m²·d·Pa)]	0.9	4.9　3.6	1.2	1.8　1.8	3.6
最高使用温度(℃)	50	50	60	50	50
使用pH值范围	2~10	2~10	1.5~13	1.5~13	1.5~13
最高操作压力(×10⁵ Pa)	4.1	3.0	1.7	1.7	1.7

超滤中空纤维组件可设或不设中心布水管。纤维直径比较粗,外径通常大于 0.5 mm,纤维排列与壳体平行。

(四) 卷式组件

卷式组件是美国 Gulf General Atomic 公司首先开发的组件。中国于 1982 年由国家海洋局第二研究所研制成功。卷式组件的构造如图 5-20 所示。

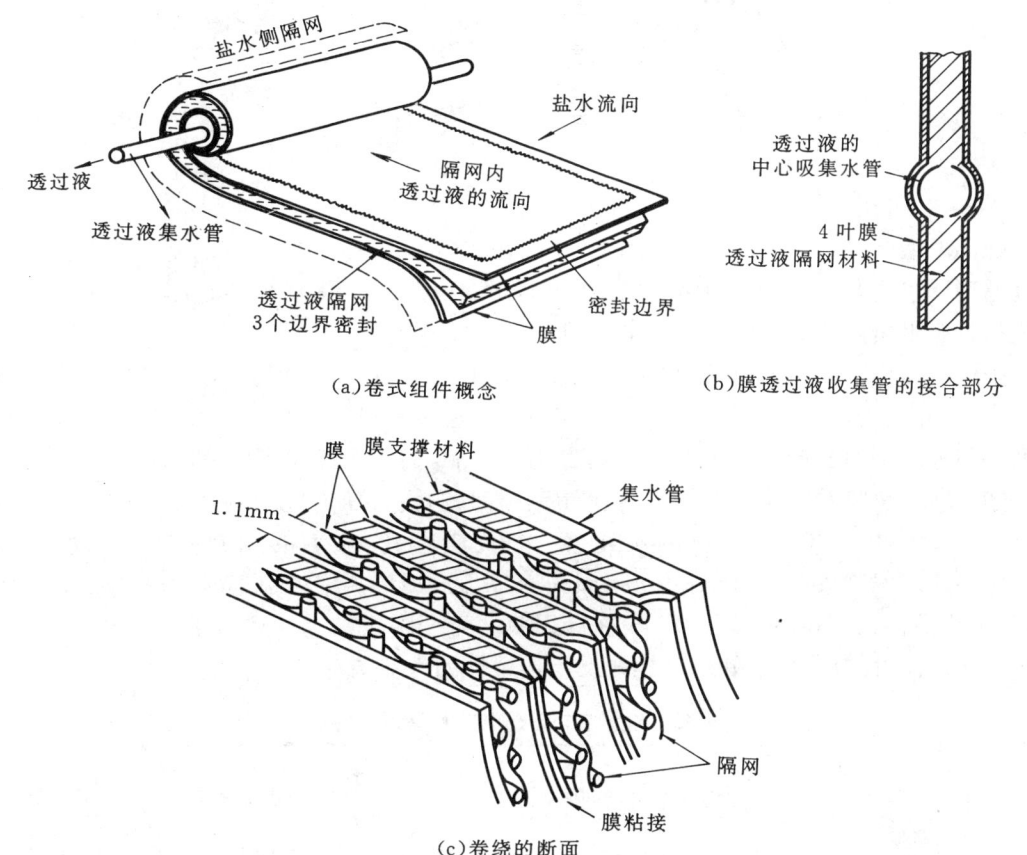

图 5-20 卷式组件的构造

卷式组件所用膜为平面膜,粘成密封的长袋形,隔网装在膜袋外,膜袋口与中心集水管密封。膜袋数目称为叶数,叶数越多,密封的要求越高。隔网为聚丙烯格网,厚度在 0.7~1.1 mm 之间,其作用为提供原液,促进料液湍流。膜的支撑材料用聚丙烯酸类树脂或三聚氰胺树脂,其作用是使纤维不外露,衬料定形,方便刮膜,减少淡水流动时的阻力。支撑材料厚度 0.3 mm,具有化学稳定性及耐压等特性。将多个组件装于一个壳体内,然后将中心管相互连通。用于反渗透时,由于压力高,压力损失的影响较小,可多装组件;用于超滤时,连接的组件一般不超过 3 个。壳体材料多为不锈钢或玻璃钢管。卷式组件一般要求膜面流速为 5~10 cm/s,单个组件的压头损失较小,只有 7~10.5 kPa,这是它的一个优良特性。

日本东丽公司的卷式组件如图 5-21 所示。原液绕中心管流动,流速分布均匀,回收率高,膜不容易发生变形。

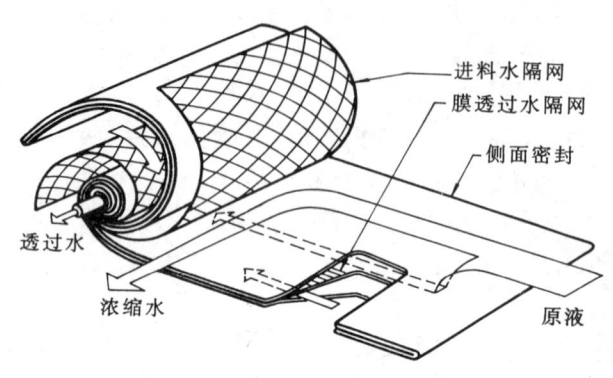

图 5-21 日本东丽公司的卷式组件

螺旋卷型组件已向超大型发展，膜材料有醋酸纤维素、PEC-1000 复合膜等。最大的螺旋卷型反渗透装置采用 UOP 公司的 ROGA-4160 组件，容量为 13 400 m³/d。耐 85℃ 高温的膜材料有聚偏氟乙烯，耐 93℃ 高温的膜材料有聚砜。

中国海洋局第二研究所研制的 SPO 型组件由两个膜元件串联而成。其中每个元件膜面积为 16 m²，处理 2 500 mg/L 的 NaCl 溶液时，温度每升高 1℃，产水量增加 1%。压力升高，其去除率明显提高。当料液流速为 4.92 cm/s 时，去除率可达 90.06%。

醋酸纤维素膜卷式组件在使用时应注意的问题是：pH 值应控制在 5.5±0.5，水温小于 40℃，供水中应加入 0.5~1 mg/L 的氯。每周应通 10 mg/L 的氯 15~30 min 进行灭菌，同时应添加六偏磷酸钠，以防止 $CaSO_4$、SiO_2 等形成垢层。组件停运时，应灌入 0.65%~1.2% 的甲醛溶液，pH 值调至 4~6 进行灭菌。为了防止结冰，还应加入甘油。表 5-13、表 5-14 列出了我国湖州水处理厂卷式反渗透组件的性能指标。

表 5-13 湖州水处理厂卷式反渗透组件性能

性能＼型号	YJC1-4A	YFC1-4B	YJC1-8A	YJC1-8B
外径×长度(mm×mm)	φ100×965	φ100×965	φ200×1 016	φ200×1 016
重量(kg)	6	6	25	25
产水量(L/h)	250	220	1 000	850
脱盐率(%)	95	95	95	95
进水量(m³/h)	0.9~1.8	0.9~1.8	4.5~9.0	4.5~9.0
压力降(kPa)	40~80	40~80	40~80	40~80
进水含盐量(mg/L)	2 000	5 000	2 000	5 000

表 5-14 湖州卷式反渗透装置 FSJ4 系列规格表

型号	42-1Z	42-2Z	42-3Z	42-4Z	44-4Z	44-6Z	44-8Z	44-10Z
产水量(m³/d)	1	2	3	4	4	6	8	10
回收率(%)	50	60	75	75	75	75	75	75

注：脱盐率 85%~90%。

三、膜分离用泵

膜分离用泵分容积式与非容积式两类。容积式泵主要有往复式与旋转式两种，如柱塞泵、隔膜泵、齿轮泵、转子泵、叶片泵、螺杆泵、偏心泵、蠕动泵等。非容积式泵主要有离心泵、旋涡泵等。反渗透中多用螺杆泵、柱塞泵、隔膜泵。低压反渗透多采用转子泵和齿轮泵。在超滤中常用离心泵、旋涡泵、转子泵。对于生理活性物质，宜选用蠕动泵，以防止或减少活性物质的失活。

（1）离心泵　离心泵在压头较大时，流量较小，且不稳定，所以不适用于在压头较大时使用，最好是选压头稍低点。当压头、流量等不符合要求时，常通过离心泵的串、并联来解决，或采用多级离心泵以获得较高压力。离心泵的优点是：结构简单，价廉，安装容易；缺点是：压头变化，流量也随之变化，且压头较低，不适用于粘性液体。

（2）柱塞泵　柱塞泵的优点为压头高，压头及流量可根据需要调整，适用于反渗透；缺点为构造复杂，流量较小且分布不均匀。

（3）旋转泵　旋转泵适用于超滤，其优点与柱塞泵相同；缺点为压头较高时，分离效率会降低，流量小。

第五节　膜分离过程工艺

膜分离过程工艺包括前处理工艺、分离工艺及后处理工艺。

一、前处理工艺

进料液中的悬浮物、胶体和可溶性高分子物质会聚集在膜的表面，使膜污染，在分离过程中形成浓差极化现象，微生物会在膜面产生粘液，侵蚀膜。同时，不同的膜有不同的使用温度、pH 值、进料液最大允许浓度等，这些因素均会影响膜的性能。膜性能的恶化主要是指膜的化学性质的变化和膜形态结构的变化。膜的化学性质的变化会使水和溶质的透过速度增大，其化学性质变化的原因是膜发生水解、氧化等，这是由于温度和 pH 值的影响。膜结构的变化在于膜的压密，使透过速度下降，而溶质的分离率变化不大。压密化程度用压密系数 m 值来衡量。由于溶质引起的膜形态结构的变化，可使膜的透水速度下降，分离率开始上升，随后又逐渐下降。组件性能降低，主要是由于膜表面杂质的附着，使透过速度下降，分离率降低。因此溶液必须进行适当的预处理。

1. 进料液的调整和预处理

（1）温度的调整　按膜的适宜温度调整液温，提高进料液的温度有利于提高膜的透水速度，但温度过高膜的水解速度加快，导致膜结构不可逆地变化。通常温度调至 25℃ 左右较为经济。

（2）pH 值的调整　假如膜在酸性下使用，常用硫酸进行调整，这是因为硫酸盐有较高的分离率。但在某些条件下会生成不溶性的硫酸盐，此时可用 HCl 溶液调节。假如在碱性条件下使用，常用 NaOH 溶液调节。

（3）微生物的去除　细菌的存在会对膜发生侵蚀，细菌的侵蚀会使膜的乙酰基含量下降,结果会引起脱盐率的降低。为了去除进料液中的细菌、藻类等微生物,加入氯是价廉而有效的方法。采用 NaClO 溶液时,浓度控制在 $1\sim5$ mg/L,并尽可能在前面的工序中加入。在入口处的进料液,其氯的含量必须低于允许的上限值。当超过该浓度时,可用活性炭吸附或与 Na_2SO_3 反应去除。除氯以外,在进料液中加入 H_2O_2、O_3 和 $KMnO_4$ 也有效。

(4) 悬浮固体和胶体的去除 对于悬浮固体,用 $5\sim25$ μm 的过滤筒就可除去。$0.3\sim5$ μm 的悬浮颗粒和胶体最容易引起膜的污染。由于胶体本身的带电性,在进料液的浓缩过程中,胶体凝聚、沉积在膜表面上,改变了膜表面的流动状态,致使沉积更严重。胶体微粒常用过滤方法除去,如果加入与胶体带有相反电荷的粒子——凝集剂,就会使胶体凝集成大的胶团,这样胶团就很容易除去。常用的凝集剂为含有 Al^{3+}、Fe^{3+} 等高价金属离子的电解质,或者采用高分子电解质凝聚剂,具有用量少、效果好的优点。这些电解质可以在配管途中加入,用过滤法或混凝沉降法除去凝胶团。

(5) 可溶性有机物的去除 可溶性有机物可使膜溶化,性能恶化。去除方法有:①氧化法,用氯或 NaClO 进行氧化;使用 O_2、O_3、$KMnO_4$ 等氧化效果好,但成本较高。②活性炭吸附法,由于活性炭能够再生,较经济。但对醇、酚的去除仍需用氧化法处理。

(6) 可溶性无机物的去除 在膜分离时,水的回收率一般为 50%~90%,如果仅考虑膜对溶质的浓缩,那么溶质大约被浓缩了 2~10 倍。但碳酸钙、硫酸钙、金属氧化物、金属氢氧化物很容易被同时浓缩,易沉淀在膜上。

对膜而言,铁的允许浓度只有 $0.05\sim0.1$ mg/L。铁、锰的去除方法常采用接触氧化过滤法。DDS 公司采用加入亚硫酸钠去除溶解氧,可以防止铁被氧化;或预先将铁氧化形成 $Fe(OH)_3$ 沉淀,然后加以去除。

H_2S 易被氧化生成硫磺而污染膜表面,可将原液预先采用强制曝气使 H_2S 氧化成单质硫,通过过滤去除。

调节 pH 值至 5~6,可防止 $CaCO_3$ 沉淀析出,或者用络合剂将 $CaCO_3$ 除去,或者采用阳离子交换树脂吸附除去。当处理量大时,可用石灰沉降法。也可采用对钙离子掩蔽的方法,一般加入聚磷酸盐,如六偏磷酸钠作掩蔽剂。这些方法可同时用于处理硫酸钙。

SiO_2 以固体颗粒、胶体和硅酸根等形式存在,在浓度高时还会以硅酸钙形式析出。去除的方法可用强碱性阴离子交换树脂吸附。也可用石灰石处理,在形成 $Ca(OH)_2$ 沉淀时被吸附而共沉。处理过程中如提高水温效果会更好,但成本增加。

二、膜分离工艺流程

在实际生产中,应按照溶液分离的质量要求、废液的处理排放标准、浓缩液有无回收价值等方面综合考虑组件的配置方式。配置方式分一级和多级(通常为二级)配置。所谓一级是指进料液经一次加压反渗透或超滤分离;二级是指进料液必须经过两次加压反渗透或超滤分离。在同一级中,排列方式相同的组件组成一段。

(一) 组件的一级配置

1. 一级一段连续式

一级一段连续式如图 5-22 所示。在组件中,经膜分离的透过液和浓缩液被连续引出系统,这种方式透过液(水)的回收率不高,在工业中较少采用。

2. 一级一段循环式

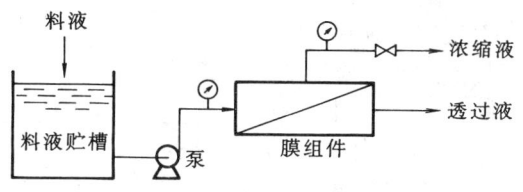

图 5-22　一级一段连续式

一级一段循环式如图 5-23 所示。为了提高透过液（水）的回收率，将部分浓缩液返回进料液贮槽与原有的进料液混合后，再次通过组件分离。因为浓缩液中溶质含量比原进料液要高，所以透过液的水质有所下降。

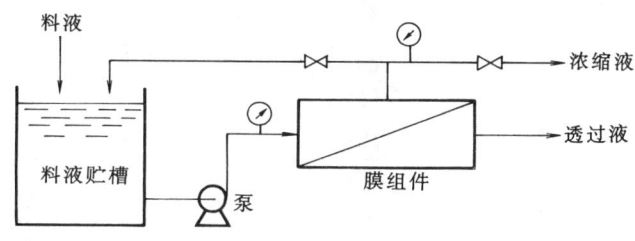

图 5-23　一级一段循环式

3．一级多段连续式

一级多段连续式如图 5-24 所示，这种方式适合于大规模处理系统，能得到较高的水回收率。它是把第一段的浓缩液作为第二段的进料液，再把第二段的浓缩液作为第三段的进料液，依此类推，而各段的透过水连续排出。这种方式水的回收率高，浓缩液的量减少，而浓缩液中的溶质含量较高。

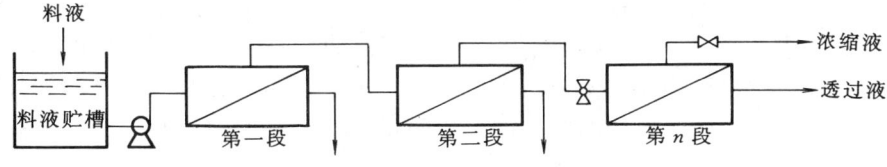

图 5-24　一级多段连续式

上述配置方式中，料液在各段的组件膜表面上的流速不同，流速随着段数的增加而下降，容易使浓差极化程度加大。为了保证透过液较高的回收率，又减少浓差极化程度，可将多个组件配置成段，并且随着段数的增加组件的个数逐渐减少，使之趋近于锥形排列。这种方式得到的浓缩液由于经过多段流动，压力损失较大，生产率下降，为此可以增设高压泵，见图 5-25。

4．一级多段循环式

一级多段循环式如图 5-26 所示。它将第二段的透过水返回料液贮槽，与进料液混合作为第一段进料液，第二段的进料液为第一段的浓缩液，因此第二段的透过水质较第一段

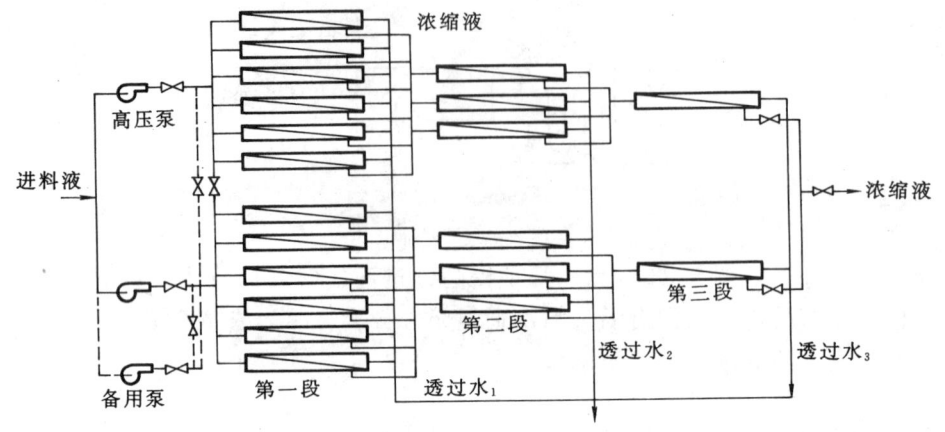

图 5-25　一级多段连续式的锥形排列

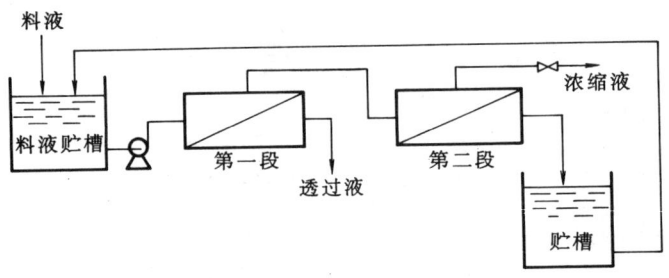

图 5-26　一级多段循环式

差，这种方式可得到较高浓度的浓缩液。

（二）多级多段配置

组件的多级多段配置有连续式与循环式之分，图 5-27 为循环式。它是将前级的透过水作为后一级的进料液，后一级的浓缩液与前一级的进料液进行混合；再进行分离。其优点是提高了透过水的回收率及质量，缺点是由于增加了泵，能耗提高。由于一级脱盐淡化操作压力高，需要有高脱盐性能的膜，因此在技术上有很高要求。而采用多级多段循环分

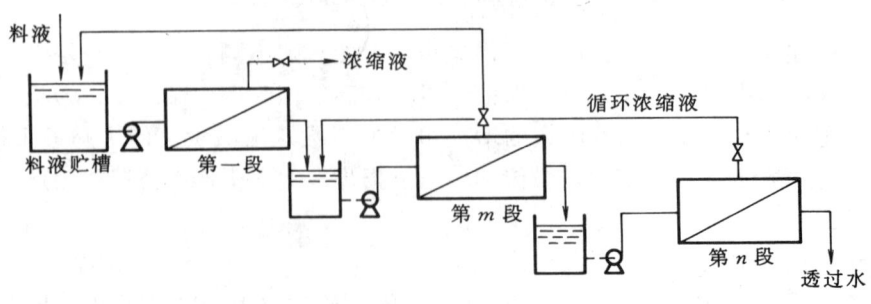

图 5-27　多级多段循环式

离可降低操作压力,对设备要求降低,对膜的脱盐性能要求也降低,因此有较高的实用价值。

关于膜分离工艺的设计,主要是确定分离装置所必需的膜面积,选择组件的形式和确定组件的个数及其排列方式,计算功率消耗,确定分离装置的工艺条件及膜污染的清洗方法等。

透过水的回收率可由(5-27)式确定

$$P_水 = \frac{Q_d}{Q_g} = 1 - \frac{c_g}{c_c} \tag{5-27}$$

式中:Q_d、Q_g——分别为淡化水和进料液的流量;

c_g、c_c——分别为进料液和浓缩液中溶质的浓度。

我们希望 $P_水$ 值高,淡化水所需能耗小,浓缩液量下降。但是 $P_水$ 值高,淡化水中溶值浓度也较高,同时会增加膜表面的浓差极化程度,因此需要通过试验,确定适当的回收率。分离装置的效率与膜的性能有关,随进料液的浓度变化而变化。

三、后处理工艺

(一) 透过水与浓缩液的后处理

膜对各种溶解离子的分离率不同,对高价离子几乎 100% 去除,而一般离子的去除率仅有 80%~90%。水淡化过程常在酸性条件下进行,透过水呈弱酸性并含有 CO_2 气体,所以透过水要进行脱气处理,除去 CO_2 气体,或者加碱调节 pH 值。用反渗透法处理电镀废水,可回收有用物质。为了使浓缩液能返回镀槽循环使用,需对浓缩液中各组分配比进行适当调节。

(二) 膜污染后的处理

当膜被污染后,可用物理的或化学的方法对膜进行清洗。

1. 物理清洗

物理清洗方法最简单,即用水冲洗膜表面。冲洗水可用膜透过水,也可用进料液,采用低压高流速冲洗膜表面 30 min,可使膜的透水性得到一定程度的恢复。但经过上述处理后的膜,经短期运转后,透水性能会再次下降,因此这种清洗方法是不完善的。也可采用水和空气混合流体在低压下冲洗膜表面 15 min,对初期受有机物污染的膜的清洗是有效的。对内压管膜的清洗可以采用海绵球。海绵球的直径比膜管的直径大一些,在管内通过水力控制海绵球流经膜表面,对膜表面的污染物进行强制性地去除。这种方法对软质垢几乎能全部去除,特别适用于有机胶体的去除。但去除硬质垢时,易损伤膜表面。

2. 化学清洗

常用的化学清洗剂有:

(1) 柠檬酸溶液 在高压或低压下,用 1%~2% 的柠檬酸水溶液对膜进行连续或循环冲洗,这种方法对 $Fe(OH)_2$ 造成的污染有很好的清洗效果。

(2) 柠檬酸铵溶液 在柠檬酸溶液中加入氨水配成具有不同 pH 值的柠檬酸铵溶液。这种溶液在膜系统内循环 6 h,清洗效果很好。如果将溶液升温至 35~40℃,清洗效果更好。其缺点为清洗时间长。为了防止低 pH 值下对醋酸纤维素膜的水解,柠檬酸铵溶液的 pH 值应控制在 4~5。

(3) 加酶洗涤剂 用加酶洗涤剂对有机物,特别是蛋白质、多糖类、油脂类污染物的洗涤是有效的，在 50~60℃ 时具有良好的清洗效果。通常在 30~35℃ 下洗涤，一般每 6~10 天用 1% 的加酶洗涤剂在低压下对膜清洗一次。使用低浓度的加酶洗涤剂时，必须长时间浸渍；当用高浓度加酶洗涤剂时，清洗时间可短一些，但必须注意其对膜性能的影响。

（4）过硼酸钠溶液　如果在膜的细孔内存在胶体堵塞，则可用分离率极差的物质，如过硼酸钠溶液、尿素、硼酸、醇等作为清洗剂。此时，这些物质很容易渗入细孔，达到清洗目的。

（5）浓盐酸　对受浓胶体污染的膜可采用浓盐酸清洗，能减弱胶体间的相互作用，促进胶体凝聚形成胶团。

（6）水溶性乳化液　它对被油和氧化铁污染的膜的清洗是十分有效的，一般清洗 30~60 min。

（7）H_2O_2 溶液　将 0.5 L 30% 的 H_2O_2 溶液用 12 L 去离子水稀释，然后对膜表面进行清洗。此种方法对被废水和有机物污染的膜均具有良好的清洗效果。

第六节　反渗透及超滤技术的工业应用

膜分离技术的应用范围日益扩大，在盐水淡化、超纯水制造及食品工业、医药工业、发酵工业等应用非常广泛。

一、苦咸水淡化

含盐量大于 1 000 mg/L 的水称为苦咸水，也有把氯化物含量大于 800 mg/L 或硫酸盐含量大于 400 mg/L 的水称为苦咸水。一般可分为地表水与地下水。地表水如河水、湖水，含有溶解氧、SiO_2、Al^{3+}、有机胶体、无机盐、微生物、重金属离子的氢氧化物等。地下水含有 Fe^{2+}、Mn^{2+}、H_2S、Ba^{2+}、Sr^{2+} 等，悬浮物、胶体、溶解氧含量低，细菌含量少。

苦咸水组成复杂，其中的细菌使膜表面产生粘液直至形成活性污泥；悬浮物、胶体等使膜透过性能下降；溶解氧使膜受到化学损坏。

日本鹿岛钢厂的苦咸水脱盐装置如图 5-28 所示。

该流程分 3 部分：

（1）前处理系统　对进料液用次氯酸钠杀菌，聚合氯化钴（PAC）凝聚沉降分离，双层过滤器或精密过滤器过滤，再用 H_2SO_4 溶液调节 pH 值，最后经过保安滤池。为了防止水质瞬时恶化，还设有粉状活性炭装置，必要时经凝聚沉降槽处理，以降低 COD 值（化学耗氧量）。

（2）反渗透系统　采用一级三段并联组件，为醋酸纤维卷式组件，操作压力 3 MPa，水回收率大于 84%，盐分离率约为 95%。

（3）后处理系统　包括在脱气塔内除 CO_2 气体，用活性炭吸咐残余氯。

运转时应注意的问题：严格控制 pH 值，定期清洗膜组件，定期更换老化的膜组件，年更换率约 3%。当进水污染指数为 5~6 时产水量下降，应用低压水冲洗膜面。

美国 Yuma 市脱盐厂的生产能力为 370 000 t/d，原水来自灌区，脱盐水流入至科罗拉

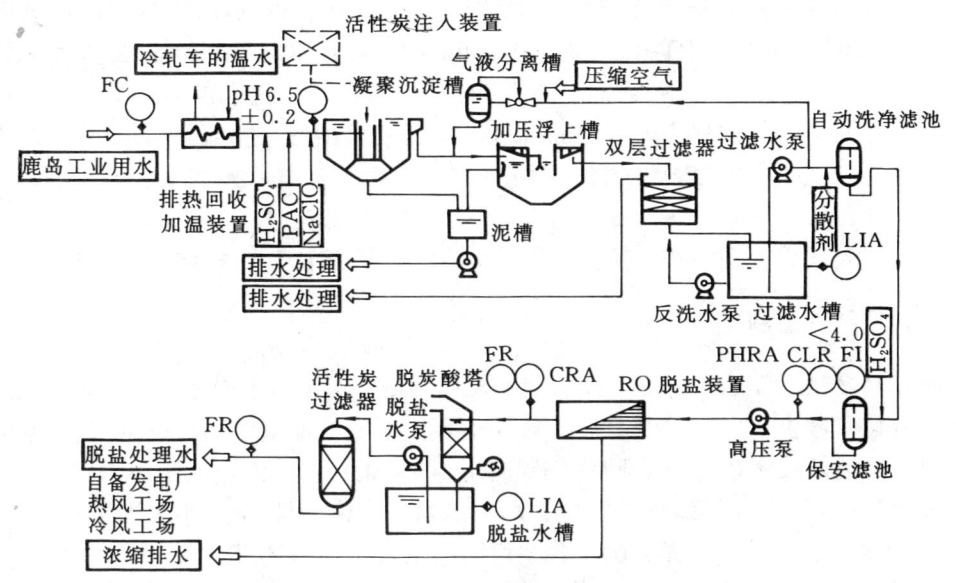

图 5-28 大型苦咸水脱盐系统流程

多河以降低河水含盐量,浓缩液排入加利福尼亚海湾。中国湖州水处理厂生产产水量为 100 t/h 的卷式反渗透装置,处理盐离子浓度为 1 000 mg/L 以下的苦咸水,脱盐率达 96 %。

二、海水淡化

用反渗透进行海水淡化要注意以下几点:

(1) 海水含盐浓度高,盐离子浓度大约为 3.5×10^4 mg/L,含有 Cl^-、SO_4^{2-}、HCO_3^-、Br^-、F^-、$H_2BO_3^-$、Na^+、Mg^{2+}、Ca^{2+}、K^+、Sr^{2+} 等离子,盐类有 $CaSO_4$、$MgSO_4$、$MgBr_2$、$MgCl_2$、KCl、$NaCl$ 等,为了获得饮用水,必须将海水淡化到盐离子浓度小于 500 mg/L。假设水的回收率为 50 %,则膜的盐分离率 R 应为:

$$R = \left(1 - \frac{\text{低压侧脱盐水的浓度}}{\text{高压侧海水的平均浓度}}\right) \times 100\%$$
$$= \left(1 - \frac{500}{3.5 \times 10^4 + 3.5 \times 10^4 - 500}\right) \times 100\% = 99.28\%$$

(2) 当海水被浓缩到 2.19 倍时,会发现有 $CaCO_3$ 和 Fe_2O_3 沉淀析出。要提高水的回收率,必须增加压力,这样做会使成本提高,可采用二级淡化。

(3) 必须注意调节 pH 值、灭菌及除混浊,混浊度要求在 10 mg/L 以下。使用 CTA 膜时,允许游离氯含量为 0.3～0.8 mg/L。除氯的方法可用活性炭吸附,1 g 活性炭可吸附 0.7 g 氯。化学法以采用 $NaHSO_3$ 较适宜,因其具有杀菌作用。如果将紫外线照射和 $NaHSO_3$ 500 mg/L 联合使用,要比单独加氯灭菌经济。用臭氧灭菌也较经济。

(4) 膜应具有足够的强度和耐压密性。可使用低压、大流量的苦咸水淡化膜,在较低压力下操作,这样减少了膜的压密性,提高了水的回收率,且系统运转稳定。

(5) 前级处理经明矾凝聚、沉降、砂滤、超滤后海水的进水污染指数由 5.5～6.5 降到 1~3。

用于一级脱盐淡化的反渗透膜有 CTA、CAB、PAP、PermasepB-10、XPA、PBIL、PEC-1000、NS-100、NS-200、PA-300、BC-100、PA-100、FT-30 等,进料盐浓度 2 800~3 500 mg/L,操作压力 5.5~10.3 MPa,盐分离率 99.2%~99.8%,透水速度 0.3~1.2 $m^3/(m^2 \cdot d)$。

用于海水淡化的组件主要有 Permasep B-10 芳香聚酰胺中空纤维膜、PA-300 卷式组件、PEC-1000 卷式组件、CTA 中空纤维组件。

海水淡化采用反渗透法能耗约为 $8 kW \cdot h/m^3$,是蒸发法的 1/4,所需的占地面积、建设时间、运转成本分别为蒸发法的 1/2、1/3 和 1/3,因此具有较好的经济效益。

三、超纯水的制备

超纯水是用反渗透法对进入离子交换树脂的原水预脱盐,然后用超滤和微孔过滤除去水中的微粒和微生物。采用电渗析法预脱盐效果不如反渗透法。1980 年美国 AQUAMEDIA 公司提出的纯水技术条件为电阻率 25℃时 16~18 $MΩ \cdot cm$,总电解质以 NaCl 计,为 0.005 mg/L,直径大于 1 μm 的微粒个数小于 0.5 个/mL,活微生物个数小于 2 个/mL,有机物含量(总碳)小于 1 mg/L。世界各国、各公司的纯水条件有所不同,有些还规定了溶解气体、pH 值、金属离子、氯化物、总固体、非挥发性固体、挥发性固体等的含量。

采用反渗透法制造超纯水的优点为:脱盐率高,产水量大,化学试剂消耗少,劳动强度低,水质稳定,离子交换树脂寿命长,终端过滤器寿命延长;缺点为:需要高压设备,原水利用率只有 75%~80%,膜要进行定期清洗。

超纯水制备流程有下面几种形式:

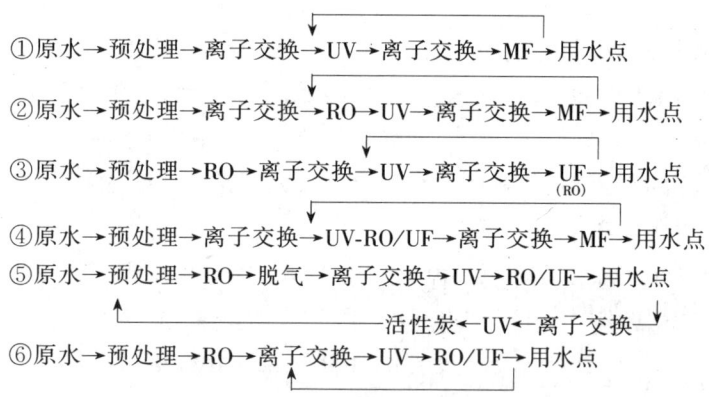

所有流程均包括预处理、离子交换、紫外线杀菌与膜分离装置。在用水点之前均设有膜分离装置作为终端设备,同时设有循环流程使水质稳定,防止菌类污染。

膜制备纯水应注意的问题有:纯水的活度高,极易溶解气体,吸收 CO_2,所以设备必须严格密封或充氮保护。采用不锈钢管输送,内表面要经酸洗,尽量缩短输送距离。同时要经常杀菌防止微生物污染。新设备运转前要对整个系统进行灭菌,用活性炭和阳离子交换树脂在温度 105℃下,灭菌 30~60 min。或将树脂转变为钠型后再用 0.5% NaClO 溶液浸 1~3 h。或用 0.5%~1% 甲醛进行 3~8 h 的循环或浸泡。一般一个月灭菌一次,对制药工业每周灭菌一次。气体的除尘、除菌、超净过滤,一般采用纤维素酯和聚四氟乙烯微孔滤膜。

四、医疗用水的制备

医疗上用的纯水、注射水的制备以及生物碱、维生素、抗菌素、激素等相对分子质量低的物质的浓缩可采用反渗透装置。蛋白质、酶、激素、干扰素、疫苗等的分离、精制、脱盐、浓缩,细菌与病毒的去除可采用超滤装置。孔径 $< 0.1\ \mu m$ 的膜用于超精密过滤;孔径为 $0.2 \sim 0.45\ \mu m$ 的膜用于除菌过滤;孔径 $> 0.65\ \mu m$ 的膜用于澄清过滤。

注射用水的要求为:无菌,不含有机物、盐类、溶解性气体、胶体,热源成分试验必须合格。制造无菌水常用煮沸法、蒸馏法、过滤法和紫外线杀菌法。但煮沸法和紫外线杀菌法存在纯度和热源成分问题。反渗透法可以获得无菌的高纯度水。反渗透生产精制水系统如图 5-29 所示。该精制水符合手术室用无菌水的要求。膜材料为醋酸纤维素,膜透过水贮存在两个储槽内,交替使用。用活性炭过滤的压缩空气送水,然后将水加热到 40℃,通过防止细菌逆流的阀门供给使用点应用。逆流阀是通过加热进行消毒的。

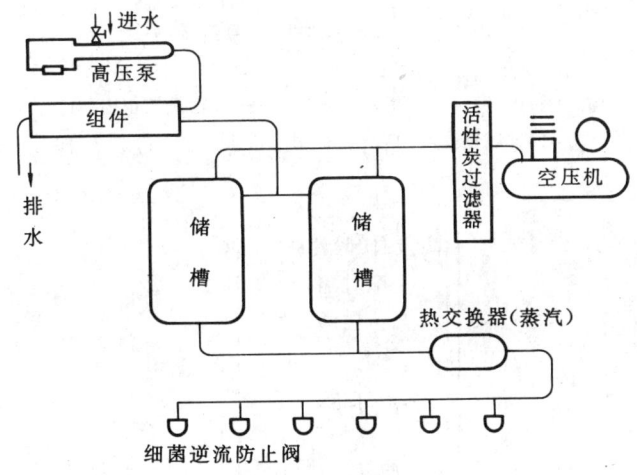

图 5-29 反渗透法生产精制水系统

生产注射用水系统流程如图 5-30 所示。此流程采用反渗透-活性炭吸附-离子交换-超滤组合技术。反渗透采用醋酸纤维卷式膜组件,超滤采用聚砜中空纤维膜组件。此种无菌水可以用在血液透析中,对透析水的要求为:硬度低,硫酸根含量要控制在 100 mg/L 以下,氟 0.2 mg/L 以下,硝酸根 2 mg/L 以下,$[Cu^{2+}] < 0.1$ mg/L,$[Na^+] < 10$ mg/L,$[K^+] < 20$ mg/L,水中不能有热源。聚砜膜去除细菌效果较好。制造无菌水尚存在问题为:长期使用醋酸纤维素膜有细菌污染,设备有泄漏,储水罐有菌污染,最好不设储水罐,纯水管路越短越好。

五、在乳品工业中的应用

采用膜分离技术可以获得多种乳制品,同时提高了产品的质量。反渗透、超滤技术在乳品工业中的应用主要表现为乳清蛋白的回收、脱脂乳的浓缩等,具体应用如图 5-31 所示。

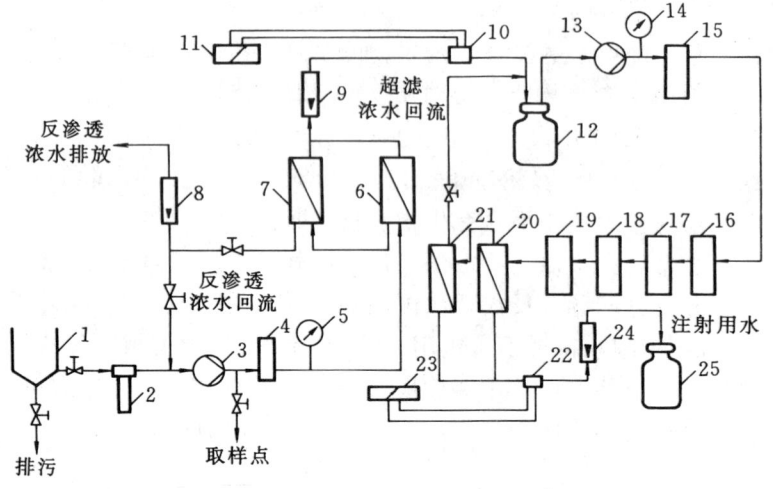

图 5-30 生产注射用水系统流程

1—原水加药桶；2—精密过滤器(5μm)；3，13—水泵；4—缓冲罐，5，14—压力表；6，7—反渗透器；
8，9，24—流量计；10，22—电导池；11，23—电导仪；12—反渗透储水桶；15—活性炭滤器；
16~19—离子交换器；20~21—超过滤器；25—注射用水储桶

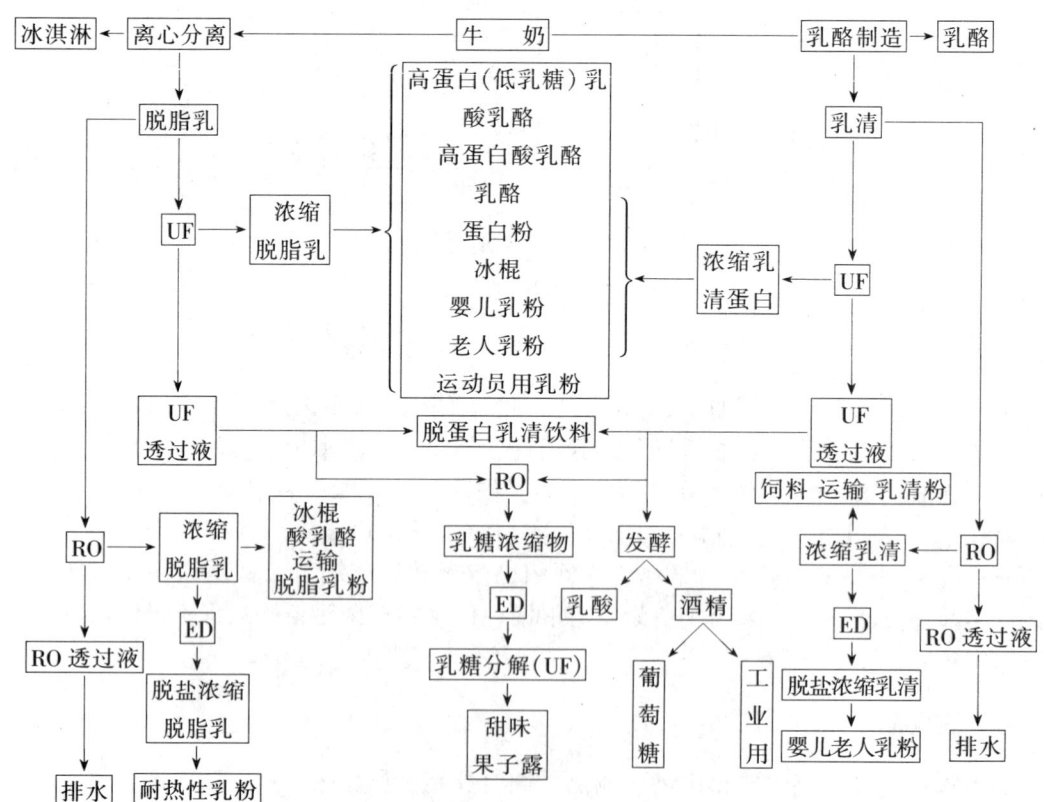

图 5-31 膜技术在牛乳加工中的应用

(一) 乳清蛋白的回收

把原乳分离得到干酪蛋白，剩余的是干酪乳清，含 0.7% 的蛋白质、5% 的乳糖。将干酪乳清浓缩、干燥，得到乳清蛋白的浓缩物（WPC）。进行反渗透浓缩时，浓缩极限约为 30%。由于蛋白质增粘、乳糖析出，孔径大的膜易被污染，使膜透过速度下降。流速对膜透过速度影响较大，当雷诺数 $Re=5\,900$ 或 $Re=6\,000$ 时，膜透过速度较高。浓缩至 28%~30% 后的干燥产品可作为牲畜饲料或乳清酪的原料。全干乳清含有大量的乳糖和灰分，限制了它在食品中的应用。当采用超滤分离时，可以在浓缩乳清蛋白的同时，从膜的透过液中分离出乳糖、灰分等，再用反渗透法回收乳糖。乳清超滤分离的操作方式如图 5-32 所示。图 5-32a 为批量浓缩，图 5-32b 为连续进料操作，图 5-32c 为多段式连续操作：第一段的浓缩液是第二段的进料液，每段增加浓度恒定。

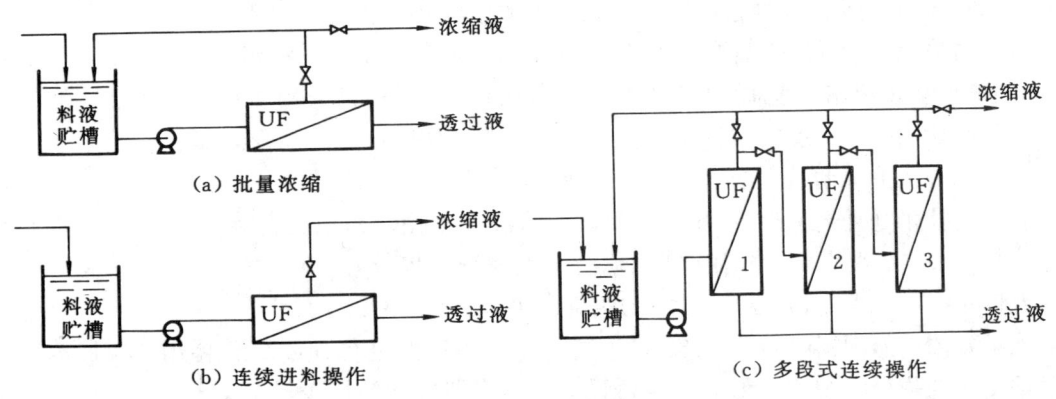

图 5-32 乳清超滤的操作方式

干酪乳清蛋白回收流程如图 5-33。用于乳清蛋白回收的超滤膜，截留相对分子质量为 20 000~25 000，蛋白质截留率为 95%~99%。常用的膜有醋酸纤维素膜、聚砜膜、聚丙烯腈膜等。

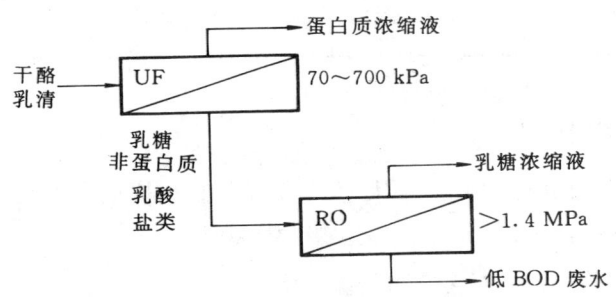

图 5-33 典型的干酪乳清蛋白回收流程

乳清超滤分离必须进行预处理，包括调整 pH 值（pH＝5.2~5.9）、灭菌。灭菌温度约为 71~85 ℃，灭菌时间 15 s。经预处理可制得高质量的乳清粉，较传统方法得率提高近 4 倍，而乳糖下降了 40%。超滤和反渗透处理的工序如图 5-34。

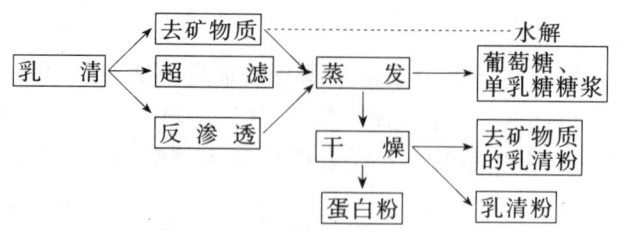

图 5-34 超滤和反渗透处理的工序

（二）脱脂乳的浓缩

牛乳经脱脂后，脂肪含量从 3.5% 降到 0.1%，总固形物含量 9%~13%。用它制成的冰淇淋的结构均一，制成的乳粉为低乳糖、高蛋白营养品，具有味道鲜美、无奶膻味的特点。可以用反渗透法对脱脂乳进行浓缩，但温度不能超过 40℃，否则会生成不溶性的磷酸钙，从而影响蛋白质的稳定性。对脱脂乳的浓缩用超滤法可浓缩 3~4 倍，在 2~4℃ 下进行。当浓缩至 3 倍时，温度升至 30℃ 左右。脱脂乳浓缩液含脂肪 0.4%，蛋白质 9.27%；全脂乳浓缩液含脂肪 11.0%，蛋白质 9.1%；透过液含脂肪 0%，蛋白质 0.4%，脂肪截留率达 100%，蛋白质截留率达 92% 左右。用膜分离法处理全脂乳，由于脂肪在膜表面的沉积，造成清洗困难，所以很少使用。

膜分离技术处理乳品时必须注意严格地清洗和杀菌。系统去除残留物时温度控制在 40~50℃，用加酶洗涤剂、EDTA 和六偏磷酸钠清洗效果较好，用含氯 50~100 mg/L 的溶液在温度 20~30℃、pH 值 7.0~8.0 的条件下循环灭菌 10 min。

如果要浓缩至固形物含量达 55%，则先用反渗透法进行预浓缩，再用蒸发法浓缩到所需浓度，这样处理费用较低。反渗透设备与蒸发器的比较见表 5-15。

表 5-15 反渗透设备与蒸发器的比较

设　备	生产能力(L/h)	鲜乳清总固形物含量(%)	浓缩后固形物含量(%)	总费用(元)
反渗透装置	10 000	6	28	100
六效蒸发器	10 000	6	30	129
反渗透预浓缩再加三效蒸发器	9 400	—	20	100
三效蒸发器	9 400	—	60	122.6

六、在豆制品工业中的应用

主要是用于蛋白质的分离回收，如大豆蒸煮液和制豆腐时的大豆乳清中蛋白质的回收，可减少对环境的污染。

（一）从大豆煮汁中回收蛋白质

制酱厂的煮汁含浸出物 4%~6%，其中糖 1.6%~2.5%、粗蛋白 0.5%~0.8%、灰分 0.5%~0.7%、生物耗氧量 BOD 30 000~40 000 mg/L；蒸汁浸出物为 3.9%，其中糖 3.3%、蛋白质 0.4%、灰分 0.62%、化学耗氧量 COD 20 000 mg/L。大豆煮汁超滤处理工艺如图 5-35 所示。

① 大豆煮汁(pH6.0)

　　　酸处理(用 2.25 mol/L H₃PO₄ 把煮汁调至 pH 4.0)

　　　离心分离(5 000r/min,15 min)
　　┌──────┴──────┐
　沉淀物　　② 上清液

　　　用截留相对分子质量为 10 000 的膜(压力 6.1×10⁵ Pa)
　　┌──────┴──────┐
　　渣　　　③ 透过液

　　　　　用截留相对分子质量 500 的膜(压力 6.1×10⁵ Pa)
　　　　┌──────┴──────┐
　　　　渣　　　　④ 透过液

图 5-35　膜法对大豆煮汁的分离工艺

控制 pH 值为 4，BOD 去除率 75.5%，COD 去除率 78.5%，总硫去除率 97.3%。但存在液体易腐败、膜难清洗等问题。大豆煮汁的膜法浓缩生产流程如图 5-36。

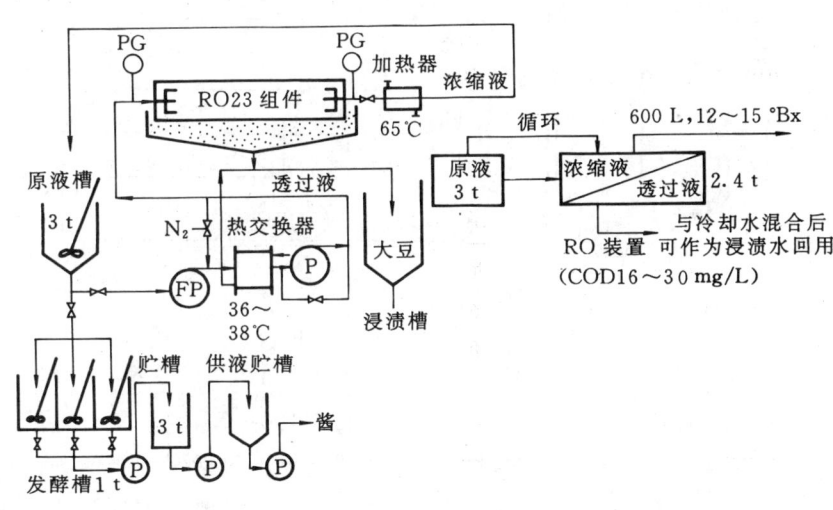

图 5-36　大豆煮汁的膜法浓缩生产流程

（二）从大豆乳清中回收蛋白质

大豆乳清中蛋白质含量为 4.3 mg/L，BOD 高达 1 373 mg/L。其中碳水化合物约 62%，粗蛋白约 21%（纯蛋白 15%），灰分 5%，其他约 12%。其浓缩产品可供人类和牲畜的需要。先用超滤膜将乳清浓缩 20~40 倍，蛋白质含量上升到 8%。再将透过液以反渗透法进行处理，浓缩液固形物含量达到 10%，透过液固形物含量降到 0.04%，COD 降到 350 mg/L。

豆乳中的豆腥味含醛、酮化合物，可以通过超滤除去。制作豆腐时产生的大豆乳清如果用超滤法进行浓缩，豆腐收率可增加 20%~30%。

七、在酶制剂工业中的应用

酶是具有特殊催化功能的蛋白质。其中α-淀粉酶、蛋白酶、果胶酶、糖化酶和葡萄糖氧化酶已得到广泛应用。采用酶法生产葡萄糖、果葡糖浆后,更促进了酶制剂工业的发展。浓缩提纯酶的方法有盐析沉淀、溶剂萃取、真空蒸发、低温冷冻、色层分离、超离心分离等技术。采用超滤技术进行酶的浓缩提纯的优点为:产品质量高,纯度高,收率高,能耗低,只有真空蒸发法的1/8,操作工艺简单,节省沉淀剂和有机溶剂。

美国 Abcor 公司用 HFA-200 醋酸纤维素超滤膜浓缩淀粉酶和蛋白酶混合液(固形物含量1%),压力0.1 MPa时,透过率为444 L/($m^2 \cdot d$),酶截留率约为96%~97%。用 Amico UM-10 膜对葡聚糖(相对分子质量10 000)的截留率为100%,透水率2.02 m^3/($m^2 \cdot d$),操作压力为 0.2 MPa。

由于酶制剂粘性较大,膜组件的形式以管式和板式为多。发酵后的酶液先经板框压滤机、真空吸滤机或离心沉降分离机过滤,得到澄清液,进入料液槽,再用管式膜超滤,如图 5-37 所示。

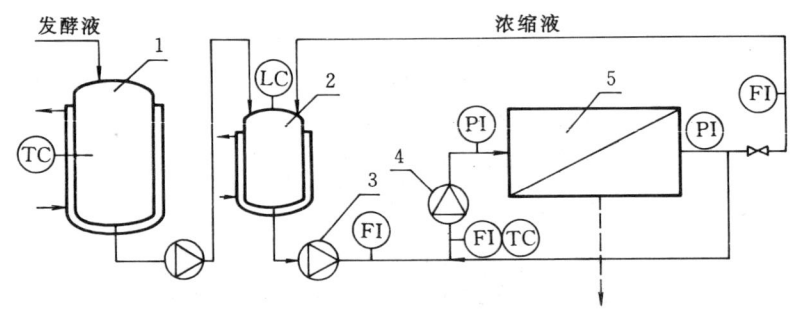

图 5-37 管式膜流程图
1—料液储槽;2—进料槽;3—进料泵;4—循环泵;5—管式膜装置

酶液用膜进行浓缩时,由于高剪切力也会引起酶的失活,如过氧化氢酶随剪切力及时间的增加酶活性下降。所以,必须选择合适的分离装置,包括泵、阀门等部件,防止高剪切力对酶的影响。流速的选择既要考虑到酶的变性失活,又要考虑到膜的透过速度。当使用过滤装置在层流薄层流路,剪切速度为10 000 cm/s时,过氧化氢酶失活度达7%;湍流最高剪切速度22 000 cm/s时,失活度达26%;振动板型搅拌最高剪切速度81 500 cm/s时,失活度达46%。通常,膜面流速越大,酶的失活度也越大。在形成凝胶层时,随着压力的上升透过速度增加,当压力超过临界操作压力时,透过速度基本恒定。透过速度随温度升高而增大。黑曲糖化酶在分批进行超滤,浓缩倍数为4~6倍时,透过速度为45~55 L/($m^2 \cdot h$);浓缩倍数达10倍时,透过速度下降为20 L/($m^2 \cdot h$)。当最终产品不是浓缩液而是透过液时,则采用稀释过滤较好。根据膜的截留相对分子质量大小的不同,酶的透过率可能是增大或下降。酶在其等电点pH值为5.7时,酶蛋白的电荷为零,同其他蛋白质间吸引力减小,因而透过液透过速度提高。因此在过滤时应选择适当的pH值。

采用超滤技术浓缩和提取酶制剂与真空蒸发相比,可节省能量,节省盐析剂和沉淀剂，降低酶的失活程度，提高酶的回收率。蛋白酶浓缩时，超滤法与蒸发法的能耗比为 1∶8.83。黑曲糖化酶浓缩时，超滤法不单不需要煤耗，电耗也仅仅是真空蒸发的 33.6%，节省电耗 66.4%。碱性蛋白酶浓缩时，超滤的电耗节省 87.2%。

八、在淀粉加工中的应用

淀粉生产过程用水量大，因此节约生产用水，从废水中回收有用物质十分重要。废水的特点是有机物浓度高，COD 高达 3 000~10 000 mg/L，采用表面曝气活性污泥法处理费用高。这种废水起泡性很强，其中含氮化合物 2%，糖分 1%，灰分 1%，有机酸约占 1%。在含氮化合物中，50% 为蛋白质，15% 为 α-氨基酸，13% 为氨羧丙氨酸，10% 为谷氨酸，8% 碱性氮，4% 为无机氮。在蛋白质中，60%~70% 为球蛋白，20%~40% 为谷蛋白，没有白蛋白。有机酸主要是柠檬酸、乳酸、苹果酸，多以钾盐的形式存在。用超滤法回收蛋白质工艺如图 5-38。

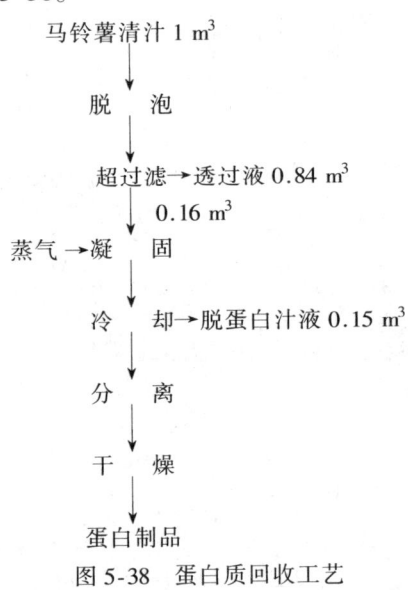

图 5-38 蛋白质回收工艺

日本农林省上川北部农协合理化淀粉厂超滤试验厂的物料平衡如图 5-39 所示。

九、其他方面的应用

1. 超滤技术处理苹果汁

美国马桑水果包装公司在加工苹果汁时采用超滤技术后，每年可节省助滤剂费用 5 万美元，降低酶耗 50%，增加果汁产率 5%~7%，提高了果汁的透明度和稳定性。果汁的透明度达 96.9%，微生物去除率达 90%，保留了苹果的色、香、味和营养。原料预处理温度为 40~50℃，加入果胶酶，处理后用 100~150 目筛分离或离心分离。超滤中果汁流速的雷诺数 Re 值为 5 000~10 000 时较好。清洗采用 1% NaClO 溶液清洗 15~20min。苹果汁的精制流程如下：

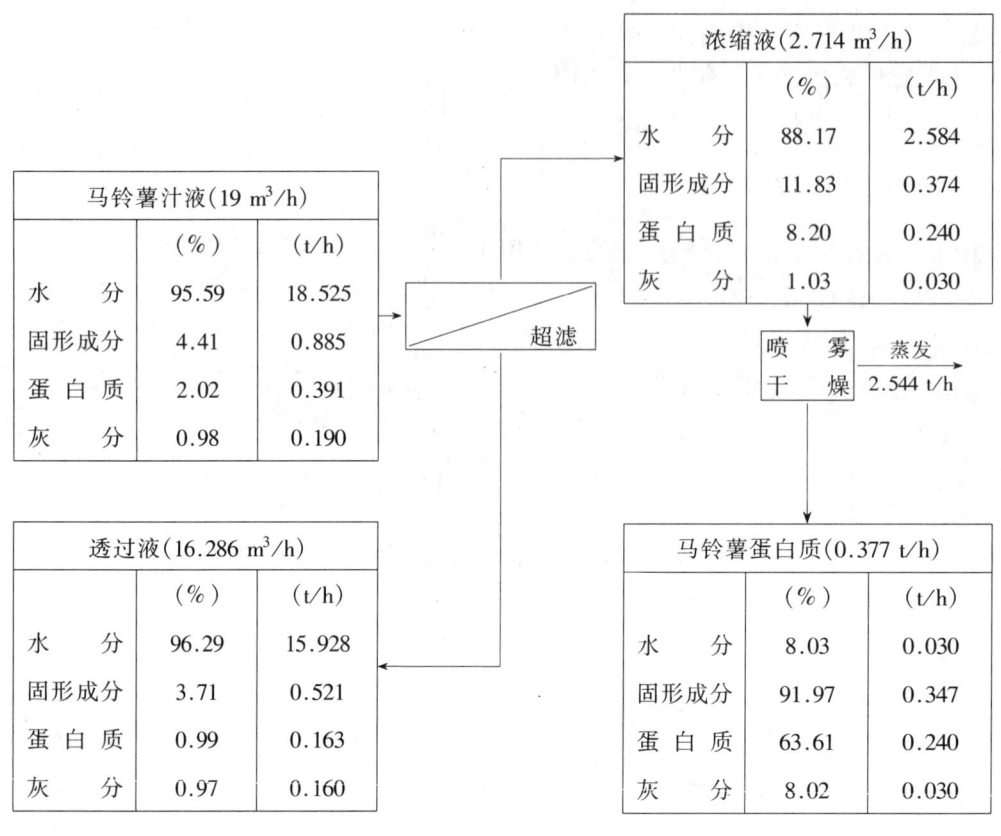

图 5-39 日本农林省上川北部农协合理化淀粉厂超滤试验厂的物料平衡

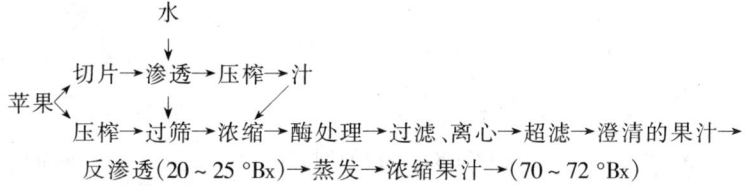

2. 超滤提取菠萝蛋白酶

菠萝蛋白酶是典型的巯基蛋白酶，具有消炎、消水肿、抗慢性血栓脉炎、防止血凝块的形成等作用，在食品工业中常用于干酪、明胶、水解蛋白的生产，肉质嫩化，啤酒澄清等。我国盛产菠萝，生产菠萝罐头剩下的皮是提取菠萝蛋白酶极好的原料。生产菠萝蛋白酶的方法有高岭土吸附法、单宁沉淀法、有机溶剂沉淀法、超滤法等。

超滤法是将菠萝皮汁经离心分离后，清汁用超滤法浓缩，再用有机溶剂提取菠萝蛋白酶。菠萝皮汁含糖、柠檬酸、苹果酸、胶质、氯离子，还含有钾离子、钙离子、蛋白质、维生素 C、维生素 A、色素、微量元素等。菠萝蛋白酶仅占菠萝皮汁的 0.1%～0.2%。该酶在 45 ℃以上易失活，用膜浓缩法在常温下操作可以防止酶失活。超滤采用 PSA 膜（聚砜酰胺膜），截留相对分子质量为 400 000，透过通量较高，分离效果较好。当压力在 0.25～0.3 MPa、体积浓缩 5 倍时，酶活浓缩可达 4 倍，浓缩液酶截留率为 95%，酶回收率为 79.8%，酶粉活性总回收率为 65.7%，酶粉活性 5.62×10^5 u/g，酶粉得率比传统方法高47%，透过液可生产菠萝汁饮料等。

3. 超滤法加工猕猴桃汁及回收蛋白酶

一般加工方法生产的猕猴桃果汁多数是浑浊汁，质量欠佳，如颜色深、沉淀多、维生素损失严重等，且蛋白水解酶全部被破坏，未能回收利用。用超滤法加工猕猴桃汁则可免除此缺点。采用超滤法应注意选择果实软而不烂果，固形物达 11°Bx。在榨汁过程中控制 pH 值为 4.5，使蛋白酶及维生素 C 稳定。猕猴桃蛋白酶为巯基型蛋白酶，需添加半胱氨酸(CYS)、二氧化硫(SO_2)等物质，以防止其氧化失活。使用 SO_2 效果较好，可以抑制果汁褐变，防止颜色加深，同时保护维生素 C。采用浓度为 150 mg/L 的 SO_2，酶活力基本稳定。在加工过程中添加 1.0 活性单位/mL 果汁果胶酶，能保持果汁粘度稳定。采用平板式 CA（醋酸纤维素）膜过滤器，截留相对分子质量为 10 000，温度 20℃，压力 0.3 MPa（表压），加酶果汁过滤速度约为 15.5 L/(m^2·h)。蛋白酶回收率达 90%，果汁澄清、稳定。超滤液的成分为：总糖 7.1%，还原糖 5.1%，pH 值 4.5，维生素 C 97 mg/100 g。杀菌温度 100℃，时间 20 min。其工艺流程为：

鲜果→后熟→去皮→加果胶酶及 SO_2→捣碎→静置→离心（或压榨）→ 浓缩液 → 干燥 → 蛋白酶
　　　　　　　　　　　　　　　　　　　　　 → 超滤液 → 加糖调配 → 杀菌 → 清汁

4. 反渗透法浓缩猕猴桃汁

中华猕猴桃是中国特有的山区野生果实，富含维生素 C 180~450 mg/100g，还含有类胡萝卜素、维生素 P、多种氨基酸、果胶、粗纤维以及钙、镁、钾、钠、碘、铬、锌等多种无机元素，营养丰富，味道好，有防癌、抗癌、降血压、治疗糖尿病和防治便秘等作用。

采用 HC_{50} 膜、RD LAB-Unit 20~0.72 m^2 反渗透设备过滤，过滤压力 $2.0\times10^{-4}\sim3.7\times10^{-4}$ Pa。当浓度变化为 11~14°Bx 时，平均透水速率为 62.6 mL/(m^2·min)；当果汁浓度变化为 14~20°Bx 时，平均透水速率为 52.5 mL/(m^2·min)。猕猴桃汁浓缩后温度 30℃，pH 值为 3.5，色泽和风味良好，果汁清澈透明，味道鲜美。

5. 反渗透浓缩番茄浆

番茄经预处理打浆、去皮、去核后，固形物含量为 5% 左右，用螺旋式反渗透装置进行浓缩，采用聚酰胺合成膜，压力 $4\times10^{-4}\sim6\times10^{-4}$ Pa。不含果胶时过滤速度为 36 L/(m^2·h)；含 0.1% 果胶时过滤速度为 28 L/(m^2·h)。温度 30℃ 时对果胶截留率为 90%；45℃ 时对果胶截留率为 80%。从质量分数为 1% 料液中除去水分的能耗为 5.2 kW·h/m^3，约为蒸发浓缩法的 1/10。果胶易使膜堵塞，浓缩汁易出现浑浊现象，可加入适量的果胶酶，以提高透过速度。设备每隔 3 天用 0.1% Clarex L 液浸 12 h，洗去果胶，用 0.55% 甲醛杀菌，再用 30℃ 水在 2 MPa 的压力下清洗 30 min。

6. 脱醇

利用反渗透法可降低溶液中醇的含量，适用于降低酒特别是啤酒中醇的含量。由于反渗透是在加压下进行，二氧化碳不会逸失，可保持啤酒原有的风味。利用醋酸纤维素膜可使啤酒中醇的含量由 3%~5% 降到 0.1% 以下，酒中醇含量降低到 1% 左右时，可保持原有的风味。采用聚砜膜也可以提高酒中醇的含量。

7. 超滤澄清

大连化学物理研究所用膜面积为 20 m^2 平板过滤装置对发酵醋、酱油、啤酒、白酒、矿泉水、饮料水过滤,效果较好。产品醋呈紫红色,透明度好,存放1年无沉积物。产品酱油呈紫红色,透明度好,保持原色、香、味,杂菌＜10个/mL。白酒透明度好,30℃的过滤液在温度高于11℃时无析出物;20℃的过滤液在0℃时无析出物;12℃的过滤液在-10℃时无析出物。啤酒透明度好,放置3个月以上无沉淀物。矿泉水透明度好,无沉积物,杂菌≤10个/mL,操作压力为0.2 MPa,膜材料为聚砜、聚砜酰胺、聚芳醚砜、偏氟等。

8. 中草药提取液的制备

传统的中成药剂多采用煎、煮、蒸发、浓缩等工艺,能耗大,产品质量较差,成本较高。采用超滤技术可获得质量较高的中草药提取液。采用截留相对分子质量为10 000以上的聚丙烯腈膜 PAN 和聚砜膜 PS,对杜仲水煎液进行超滤,在压力为0.7 MPa、液体膜面速度为0.3 m/s 的条件下,管式膜组件的渗透率达60 L/($m^2 \cdot h$),获得的渗透液中大部分的蛋白质、果胶、淀粉等也被除去,可省去用酒沉淀杂质的操作和冷冻沉淀工艺,大大简化了提取工艺流程,可得到纯净的中草药提取液。

9. 速溶茶的制取

传统速溶茶生产是将茶汁真空浓缩后喷雾干燥而成。其缺点为能耗大,有效成分损失大,香味损失极大,杂质多,溶解性能差,泡出的茶液泡沫多、透明度差、带苦涩味等。采用膜分离技术,在常温下纯化和浓缩茶汁,不但能耗低,而且产品色、香、味、溶解性能均较好,泡出的茶液清亮透明,可用中、低档茶叶生产出优质速溶茶。

生产速溶茶时应注意的问题:应采用超滤法除去茶汁中的灰分、杂蛋白,改善产品口感,采用外压式 PS 中空超滤组件,截留相对分子质量为20 000,组件水通量为0.5 m^3/h,压力0.2 MPa,温度25℃。进液水浸出物含量1.8%~2%,控制回流比1:20~25。回收率为90%时,超滤茶汁的水浸出物含量下降至0.1%~0.15%。采用卷式 CA-CTA 反渗透组件,初始脱盐率≥92%,产水量220 L/h,压力3 MPa,温度25℃,控制进口压力2.8 MPa,出口温度≤35℃,回流比1:8~15,浓缩倍数10~12,浓缩液浸出物含量18%~20%,透过液无色透明,水浸出物含量为0%。当透水量降至原透水量的1/2~1/3时,膜经水清洗,透水量可恢复到原来水平。浓缩茶汁经升华干燥或喷雾干燥即得到速溶茶。中档茶叶得率达4~5:1,茶末为8~10:1,具有良好的经济效益。

10. 茶汁有效成分的提取

茶叶中含茶多酚,具有抗脂质氧化、抗癌、抗突变、抗辐射、防动脉粥样硬化等功效。茶汁冷提处理过程中果胶和茶多酚的溶出较低。为了便于超滤,可用10%乙醇水溶液热提,但造成茶汁含乙醇,风味不良,固短时间热提较好,不影响风味。超滤时压力选用0.2 MPa。为了提高茶汁的透过速度,在茶汁中加入0.01%左右的果胶酶,在50℃下保温4 h,然后用截留相对分子质量40 000~50 000的聚砜膜进行超滤,约有12%的茶多酚被膜截留,而咖啡碱不为膜所截留。采用三醋酸纤维反渗透膜对茶汁进行过滤和浓缩,茶多酚的平均截留率约为87%,比用蒸馏法的得率高18%。膜分离过程中,对超滤透过液进行水解处理,能释放出大量的香气,这对茶叶饮料的增香是有利的,这说明了茶叶香气配糖体大都能透过超滤膜。

11. 酒和酒精饮料的精制

用超滤法能除去酒及酒精饮料中引起沉淀、浑浊的物质,如酵母菌、朵菌及胶体等,使酒澄清并获得良好的保存性。超滤法能缩短酒的陈酿周期,改善酒的风味,使酒清香延绵。可用此种方法处理的酒有葡萄酒、威士忌、果子酒、烧酒、清酒、黄酒等,省去了传统的硅藻土或纸板过滤设备。用于酒类的超滤膜,应对醇具有稳定性,选择适当的孔径使酒的有效成分能通过,而有害成分被截留。日本用的膜其截留相对分子质量范围为10 000~50 000,所用膜材料有聚砜(PM-10)、醋酸纤维素(HFA-180、HFA-300)、高分子电解质复合膜(G-10T、UM-10、UM-20)。用聚砜外压管式超滤膜处理红酒、黄酒等低度酒,均获得质量优良的酒。

12. 酱油脱色

利用超滤设备可以对酱油等调味液进行脱色,制造白酱油。采用 Amicon 公司截留相对分子质量为 500、1 000、20 000 的超滤膜进行脱色处理,脱色的酱油对热和氧的稳定性较好,减少了酱油中 Fe^{2+}、Mn^{2+}、Zn^{2+} 等的含量。此法的关键在于解决浓缩液的利用问题。

13. 果汁浓缩

超滤法主要用于果汁的澄清过滤;反渗透法主要用于果汁的浓缩。采用真空浓缩,果汁容易氧化变质。果汁浓缩的目的,是提高其稳定性,减少果汁容积,便于运输,同时除去不良的气味及酸,改善其风味。但是用反渗透法通常只能浓缩到 2~4 倍,而传统方法可浓缩到 4~6 倍。但若采用二级浓缩,第一级先用对糖截留率高的膜浓缩至 2~3 倍,第二级再用对糖截留率低的膜,让一部分溶质透过以减小渗透压,最终可以浓缩到 4~5 倍,但成本较高。一般果汁浓缩限度为 25~30 °Bx。果汁浓缩多用醋酸纤维素膜,这种膜对醇和有机酸的截留率比较低,随着浓缩的进行,会有脱酸效果,增大了糖酸比。同时由于一部分醇的失去,会增加芳香感与清凉感。与蒸发法相比,膜法浓缩的果汁品质较好,特别是能保留果汁中的芳香成分,而蒸发法芳香成分几乎全部散失,速冻法只能保留 8%,而膜法可保留 30%~60%,且脂溶性部分比水溶性部分保留得更多。因此,浓缩果汁再生后与鲜汁相比无多大差别。由于果汁如苹果汁中含有 0.01%~0.15% 的果胶,因而果汁难以澄清,用超滤膜可以完全除去果胶和单宁,因而超滤可用于澄清过滤。由于超滤的除菌作用,因此用超滤法澄清果汁的同时,可除去果汁中的细菌。

14. 卵蛋白浓缩

卵蛋白用于糕点和面包中制造发泡剂,用膜分离技术可除去其中的小分子物质,使蛋白质浓缩至 2~3 倍,蛋白质能 100% 截留。这种浓缩蛋白特性与新鲜卵蛋白相同,采用超滤浓缩卵蛋白比反渗透法有利,可以防止褐变和蛋白质变性。在超滤时,由于糖和盐类的透过,渗透压不会明显增加,因此能耗较低。

采用 Amicon 公司的薄层流道过滤装置(TC-1 型),用 PM-30 超滤膜,在 0.272 MPa 压力下对卵蛋白进行浓缩。产品含蛋白质 37%,葡萄糖 0.5%,Na^+ 0.23%,K^+ 0.20%,PO_4^{3-} 0.30 mg/mL,Ca^{2+} 0.097 mg/mL。和 pH 值为 9 的生卵蛋白成分相比,蛋白质增加了 3 倍,其他成分的增加不超过 50%。对日处理卵蛋白 11 t 的工厂进行估算,当固形物成分浓缩至 25% 时,其成本仅相当于喷雾干燥法的 21.68%,相当冻结干燥法的 2.94%~13.7%。用 DDS-60 平板式超滤组件对卵蛋白进行浓缩时,可浓缩至 4.5 倍,固形物成分达 70%。

利用此法还可从动物血中分离出血清,然后用膜法分离出血清中的白蛋白、球蛋白等。

十、膜反应器

膜分离技术可以把酶反应产生的低分子物质同酶分离，使酶反复利用。膜反应器有多种形式：搅拌式平板膜反应器、管式膜反应器、中空纤维反应器、复合膜(半透膜和酶凝胶层结合)反应器、微囊化酶等等。平板膜反应器要求对酶有高的分离率。为了使基质完全分离，通常用混合酶和提高原料纯度来加以解决。

Wang 等人研究用于 Clostridium histolyticium 的细胞外蛋白质分解酶的膜反应器如图 5-40。

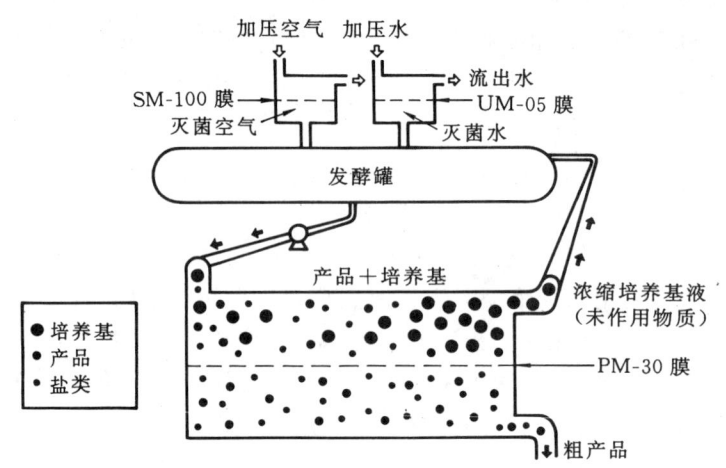

图 5-40 膜反应器

在间歇式发酵槽中，得到的细胞密度是一定的，为 4 g/L。当采用膜反应器后，由于不断供给新的培养基以及反应器中的产品不断被取出，细胞密度会连续增加，可增加到 12 g/L。

Wang 还对 α-淀粉酶和葡萄糖淀粉酶在截留相对分子质量为 10 000 的平板膜反应器中进行了连续糖化实验。结果表明，在操作初期酶活有所下降，但 20~30 h 后趋向一定，因此用膜反应器连续糖化的同时，反复使用酶是可行的。

Closset 等人在管式膜反应器中用 β-淀粉酶进行了支链淀粉转化为麦芽糖的试验，膜的截留相对分子质量为 18 000，β-淀粉酶的相对分子质量为 197 000，膜对酶的截留率为 100%，这与凝胶层形成的二次膜的作用有关。图 5-41 是用乳糖分解酶分解干酪乳清中的乳糖，然后用超滤法分离、分解产物单糖，并回收乳糖分解酶的工艺流程。它是将干酪乳清用超滤法回收蛋白质后，将透过液送入反应器，用酶将乳糖水解为单糖，约需 22 h，然后将 1 500 L 水解液通过超滤器浓缩至 70 L，在超滤器中酶被截留，分解的单糖透过膜。然后用 150 L 水对超滤装置进行清洗，并将附着的酶进行回收，这样反复进行 3 次。清洗后的液体通过杀菌过滤器被送入反应器，然后再在反应器中加入新的乳清超滤透过液 1 000 L，进行重复的反应。反应器和超滤器是分开的。

日本永井教授将乙醇发酵用菌体用中空纤维组件进行十字流过滤，发酵槽维持高菌体浓度，醇的生产效率比间歇式发酵约提高了 20 倍，如图 5-42 所示。

连续搅拌式膜反应器从结构和操作方式上分为固定搅拌池式、循环流式膜反应器和管

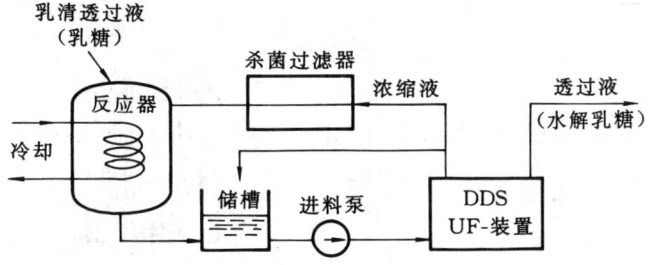

图 5-41 乳清透过液酶处理时酶的回收流程

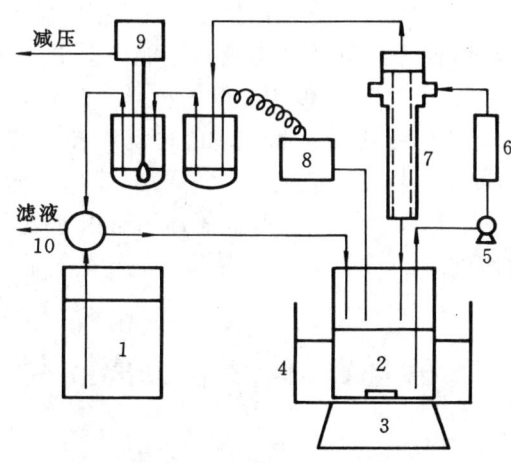

图 5-42 菌体循环系统

1—培养基储槽；2—发酵槽；3—搅拌器；4—恒温槽；5—循环泵；6—流量计；
7—十字流过滤器；8—pH值控制装置；9—减压调节装置；10—泵

式、杯式中空纤维膜反应器，如图 5-43、图 5-44、图 5-45 和图 5-46 所示。

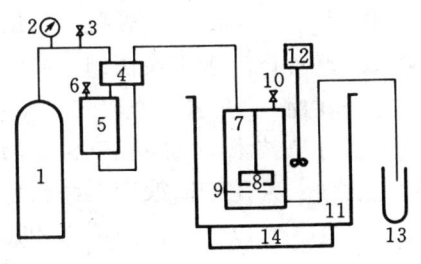

图 5-43 固定搅拌式膜反应器示意图

1—气源；2—压力计；3—气阀；4—三通阀；5—基物
贮罐；6—放气安全阀；7—反应池；8—磁力搅拌子；
9—膜；10—安全阀；11—恒温水浴；12—水浴搅拌器；
13—产物收集器；14—恒温加热器

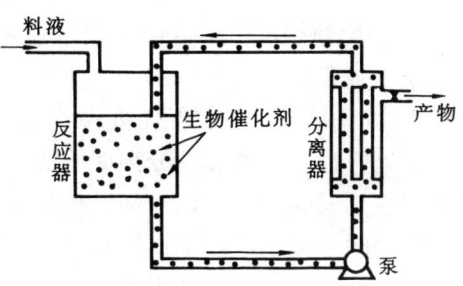

图 5-44 循环流式膜反应器

103

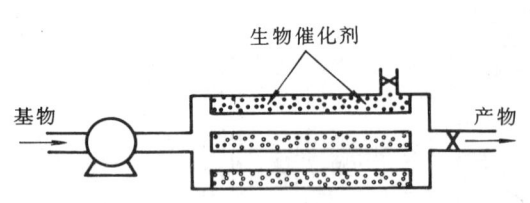
图 5-45 管式中空纤维膜反应器示意图
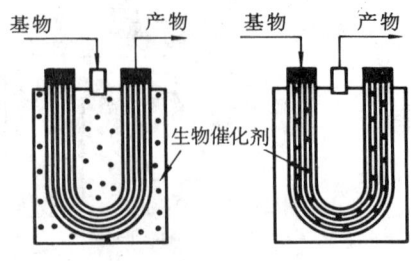
图 5-46 杯式中空纤维膜反应器示意图

循环流式膜反应器的优点为：适应性强，可以控制流速，减少浓差极化现象，产生的小分子产物可以连续除去，可以控制稳态操作，生产能力大。

如果将几种反应器串联使用，则生产率及生产能力会更大。生物催化剂可放在中空纤维外侧，也可以放在中空纤维内侧，都可获得体积小、传质表面积大、容易清洗的反应器。用于酶反应的膜反应器有酰基转移酶的 HFER 反应器，其他成功的例子还有醇脱氢酶、β-半乳糖苷酶、葡萄糖异构酶、麦芽糖水解酶的膜反应器和用蛋白酶水解苜蓿蛋白质的 DESC 反应器以及纤维素酶水解纤维素、葡萄糖苷酶水解纤维 β-二糖、富马酸酶或天冬酶水解富马酸、水解淀粉的 β-淀粉酶、葡萄糖淀粉酶等膜反应器。

第七节 电渗析分离技术

电渗析属于离子交换膜分离技术。我国电渗析技术的发展是从 1957 年开始，经过 40 多年对离子交换膜的研究，成功地研制了电渗析苦咸水淡化器。上海化工厂大量生产聚乙烯异相离子交换膜。北京市政工程研究所建立了电渗析淡化水站，淡水产量在 100 m^3/d 以上。1981 年国家海洋局第二海洋研究所在西沙群岛建立电渗析淡化站，淡水产量 200 m^3/d。1982 年河南商丘西站淡化站投产，淡水产量 2 400 m^3/d。至 1984 年，我国已生产电渗析器 4 000 台左右，离子交换膜全年生产量超过 250 000 m^2，膜的使用寿命可达 5~10 年。其主要应用领域有：工业锅炉用水、蒸汽机车用水、饮用水、电站用水、化工生产用水、制药用水、保温瓶生产用水、化验室分析用水。电渗析离子交换法制造高纯水可降低制水成本 70% 以上。在食品工业中它主要用于啤酒、白酒、汽水、冰棍的水质除盐、降低硬度，牛乳除盐，味精母液分离回收等。我国电渗析分离技术上的特点有：聚丙烯薄隔板的框和网连接成一体，使用方便，梳状布水槽加工方便，采用定时改变电渗析极性的方法，预防和消除水垢，采用不锈钢材料，设备的寿命可在 5 年以上。但与国外相比，还存在差距，如自动化水平低，加工水平有待提高，只有聚乙烯异相膜 1 种膜，限制了电渗析的应用。

一、电渗析的基本原理

电渗析技术的分离原理是利用离子交换膜的选择性，在直流电场的作用下，以电位差为推动力，将电解液中各组分分离，如图 5-47。

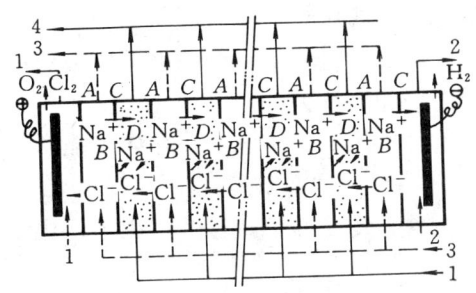

图 5-47 电渗析原理示意图
A—阴膜；C—阳膜；⊕—阳极；⊖—阴极；B—淡室；D—浓室；
1—阳极水进出；2—阴极水进出；3—淡化水进出；4—浓缩水进出

电渗析器的两端为通直流电的正极和负极。中间为相互交替排列的阴膜和阳膜，两膜之间形成一个隔室。阴膜(A)与阳膜(C)之间的隔室(B)为进料室或淡水室，阳膜与阴膜之间的隔室(D)为浓缩室。当料液由泵送入 B 室后，由于膜的选择透过性，在电场的作用下，正离子 Na^+ 便透过阳膜(C)进入 D 室。由于阴膜的排斥作用，故正离子 Na^+ 不能从 B 室向左进入 D 室，也不能再从 D 室向左或向右进入 B 室。同样 B 室的负离子 Cl^- 也只能透过阴膜(A)向左进入 D 室。由于 B 室的正、负离子都分别向右或向左进入 D 室，B 室的离子被分离，得到的是淡水，而 D 室则浓集了正、负离子，得到浓缩液。

在电渗析分离过程中，离子的迁移，或称为反离子的迁移是主要过程，但亦伴随着一些次要过程。分离过程中的主要和次要作用如图 5-48，分述如下：

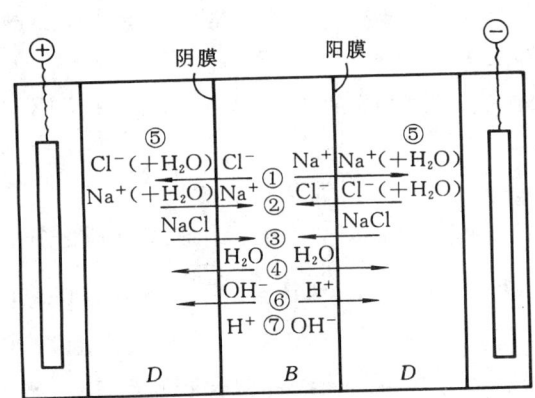

图 5-48 电渗过程的主要作用及次要作用
D—浓缩室；B—脱盐室

(1) 反离子的迁移作用 所谓反离子是与膜中的固定离子带相反电荷的离子。在电场的作用下，反离子的迁移(即阴离子透过阴膜的迁移及阳离子透过阳膜的迁移)是电渗析的主要过程。

(2) 同名离子的迁移作用 同名离子是指与膜的固定离子带有相同电荷的离子。在一般情况下，由于离子交换膜的同号电荷的相斥作用，同名离子是不会透过同名离子交换膜而发生迁移的。但当浓缩室的浓度很高时，由于浓度差的推动，就会发生同名离子的迁移现象：即阴离子会闯过阳膜，而阳离子也会闯过阴膜。

(3) 电解质的浓差扩散 在浓度差的推动下，电解质会由浓缩室向脱盐室扩散，并且这种扩散会随着浓缩室的浓度增加而增大。

(4) 水的渗透 在渗透压的作用下，溶剂(水)会向浓缩室渗透，并随着浓度和温度的升高而增大。

(5) 水的电渗透 在同名离子及反离子迁移的过程中，由于离子的水合作用，会携带一定量的水分子迁移。

(6) 水的分解 在电渗析过程中，水会分解为 H^+ 和 OH^-，并且传导电流，导致溶液 pH 值的改变，这也是造成水向浓缩室迁移的原因之一。水的分解是由于电流密度与水流搅拌等不相适应而引起的。

(7) 压差渗漏 当膜两侧存在压力差时，溶液就会从压力大的一边向压力小的一边渗漏。

在电渗析过程中，反离子迁移是主要过程。因此，如何发挥主要过程的作用，限制非主要过程的作用，是提高电渗析效率的关键。这和膜的选择、电渗析其他元件的选择、控制电流密度、强化水流搅拌作用等因素有关。

二、电渗析用离子交换膜

(一) 离子交换膜的分类

离子交换膜可分为阳离子交换膜、阴离子交换膜、特殊离子交换膜和无机离子交换膜等。

(1) 阳离子交换膜 主要有强酸膜、中等酸度膜和弱酸膜 3 种。强酸膜的交换基团为磺酸基($R—SO_3^- H^+$)；中等酸度膜的交换基团为磷酸型($R—OPO_3H_2$)、膦酸型($—PO_3H_2$)和亚膦酸型($R—PO_2^- H^+$)；弱酸膜的交换基团有羧酸型($R—COO^- H^+$)、酚基型($R—O^- H^+$)等。

此外尚有强酸、弱酸基团混合膜，如苯酚磺酸膜。

(2) 阴离子交换膜 主要有强碱型、中碱型和弱碱型膜之分。强碱膜的交换基团为季胺基[$—N(CH_3)_3OH$]、吡啶季胺基($R—CH_2—C_6H_4—N^+Cl$)和脂肪族季胺基；中等碱膜有叔胺基($—NR_2$)$(CH_2)_3$；弱碱膜有仲胺基($—NHR$)和混合胺膜。

(3) 特殊离子交换膜 包括特定离子选择膜，抗极化、抗污染膜，两性膜等。

特定离子选择膜如螯合膜含有可与某些金属离子生成螯合结构的基团，对特定离子有选择性。此外，尚有用于海水浓缩制盐的专用离子交换膜。

两性膜是同一膜中既有阳离子交换基团，又有阴离子交换基团，对阴、阳离子同时具有选择性，可减少或消除极化现象。

(4) 无机离子交换膜 无机离子交换膜具有耐高温、抗氧化、抗化学腐蚀、抗有机物污染等性能，形态稳定性特别好。主要有 Al^{3+}、Cr^{3+}、Fe^{3+} 和 Sn^{4+} 等不溶性含水氧化物，磷酸锆等不溶性多元酸以及硅酸盐类等。

离子交换膜按结构分有异相膜、均相膜和半均相膜。异相膜是将离子交换树脂粉末用粘合剂粘结滚压成膜,交换基团在膜上的分布是不均匀的,其电化学性能较差。均相离子交换膜中交换基团的分布是均匀的,一般采用涂布法、流涎法、吸浸法和浸胶法生产。属于均相膜常用的有苯乙烯-二乙烯基苯共聚膜、酚醛缩聚膜、聚乙烯醇膜等,每类膜均有阴、阳离子交换膜。半均相膜采用离子交换基团的高分子单体与粘合剂一起溶于同一溶剂中流涎制膜,性能介乎于异相膜与均相膜之间。

此外尚有氯醇橡胶膜、聚砜膜、聚苯醚磺酸阳膜、氯化聚醚叔胺阴膜、聚三氟苯乙烯膜、全氟磺酸膜、全氟羧酸膜等各种新型的离子交换阴、阳膜。

(二) 离子交换膜的选择性透过原理

根据 Donnan 的膜理论认为,带固定基团和解离离子的膜,具有透过外界溶液中某一离子而排斥另一种离子的能力。如图 5-49 可以说明。

半透膜将容器分隔为 I 室和 II 室。在 I 室内为刚果红溶液——刚果红钠盐,是一种弱解离的大分子染料,其固定基团带负电荷(A^-),通过静电引力与一个带正电荷,能够扩散的 Na^+ 离子相结合。Na^+ 可以透过膜而扩散迁移;固定离子(A^-)则不能透过膜迁移。在 II 室中的 Na^+ 和 Cl^- 离子则可以透过膜向 I 室迁移。开始时两侧浓度不等,以后会逐渐达到平衡。设 $[Na^+]_1$、$[Na^+]_2$、$[Cl^-]_1$ 和 $[Cl^-]_2$ 分别为 I 室、II 室的离子浓度,根据质量作用定律:

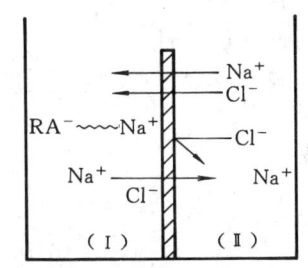

图 5-49 Na^+ 与 Cl^- 选择透过示意图

$RA\sim\sim Na^+$——刚果红钠盐;I 室——刚果红溶液;II 室——NaCl 溶液

$$[Na^+]_1[Cl^-]_1 = [Na^+]_2[Cl^-]_2$$

又按电中性原则,在 II 室内,Na^+ 离子与 Cl^- 离子浓度应该相等,故有 $[Na^+]_2 = [Cl^-]_2$。而在 I 室内,由于电解质的进入以及固定离子(A^-)的存在,则有:

$$[Na^+]_1 = [Cl^-]_1 + [A^-]_1$$

因此 $\quad [Na^+]_1 > [Cl^-]_1$

由于 $\quad [Na^+]_2 = [Cl^-]_2$

上式两边乘 $[Cl^-]_2$,则

$$[Na^+]_2[Cl^-]_2 = [Cl^-]_2^2$$

故 $\quad [Na^+]_1[Cl^-]_1 = [Cl^-]_2^2$

因为 $\quad [Na^+]_1 > [Cl^-]_1$

所以 $\quad [Cl^-]_1 < [Cl^-]_2$

上式说明 I 室的 Cl^- 离子浓度小于 II 室的 Cl^- 离子浓度。换句话说,由于固定离子 $[A^-]$ 的存在,对 II 室的同电荷离子(或称同名离子)产生了排斥作用。如果固定离子是固定在膜上,则这些膜上的固定离子就会对同名离子产生排斥作用,而对反离子则产生选择性透过作用。

如果在上述试验中,将 NaCl 溶液改为 KCl 溶液,用热力学活度代替实际浓度,则有

$$[K^+][Cl^-]f_\pm^2 = a_\pm^2$$

式中：[K$^+$]、[Cl$^-$]——分别表示平衡时膜内 K$^+$、Cl$^-$ 离子的浓度；
   $f_\pm$——平衡时膜内 K$^+$、Cl$^-$ 离子的平均活度系数；
   $a_\pm$——平衡时 KCl 溶液中平均离子活度。

设[A$^-$]为阳膜中固定离子浓度，根据电中性原则，则有

$$[K^+] = [Cl^-] + [A^-]$$

实际上可能出现有两种情况：

(1) 当阳膜中固定离子浓度[A$^-$]很大，则进入膜的 Cl$^-$ 离子浓度[Cl$^-$]很小，就是说 Cl$^-$ 离子在阳膜中的电输数(或迁移数)接近零，K$^+$ 离子在阳膜中的迁移数就很大。这就是说，阳膜对 K$^+$ 离子具有较高的选择性。

(2) 当膜平衡时，KCl 溶液的平均离子活度 $a_\pm$ 很高，即膜外 Cl$^-$ 离子浓度很高时，即使阳膜中固定离子浓度[A$^-$]很高，也不能阻止 Cl$^-$ 离子闯入阳膜内，从而降低了对阳离子的选择透过性。

膜对反离子的选择透过度可用下式表示

$$P = \frac{\overline{t_g} - t_g}{\overline{t_g^0} - t_g} = \frac{\overline{t_g} - t_g}{1 - t_g} \tag{5-28}$$

式中：P——阳膜(阴膜)对阳离子(阴离子)的选择透过度；
   $\overline{t_g}$——反离子在膜中的迁移数；
   t_g——无膜时反离子在溶液中的迁移数；
   $\overline{t_g^0}$——反离子在理想膜中的迁移数。

其中

$$\overline{t_g} = \frac{E_m + E_m^0}{2E_m^0}$$

式中：E_m——阳膜(或阴膜)电位的实际测量值，mV；
   E_m^0——膜在指定溶液中理想膜的膜电位值，mV。

（三）离子交换膜的主要性能指标

包括交换容量、含水率、溶胀度、厚度、机械强度、膜电导、膜电位等，工业用膜其交换容量一般为 $4.5 \times 10^{-3} \sim 5 \times 10^{-3}$ mol/g。

三、影响电渗析操作的因素

1. 膜的极化

膜的极化是指在离子交换膜表面发生水离解的现象。接通直流电后，离子发生定向迁移，离子在膜中的迁移速度比在溶液中快，使界面的离子浓度远低于主体溶液浓度，于是在界面的水分子离解：$H_2O \rightarrow H^+ + OH^-$，界面依靠 H^+ 和 OH^- 来传导电流，这种现象称为膜的极化。

极化的不良后果是使膜(界面)电阻增大；浓差膜电位升高，使电压-电流曲线变陡；引起 pH 值变化，稀室阴膜侧 pH 值下降，浓室阴膜侧 pH 值升高，易引起 Ca^{2+}、Mg^{2+} 等的氢氧化物沉淀，发生结垢，导致分离效率下降。

缓和或避免极化的措施有：

(1) 采用抗极化膜 在阴膜或阳膜中加入阳离子交换树脂或阴离子交换树脂形成抗极

化阴膜或抗极化阳膜。由于在膜中加入反离子交换树脂，从而引起了浓室中同名离子透过膜作反向移动，因而扰乱了脱盐室中膜表面水分子的离解作用，实际上提高了膜的抗极化作用，但膜的选择性降低了。

(2) 提高极限电流密度　可采用中性膜或两性膜，提高膜外电解质浓度，提高操作温度，加强搅动和改进隔板的捕网可以缓和极化。

2. 膜的污染与中毒

膜的污染物有多种，污染后会造成极化后果。如海水淡化阴膜受污染后，其选择性透过度会从 98% 下降至 30%。

防止膜被污染和中毒的措施有：对原水进行预处理，以去除污染物。采用抗污染膜，抗污染膜包括大孔阴膜、表面改性膜、脂肪族阴膜、咪唑叔胺阳膜、两性膜和中性膜等。

四、电渗析器

海水淡化的电渗析器由膜堆、极区、夹紧装置组成，其结构示意如图 5-50。极区包括了电极和极水隔板。阳极区和阴极区分别位于膜堆的两侧。电极与直流电源接通。极水板起传导电流，排除废气、废水的作用。膜堆由浓水隔板、阴膜、淡水隔板、阳膜交错排列而成。其上分别开有交错的孔眼，形成向浓水室和淡水室的内管道，浓水室只与浓水管相通，淡水室只与淡水管相通，互不相混。各组件用螺杆式或油压式压紧装置压紧。

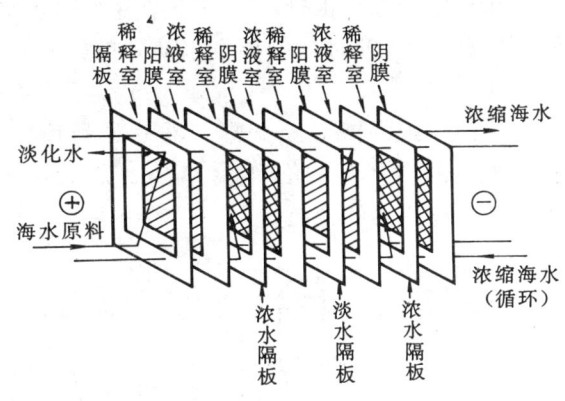

图 5-50　电渗析器结构示意图

五、电渗析分离技术的应用

在脱盐和纯化方面的应用有：海水淡化，牛奶、乳清脱盐，氨基酸脱盐，酱油脱盐，高纯水制取、蛋白质精制、糖类脱盐，液晶脱盐，柠檬酸纯化，海藻提碘，放射性废液处理等等。

在浓缩或分离方面的应用有：海水浓缩制盐、纸浆黑液处理、酸的回收、同位素的分离、同价离子分离、电镀废液回收等等。

1. 盐水脱盐

一般将水的含盐量从 3 000 mg/L 左右经脱盐处理降至 100～500 mg/L，成为饮用水，以电渗析法较为合适。其优点为建设和运转费用低，水的回收率高，便于自动操作；缺点是膜易损坏、易结垢和易受污染。当含盐浓度增至 3 700 mg/L 以上时，则采用反渗透法较为经济。盐的浓度与脱盐方法的比较选择如图 5-51 所示。

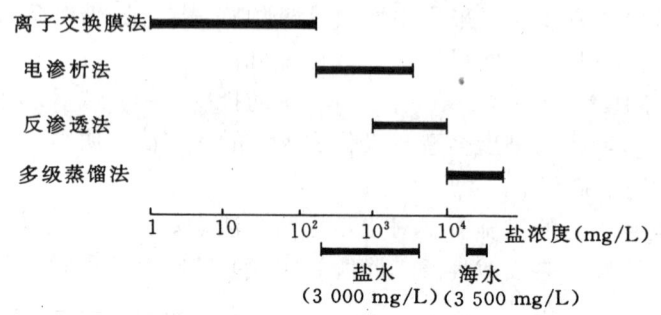

图 5-51　盐浓度与脱盐法比较图

盐水脱盐流程的特点为：多级电渗析器串联，原水经两级过滤后，大部分作为脱盐循环水，小部分作为浓缩水槽及阴极循环水槽的补充用水。泵将第一循环水槽的水送至第一级电渗析器，脱盐后回至第一循环水槽，其中大部分通过溢流管流至第二循环水槽，其余部分与新补充的原水混合再送至第一级电渗析器。如此经过多级电渗析器脱盐后的脱盐水由生产水泵送去净水槽。与此同时，浓水系统的原水，由浓水泵将它送至各级电渗析器中的浓水室循环。浓水中一部分作为阳极水排放，并不断补充原水使浓水保持一定的浓缩范围。阴极水和配水柜用酸性水($pH=2$)进行循环，小部分排放。

2. 电渗析法制盐

其工艺流程如图 5-52。海水经砂滤等预处理，然后送到热交换器预热，再经二次槽精密过滤送入电渗析器，浓缩的食盐水浓度可达 18%，之后送入真空蒸发罐再次浓缩，再送入结晶罐结晶，经离心分离后得到结晶盐。

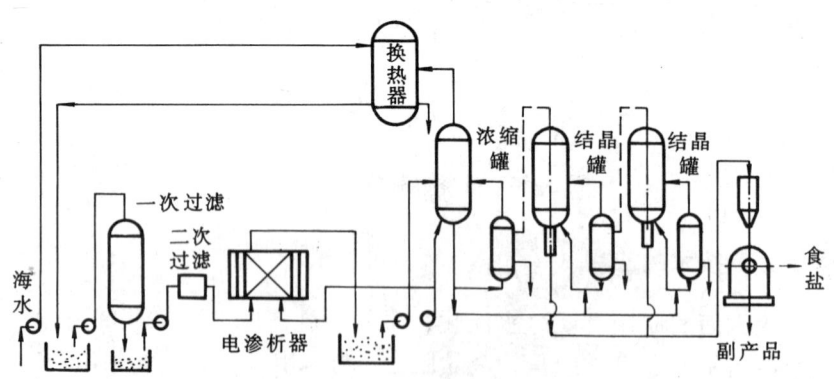

图 5-52　电渗析法制盐工艺流程示意图

3. 牛乳脱盐

母乳含无机盐 0.20% ~ 0.25%。牛乳含无机盐 0.6%，对婴儿的肾脏不大适合，采用电渗析法可除去牛乳中的 Na^+、K^+、Ca^{2+}、Mg^{2+}、SO_4^{2-}、柠檬酸根和磷酸根等，使无机盐的含量降低。用于牛乳脱盐的电渗析器应易于清洗和消毒。由于牛乳容易变质，故采用分批循环方式，以便在短时间内完成脱盐过程。

4．乳清蛋白脱盐

乳清蛋白是制造奶酪的副产品，含乳清蛋白约0.7%，乳清内尚含5%灰分，利用电渗析法处理，除去灰分，再经超滤处理可得浓缩乳清蛋白液。在电渗析分离乳清蛋白过程中，会出现钙盐和蛋白质在阴极沉积的问题，预防措施为：阴膜采用中性膜，电流密度采用 30 mA/cm^2，在30℃以下温度操作，提高浓缩室的压力。

5．氨基酸的分离与精制

目前氨基酸的生产方法有：①天然蛋白质水解法、②化学合成法、③发酵法。在方法①中会有多种氨基酸同时存在。在方法②中同一氨基酸会有不同的构型，即左旋型(L型)和消旋型(DL型)同时存在，需要采用拆分方法将DL型拆分以得到L型。在方法③中则会有很多金属离子、无机物以及其他杂质，需要精制。利用电渗析法，可以解决上述问题。当某种氨基酸处于等电点pI时，溶液呈电中性，溶解度最小。在电渗析过程中，中性氨基酸会留在中性室（淡水室），而其他非中性氨基酸、金属离子和无机离子等则会被浓缩，这样可将电中性的氨基酸分离、精制。

6．葡萄糖的分离与精制

采用电渗析处理，可简化工艺流程并能除去其他杂质成分。其工艺流程为：

淀粉→酸水解→中和→电渗析处理(pH值3.5~4)→脱色树脂处理→阴、阳离子交换树脂脱盐→活性炭脱色→蒸发浓缩→结晶→分离→干燥

7．柠檬酸的分离

在分离菌丝体后的发酵液中，含有柠檬酸、金属离子、无机离子、糖类等物质，采用电渗析法分离柠檬酸工艺比较简单，省去了中和、柠檬酸钙沉淀、酸解、硫酸钙沉淀工序，其工艺流程为：

发酵液→过滤除菌体→电渗析→脱色树脂→阴离子交换树脂→柠檬酸液→蒸发浓缩→结晶→分离→干燥→成品

8．其他应用

(1) 电渗析技术应用于啤酒酿造用水、饮料用水的水质处理，可降低水的硬度，去除某些金属离子和有机物等。

(2) 电渗析技术应用于某些酒类和葡萄汁中的酒石酸盐的去除，防止这些盐类在静置时结晶析出而影响品质。

(3) 电渗析技术应用于含盐蛋白质的脱盐，可使蛋白质得以分离、提纯。

(4) 电渗析技术应用于含甲状腺球蛋白、肌红蛋白和血红蛋白的混合蛋白质溶液的分离。3种蛋白质混合液 pH = 6.8，电渗析分离时，甲状腺球蛋白带负电荷，故向阳极移动，透过阴膜进入装有 pH = 5.0 的缓冲液的阳极室并流出，甲状腺球蛋白的等电点为 pI = 5.0。肌红蛋白在 pH = 6.8 时带正电荷，在电场作用下透过阳膜进入装有 pH = 7.0 的缓冲液的阴极室并流出，肌红蛋白的等电点为 pI = 7.0。而血红蛋白的等电点为 pI = 6.8，在中间室流出，不向阳极或阴极移动。此法耗电量大，缓冲溶液使用量大。

第八节 液膜分离技术

一、概述

液膜分离技术广泛应用于石油化工、原子能、湿法冶金、污水处理、生化工程、医药、医学等领域,是继萃取法后的第二代分离技术,在各个领域将发挥越来越重要的作用。

1968 年美国黎念之(N N Li)博士发明了液膜分离技术,并取得了 20 多项专利。自 1975 年以来,液膜分离技术有了较大发展。美国埃克森研究公司进行了湿法冶炼,铜的回收率达 95%。英国以 300 L/h 的处理速度进行铀的回收试验,铀的回收率达 90%。奥地利马尔(Marr)等人,处理粘胶丝含锌废水,使锌的含量降至 $3\times10^{-6}\sim5\times10^{-6}$。美国人 Bend 用硫酸浸铀矿石,得到低浓度的铀。用乳状液膜法从黄柏皮中提取黄连素,提取的盐酸黄连素的含量达到 99%。

(一) 液膜的分类

液膜就是液体的薄膜。如肥皂泡的外层就是肥皂水的液膜。油与水混合经高速搅拌、乳化后,乳化液滴均由一层油膜包裹,这层油膜就是液膜。固体浸于液体中,表面被湿润,形成一层液体的薄膜,就是液膜。

液膜分液滴型、隔膜型和乳化型 3 种。

(1) 液滴型液膜　整个液膜为一个较大的单一的球面薄层,液滴直径较大,因而不稳定,易破裂,寿命短,基本无实用价值。

(2) 隔膜型液膜　主要是以多孔聚合物薄膜作为固体支撑物,然后浸润液膜流体,使之在固体表面形成液膜。

(3) 乳化液膜　主要是由液膜剂与互相不溶的溶液混合后,高速搅拌,形成乳化液。乳化液滴外层即为乳化型液膜。按照液膜的亲水性和疏水性的不同,乳化型液膜可分为油包水型和水包油型,前者为疏水性液膜,后者为亲水性液膜。

(二) 液膜的组成

液膜的组成包括膜溶剂、表面活性剂、活性载体等。

(1) 膜溶剂　是液膜的主要成分,是液膜分离中起主要作用的物质。在选择膜溶剂时,应考虑以下几点:①膜溶剂与内外相溶剂不能混溶,否则就不能形成乳化液滴,也就无从形成液膜;②膜溶剂对待分离的溶质要有优先溶解或优先选择渗透作用,对其他溶质则要有较小的溶解度;③膜溶剂应能溶解活性载体;④膜溶剂不应造成对食品的污染和对大分子生物活性的破坏。

(2) 表面活性剂　是液膜的主要成分,它既促进了成膜作用的乳化过程,控制液膜的稳定性,又能控制选择性渗透作用。选择表面活性剂时,要考虑到它能溶于膜相溶剂,而在内外相溶剂的溶解度要小,并且应有助于提高待分离溶质对液膜的渗透能力。

表面活性剂有阴离子型、阳离子型和非离子型等。应根据待分离物质的性质来选择。

阴离子型表面活性剂有:①羧酸类:脂肪酸、松香酸、支链烷酸等;②硫酸酯类:乙酸硫酸酯、烯烃硫酸等；③烷基苯磺酸类：烷基苯磺酸盐、烷基萘磺酸盐等；④磷酸酯类：烷基磷酸酯、二烷基磷酸酯等。

阳离子型表面活性剂主要是各种胺盐，如十八(烷基)胺、十二(烷基)胺等。

非离子型表面活性剂有：烷基酚的聚乙烯醚衍生物、烷基硫醇、醇类等。醇类包括了山梨醇、季戊四醇等。山梨醇是较好的表面活性剂。

(3) 活性载体　在有载体的液膜分离中，活动载体的选择性很重要，选择的载体应能加速传质过程，又要减少载体的损失。载体的作用可使指定的溶质或离子进行选择性迁移，实际上是某种萃取剂。

(三) 液膜分离操作过程

图 5-53 为液膜法处理废水流程，整个过程包括 4 部分：

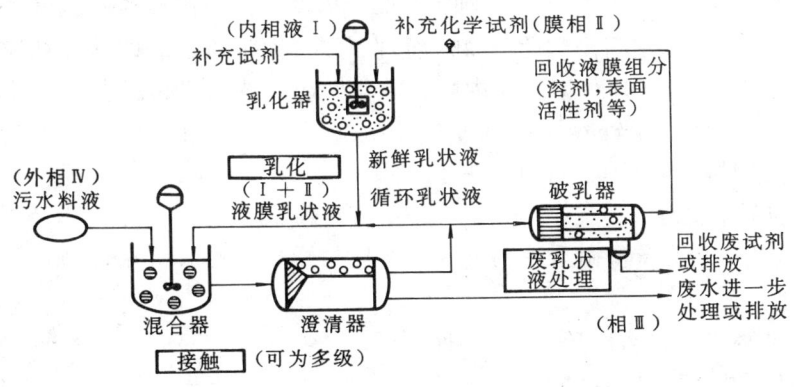

图 5-53　液膜法处理废水流程示意图

(1) 液膜制备(制乳)　将内相试剂与膜相组分放入乳化器中快速搅拌，形成油包水型或水包油型乳化液。

(2) 液膜渗透　将内相与膜相(相Ⅰ与相Ⅱ)形成的乳化液，放入被处理的水中，进行搅拌，形成水/油/水(W/O/W)型或油/水/油(O/W/O)型液体体系，在化学位差的推动下，外相优先向内相渗透，并在内相中富集，从而使外相的溶质分离。

(3) 澄清分离　经液膜渗透分离后的混合液送入澄清器，使外相液与乳化液分离。澄清部分即为外相净化液体。

(4) 破乳　从澄清器出来的乳化液，经破乳将膜相组分与内相液分离，膜相组分可循环使用，回收内相液作为试剂使用或焚烧处理。

(四) 液膜分离技术的特点

(1) 分离速度较快。由于液膜很薄，只有 $1 \sim 10\ \mu m$，乳化液液滴小，直径只有 $0.001 \sim 0.1\ mm$，故液膜表面积大，分离速度快。

(2) 液膜分离有较高的选择性，即使处理浓度较低的溶液也有较好的效果。

(3) 分离设备简单，操作费用低。分离动力为本身的化学位差，乳化和破乳仅需少量能量。

二、液膜分离机理

液膜分离包括无载体与有载体两类。

(一) 无载体液膜分离机理

主要有选择性渗透、选择性渗透与化学反应相结合、膜相萃取、界面选择性吸附等。

1. 选择性渗透机理

设内相溶液有溶质 A 和溶质 B，液膜组分对 A 有选择渗透作用，而对 B 则没有。这样溶质 A 便从内相中分离，迁移到外相。主要原理是 A 比 B 在液膜中有更大的扩散系数，或 A 在液膜中有更大的溶解度，或者是两者兼而有之。烃类混合物分离就是应用这一机理。

2. 选择性渗透与化学反应相结合机理

外相溶液中某组分，渗透入膜中或透过膜进入内相，与膜中(或内相)试剂起反应，使膜中(或内相)该组分的浓度趋于零，增加了浓度梯度，因而渗透速率也得到提高。分离萃取酚就是利用选择性渗透与内相化学反应机理，以油及油溶性表面活性剂失水山梨糖醇油酸单酯作为膜相，以 NaOH 水溶液为内相，乳化后通入被处理的污水中。外相污水中的苯酚能部分溶于油，于是比较容易地从外相透过油膜进入内相，并与内相中的 NaOH 起反应，生成非渗透性的苯酚钠，从而除去了污水中的苯酚。

3. 萃取与吸附机理

一般认为是液膜在分离过程中有萃取和吸附性质，能把有机化合物萃取到膜中，或吸附在膜表面上。

(二) 有载体液膜分离机理

分逆向迁移和同向迁移两种。

1. 逆向迁移机理

逆向迁移过程如图 5-54 所示。

迁移过程为：①在界面Ⅰ上，载体 C 与待分离的溶质 A 反应，同时释放出供能溶质 B；②生成的络合物 C_A 向Ⅱ侧扩散；③在界面Ⅱ上，供能溶质 B 与络合物 C_A 反应，释放出 A；④载体 C 与溶质 B 组成的络合物 C_B 从膜Ⅱ侧向Ⅰ侧扩散；⑤未经络合的溶质 A 在膜中的溶解度很低，不可能作反向扩散，结果是溶质 A 从外相向内相逆着浓度差迁移，而溶质 B 则顺着浓度梯度，从内相向外相迁移。

2. 同向迁移机理

同向迁移机理如图 5-55。

其迁移过程为：①载体 C 与待浓集的溶质 A、供能溶质 B 反应，生成载体络合物 C_{AB}；②载体络合物在膜中由外侧Ⅰ向内侧Ⅱ扩散；③载体络合物中 B 在其低浓侧释放，引起 A 在其高浓度侧释放；④释放 B 和 A 后，载体 C 在液膜中从Ⅱ侧向Ⅰ侧扩散。

结果为溶质 B 在浓度梯度作用下，顺着浓度梯度由高浓度向低浓度方向迁移，导致溶质 A 逆着本身的浓度梯度由低浓度向高浓度侧迁移。

三、液膜分离过程的选择与设计

液膜分离的关键是选择一种对待分离组分有较大溶解度和扩散速率的液膜材料，包括膜溶剂与合适的表面活性剂。

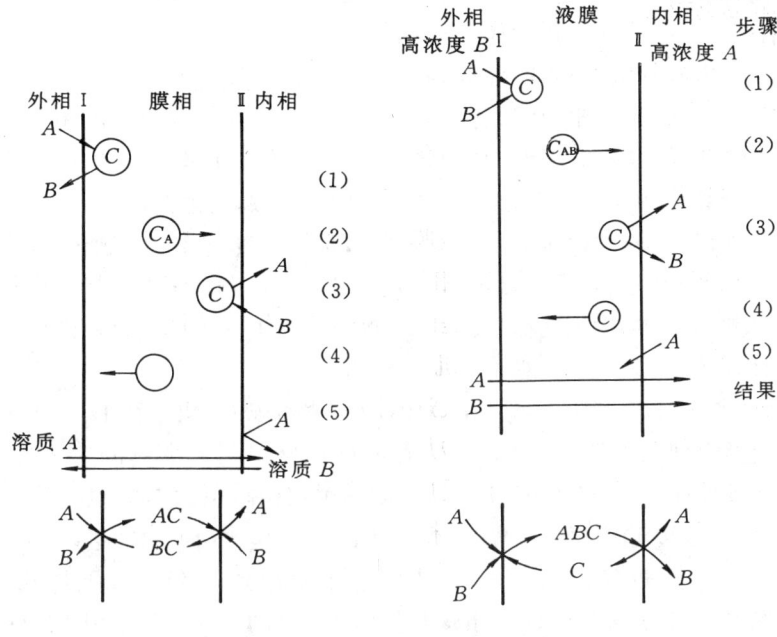

图 5-54 逆向迁移机理示意图　　图 5-55 同向迁移机理示意图

液膜分离的反应过程是在接受相(多为内相)加入一种试剂,使它与渗透组分起反应,生成不能逆向渗透的产物,从而最大限度地降低接受相中渗透组分的浓度,有效地促进渗透效率的提高。如处理含酚污水时,在内相加入碱溶液,生成苯酚钠,使苯酚得以分离。

（一）液膜分离过程载体的选择

在膜分离过程中,要求待分离的溶质必须比任何其他溶质更快地透过液膜,溶质的传质速率要快,扩散系数 D、分配系数 K 要大,即 DK 乘积要大。简单的选择性渗透过程,是选择一种优先溶解待分离组分而不溶解其他组分的膜溶剂。例如甲苯与正庚烷的分离,膜相为甘油的水溶液加皂甙表面活性剂,由于甲苯在膜相的优先溶解而较容易与正庚烷分离。但在分离化学性质相似的离子或化合物时,则应在膜相中加入活动载体。活动载体分子首先在液膜的一侧与溶质生成络合物,然后络合物扩散,透过液膜而到达另一侧,并把溶质释放,之后活动载体再返回。由于活动载体增加了溶质在膜相的有效溶解度,因而大大提高了溶质的传质速率。

1. 选择活动载体的原则

活动载体和它所形成的络合物必须易溶于膜相,而不溶于内相和外相,以减少载体的损失。活动载体的络合物形成作用要适中,要能将溶质释放。载体对待分离溶质要具有优先选择性,传质速率要大。

2. 活动载体的特性

(1) 离子型活动载体　带负电荷的活动载体用于阳离子之间的交换特别有效。应用莫能菌素和胆烷酸作为活动载体时,其羧酸基团带负电荷,能使碱金属阳离子与氢离子交换,形成络合物。莫能菌素具有迁移的选择性,而胆烷酸则没有这种选择性。对阴离子间的交换原则上采用阳离子型载体。

(2) 非离子型载体　这类载体有胺类和大环聚醚类。大环聚醚是含有许多醚键的大分子环状结构,用包裹阳离子的形式进行选择性络合。大环聚醚类化合物的种类已超过500种,几乎每种离子都可以找到相应的选择性聚醚。

(二) 液膜分离与汽提相结合流程

这种流程称为萃提,即为液膜渗透、萃取与空气(或蒸汽)汽提相结合。常用于分离在溶液中易汽化的组分或溶于溶液中的气体组分。例如在许多工业生产过程中,污水中常有氨(NH_3)与硫化氢(H_2S)同时存在,同时在水中会生成硫化铵溶液。过去采用汽提法来分离此溶液,实际上 H_2S 是弱酸,NH_3 是弱碱,常有一部分中和的盐存在,增加了汽提的困难。无论是 pH 值升高或降低以及改变其他条件,H_2S 与 NH_3 均难于分离。

如果把液膜分离技术与汽提相结合,就能使 NH_3 从外相往内相渗透迁移,因而使外相的 H_2S 得到富集,再用汽提法将 H_2S 汽提分离。

用此法分离时液膜采用油膜。这种油膜对未离解的 NH_3 和 H_2S 都是较好的溶剂,而对离子的渗透性较低。当膜的两侧存在着浓度梯度时,未离解的 H_2S 和 NH_3 都从外相透过液膜进入内相。内相为离解度较高的强酸硫酸(H_2SO_4),它与 NH_3 反应生成硫酸铵,从而使内相 NH_3 的浓度趋于零,增加了膜两侧的浓度差,使 NH_3 不断地从外相进入内相。与此同时,H_2S 也透过膜进入内相,很快内外相达到平衡。结果外相 H_2S 的浓度高于 NH_3,再用汽提法将外相中的 H_2S 分离。分离 NH_3 与 H_2S 的过程如图 5-56。

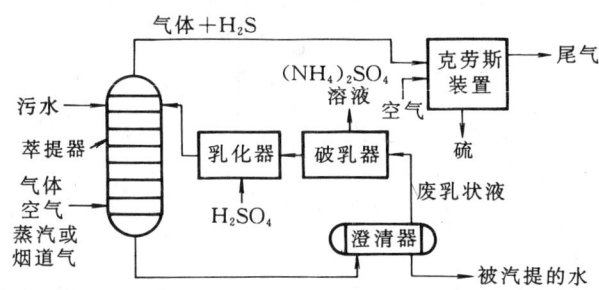

图 5-56 液膜分离与汽提过程相结合流程

含 NH_3 和 H_2S 的污水和乳状液从萃提器的塔顶进入。乳状液是悬浮的油包水型(O/W)。其内相为含 20% H_2SO_4 的溶液,由空气(或蒸汽或烟道气)组成的汽提气体从塔底供入,形成逆流向。带有 H_2S 的汽提气体从塔顶出来,然后进入克劳斯装置回收硫。从塔底出来的为净化污水和乳状液,其中乳状液内相富集了 $(NH_4)_2SO_4$。净化污水和乳状液进入澄清器分离,乳状液经破乳后回收膜液,硫酸铵 $(NH_4)_2SO_4$ 可作为肥料。

(三) 液膜气体分离过程

此过程是将混合气体与液膜材料混合搅拌,形成泡沫。这些泡沫是被液膜包裹的小气泡。由于液膜的选择性渗透作用,使待分离的气体组分被优先溶解,渗透在液膜中,然后用汽提方法将富集在液膜中的气体组分带走,从而得到分离。

四、液膜分离技术的应用

(一) 液膜包封细胞或酶

采用液膜体系将微生物细胞或酶包封起来,同样能起到固定化细胞和固定化酶的作用。其优点为省去了大分子载体技术,因大分子载体会降低辅酶的作用。细胞或酶能保持较长时间的生命活动或生物活性。液膜能保证细胞或酶不受有毒物质的侵袭,如包封的细胞可不受氯化汞的影响,能适应较宽的 pH 值范围。

(二) 污水处理

用液膜分离技术进行污水处理可以除去酚、醋酸、柠檬酸、铜、汞、铵、银、铬、硫化物、硝酸根、磷酸根、氰酸根等。

用液膜分离技术处理污水的优点为:分离效果较好。配制具有较大溶解度的液膜体系,使分离渗透物有较高的迁移速率,分离渗透物与内相试剂形成新的化合物,不会逆向透过液膜而渗透出来。

1. 弱酸、弱碱的去除

弱酸(或弱碱)以未离解的形式溶于油膜液,透过液膜扩散到内相与内相中的强碱试剂(或强酸试剂)中和,形成不溶于油膜的离子型盐,在内相富集。

液膜的组成为失水山梨糖醇油酸单酯 0.7%、煤油 99.3%,此外另加 2% 的膜稳定剂聚胺衍生物。内相组成为 1%~1.5% NaOH 水溶液。液相与内相质量比为 1:1。在 1 200 r/min 下搅拌 15 min 形成乳状液,乳状液滴直径为 10^{-2}~10^{-3} mm。将乳状液与含酚污水在混合器中混合搅拌,搅拌器转速为 100~200 r/min,搅拌 5~20 min 即可完成液膜渗透过程,再进行澄清破乳。含酚 200 mg/L 的污水经处理后,苯酚可降至 15~25 mg/L。如果采用多级处理,则污水含酚量可降至 0.25~2.5 mg/L。

采用"碱性"乳状液可以去除硫化氢、氢氰酸、醋酸以及其他有机酸等酸性物质;采用"酸性"乳状液可以去除碱性物质,如氨及胺类。

2. 从污水中去除或回收金属

(1) 从污水中提取铜 用 2-羟基-5-仲辛基二苯甲酮肟为活动载体,采用有活动载体逆向迁移的液膜分离过程,铜离子从外相透过液膜进入膜相,即与活动载体发生反应:

$$Cu^{2+} + 2RH \rightarrow CuR_2 + 2H^+$$

活动载体与 Cu^{2+} 反应释放出 H^+,络合物 CuR_2 透过液膜到达膜内侧,与内相强酸接触,载体释放出 Cu^{2+} 而与 H^+ 反应。

$$CuR_2 + 2H^+ \rightarrow Cu^{2+} + 2RH$$

经处理后的污水中铜离子的含量从 100~300 mg/L 下降至 3~10 mg/L,而内相铜离子的富集可达到 2 000~20 000 mg/L。

该反应的膜相组成:载体为 2-羟基-5-仲辛基二苯甲酮肟,溶剂为 Napoleum 470 氯化溶剂,表面活性剂为山梨醇月季酸单酯或山梨醇油酸单酯,稳定剂为司本 20、司本 80。内相为 H_2SO_4 溶液,pH 值 1.5~7。

(2) 从水溶液中除去金属离子 可用硫化物沉淀法和氢氧化物沉淀法,就是在内相维持过量的硫离子或氢氧根离子,将向内相渗透的金属离子沉淀分离。但一般水中允许存在的硫离子只有几百万分之一,不能维持过量,通常是在内相中引入 Na_2S 溶液,便能在内相中产生高浓度硫离子。为了防止 Na_2S 逆向渗透,加入 NaOH 溶液,当金属离子渗透入内相时,与硫离子生成硫化物沉淀。

在 pH 值较高的介质中使用氢氧化物,OH^- 离子浓度很高,能使 Fe^{3+}、Mn^{2+}、Cr^{3+} 等金属氢氧化物沉淀完全。

第六章 絮凝分离技术

第一节 概 述

利用絮凝作用把溶液中的微小胶体、颗粒及悬浮物除去并分离的技术，称为絮凝分离技术。絮凝作用是指胶体和悬浮物颗粒在絮凝剂的作用下，桥连成为粗大絮凝体的过程。絮凝首先是从凝聚开始，凝聚是指胶体及悬浮物颗粒表面电荷被中和，静电排斥力消失，颗粒脱稳而形成细小的凝聚体的过程。絮凝作用的过程首先包含着凝聚的作用，因此现在多数人都认为絮凝作用的机理是凝聚和絮凝两种作用的结果。可以认为凝聚作用是颗粒由小到大的量变过程，而絮凝作用是若干个凝聚作用的结果，当颗粒聚集到一定程度（颗粒粒径大约为 10^{-2} cm）时，便会从溶液中沉降而分离出来。

絮凝分离技术的应用主要是除杂，即去除溶液中不需要的组分。尤其是在水的净化方面应用得最多，如饮用水、工业用水以及石油工业废水、造纸工业废水、采矿工业废水、化学工业废水、食品工业废水、纺织印染工业废水等的处理。制糖工业中应用絮凝分离技术进行各类糖浆、混合汁、泥汁以及甜水、废水的澄清脱色处理。过去以河水作为直接饮用水时，在雨季河水相当浑浊，虽经较长时间的静置仍无法澄清，往水中添加明矾后，水中便很快出现絮状物，水慢慢地变得澄清。此种方法的应用已有相当长的历史。类似的技术在自来水工业中一直被采用。

第二节 絮凝作用机理

一、胶体和悬浮物的性质

利用絮凝作用进行分离的对象为溶液中的胶体粒子或悬浮物颗粒。这些颗粒的大小不同于真溶液中的溶质分子，真溶液中溶质的颗粒小于 1×10^{-7} cm，在溶液中呈溶解状态，很稳定，能通过滤纸，扩散很快，能渗析。胶体颗粒的粒径在 $1\times10^{-7}\sim1\times10^{-4}$ cm 之间，能通过滤纸，扩散极慢，不能渗析，在水中呈胶体状态，较稳定，不易沉淀。悬浮物颗粒的粒径为 $1\times10^{-4}\sim1\times10^{-2}$ cm，不能通过滤纸，不扩散，不能渗析，在水中不稳定，短时间内不沉淀，但长时间静置会有沉淀出现。颗粒大小的分类如表6-1。

胶体和悬浮物的第二个特点是由于布朗运动，使颗粒间互相碰撞，在同样条件下，较小的颗粒运动速度较快，碰撞机会多，因此会导致小颗粒集结成大颗粒，最后产生絮凝沉淀。颗粒大小与运动速度的关系如表6-2所示。

温度提高，可使胶体产生絮凝沉淀，原因就在于温度提高时，颗粒的能量增加，运动加快，颗粒间碰撞的机会更多。

表 6-1 体系按颗粒大小的分类

体系	cm	nm	Å
溶质	1×10^{-7}	1	10
胶体	$1\times10^{-7}\sim1\times10^{-4}$	$1\sim1\times10^{3}$	$1\times10\sim1\times10^{4}$
悬浮物	$1\times10^{-4}\sim1\times10^{-2}$	$1\times10^{3}\sim1\times10^{5}$	$1\times10^{4}\sim1\times10^{6}$
沉淀物	1×10^{-2}	1×10^{5}	1×10^{6}

表 6-2 颗粒大小与运动速度的关系

颗粒直径(cm)	1×10^{-7}	1×10^{-6}	1×10^{-5}	1×10^{-4}	1×10^{-3}
运动速度(cm/s)	890	296	8.90	0.296	0.008 90

胶体和悬浮物颗粒的第三个特点是颗粒表面都带有电荷，这是胶体和悬浮物颗粒在溶液中得以稳定的主要因素之一，颗粒表面所带电荷的数量对絮凝作用有极大的影响。颗粒表面电荷的形成有 4 个原因：

(1) 电离作用　当蛋白质等两性电解质在水中离解时，产生—COO^- 和—NH_4^+，腐殖酸离解时产生—COO^- 和 H^+，使分子表面带上电荷。这些官能团的电离程度和产生电荷的数量取决于溶液体系的 pH 值。

(2) 离子的离解　由离子键结合而成的化合物，在遇到水时，有些阳离子与阴离子便会离解于水中，当阳离子和阴离子的离解数量不等时，颗粒表面的电荷失去平衡，一部分离子进入水溶液中，而另一部分留在颗粒表面而使颗粒带上电荷。

(3) 离子吸附　由于颗粒表面自由能的作用，产生化学吸附和物理吸附现象，导致对阳离子和阴离子的吸附不平衡，可使颗粒表面带上电荷。由于阳离子容易发生水合作用，水合离子半径大，电荷弱，所以阴离子比阳离子更容易被吸附，因此一般的胶体颗粒表面带负电荷。

(4) 晶格取代　颗粒晶体中离子的被取代，也能使颗粒表面带上电荷。当低价阳离子取代晶格中高价阳离子时，晶体就产生过剩的负电荷，因此带上负电。

胶体颗粒的结构如图 6-1 所示，胶体由胶核、吸附层、扩散层构成，胶体表面吸附着阴、阳离子，所以胶核外为双电层结构。

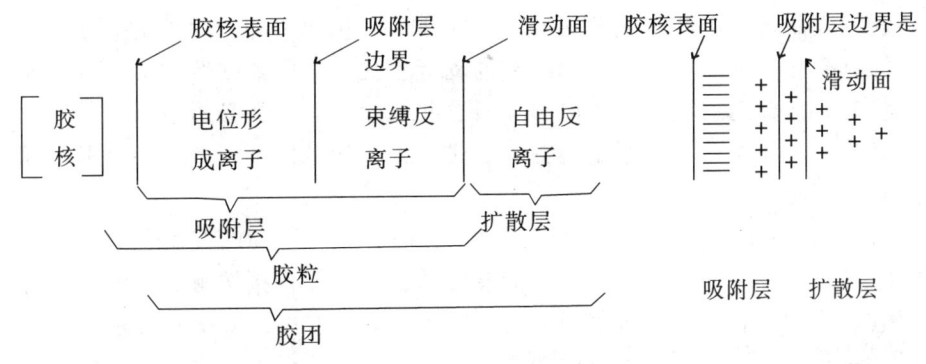

图 6-1 胶体结构剖面示意图

胶体结构的特点是胶体颗粒表面上带阴、阳两个离子层。解释胶体结构的理论有多个，如平行板双电层理论、扩散双电层理论、斯特恩理论、格雷厄姆模型等，在此不作更深的讨论。从胶体颗粒切面到溶液之间的电位叫ζ电位。ζ电位表示胶团扩散层的厚度和电荷密度的性质。扩散层很厚时，则电位高，颗粒之间不能互相接近，也不能结合，保持着较稳定的状态。因此ζ电位能够反映出胶体颗粒的稳定性。在絮凝化学中，ζ电位是非常重要的参数。

胶体和悬浮物表面带有电荷，因此同种颗粒互相排斥，不易集结絮凝。所带电荷越多，排斥力越大，颗粒也就越稳定。当向胶体溶液中加入电解质时，电解质可中和颗粒表面上的电荷，胶体颗粒之间消除了同种电荷的排斥力，颗粒便易于结合在一起而集结，最后沉淀下来。

根据静电理论，可以推导出ζ电位

$$\zeta = \frac{4\pi\sigma\delta}{D} \tag{6-1}$$

式中：δ——扩散层厚度；
σ——颗粒的电荷密度；
D——水的介电常数。

在电场作用下，带电荷的颗粒向相反电极方向移动的现象称为电泳，颗粒电泳速度 v 与ζ电位之间有如下关系：

$$\zeta = \frac{4\pi\eta v}{D} \tag{6-2}$$

式中：η——水的动力粘滞系数。

ζ的单位为 mV，通过测定颗粒在电场中的电泳速度，便可求出ζ电位。

二、絮凝作用机理

解释絮凝化学原理的一种比较完善的理论是 DLVO 理论，它是由 Derjaguin、Landau、Vervey 以及 Overbeek 4 人提出的胶体稳定理论。其基本点是以胶体颗粒间的吸引能和排斥能的相互作用来解释胶体的稳定性和产生絮凝沉淀的原理。根据这个理论，絮凝的作用机理可概括为如下几个方面。

（一）颗粒凝集

胶体颗粒表面带有电荷，电荷相同时互相排斥，排斥力和排斥能的大小与颗粒间的距离和所带的电荷数有关。当颗粒布朗运动的动能不足以克服这些斥力时，颗粒不能聚合而保持稳定状态。当布朗运动的动能能够克服这些排斥力时，颗粒可以互相接近，一旦接近到某一程度，就会使颗粒间的范德华力大于排斥力，颗粒便会聚合，出现脱稳状态，此种脱稳状态有 3 种情况：

（1）当胶体颗粒的水化膜具有特殊的粘滞力时，颗粒之间的范德华力不足以把颗粒间的夹层水化膜完全排斥出去，颗粒虽然能够集结，但不能直接接触，此种现象称为凝聚。

加入电解质时，能中和颗粒表面电荷，减小扩散层厚度，降低排斥能，颗粒在布朗运动作用下，使原来以排斥力与吸引力的合力为主变成以吸引力为主，从而出现凝聚。

（2）当颗粒的水化膜粘滞力较弱时，颗粒间的范德华力大到足以把颗粒之间的水夹层排挤出去，颗粒之间可以直接接触，这样的集结过程称为凝结。

(3) 颗粒的凝聚和凝结都是胶体脱稳并形成细小的凝聚体的过程，这些细小的凝聚体在絮凝剂的进一步作用(如桥连作用)下，可生成较大体积的絮凝体，从水中分离出来，这种现象称为絮凝过程。

(二) 双电层的压缩和电荷的中和作用

DLVO 理论指出，胶体结构中的双电层变薄时，能够降低排斥能(ζ电位)，当 ζ 电位降低到相当小时，颗粒就能够因互相吸引而产生疏松的絮凝体。电解质可以中和颗粒表面的电荷而压缩胶体中的双电层。但双电层的压缩不能大量地减少胶体颗粒表面的电荷，因此产生的疏松的絮凝体容易在物理因素的作用下重新分散。

胶体的电荷中和作用是指由于胶体颗粒表面对带相反电荷的异电吸附而中和了胶粒的部分电荷，使胶体的 ζ 电位降低到足以克服斥力障碍而产生絮凝沉淀过程。产生电荷中和的原因是加入的化学试剂(如絮凝剂)被吸附在胶体颗粒上，使胶体表面电荷中和，胶体颗粒表面上原来的电荷不但可以被降低到零，而且还可能带上相反的电荷。由于电荷的中和作用是吸附作用引起的，因此还会导致胶体颗粒与水之间界面的改变，从而引起物理化学性质的改变。图 6-2 可说明因电荷的中和作用导致胶体颗粒脱稳而絮凝的机理。

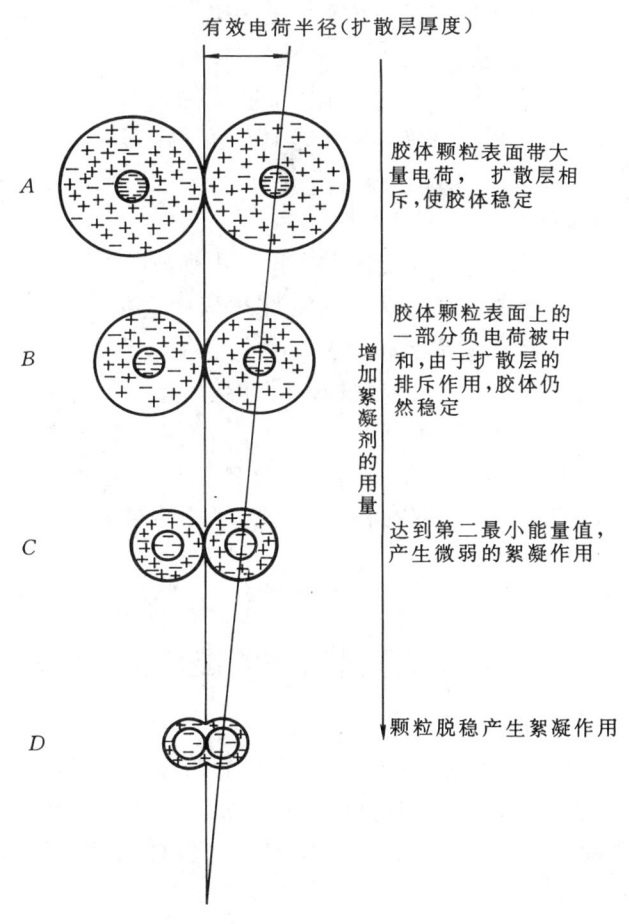

图 6-2 中和电荷降低 ζ 电位和扩散层有效厚度达到脱稳及絮凝作用示意图

因电荷的中和作用而分离和除去水中的胶体和悬浮物颗粒，其效果最佳，也适合于气体分离、过滤分离以及澄清分离。但使用不同类型、不同相对分子质量的有机高分子絮凝剂进行絮凝处理时，有不同的效果。一般是使用过量的表面活性剂和低相对分子质量的有机高分子絮凝剂，可以很快地消除电荷的中和作用；使用相对分子质量为 50 000～200 000 的有机高分子絮凝剂时，可产生细小疏松的絮凝体；使用相对分子质量为 2 000 000 的阳离子有机高分子絮凝剂时，不但絮凝作用完全，并且能形成粗大的絮凝体。

（三）桥连作用

凝絮过程中的桥连是指溶液中胶体和悬浮物颗粒通过有机或无机高分子絮凝剂吸附，形成桥架式空间结构的絮凝体而沉淀下来的现象。有时候也可能是两个同性电荷的胶体颗粒与一个带异电性的小颗粒连结在一起。

把具有线型结构的高分子絮凝剂加入到胶体溶液时，絮凝剂中的某些基团借助于范德华力、氢键、配位键等作用，被吸附在胶体颗粒表面，吸附的结构形态有环式、尾式和列车式，见图 6-3，其中环式、尾式都能够与颗粒形成桥连现象。桥的数量越多，絮凝作用就越好。桥连的类型有两种，一种是通过电荷的中和而桥连，这种类型发生在带负电的胶体颗粒与带正电的阳离子高分子絮凝剂之间，这类阳离子高分子絮凝剂通常是聚丙烯酰胺的共聚物。第二种桥连类型是带正电的胶体颗粒与带负电荷的有机高分子絮凝剂（如聚丙烯酸钠）之间的桥连。

（四）沉淀物网捕机理

当用金属盐、金属氧化物和氢氧化物一起作絮凝剂时，会形成金属氢氧化物或金属碳酸盐沉淀，沉淀过程中会把水中的胶粒网捕。有时胶体颗粒会成为沉淀物的核心。因

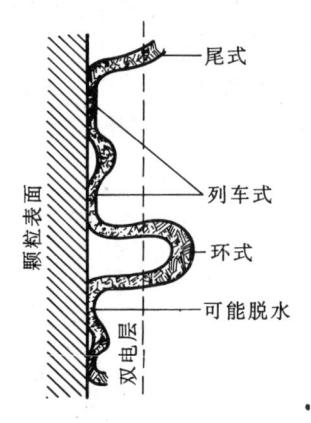

图 6-3　絮凝剂在胶体颗粒表面上的吸附方式

此，当溶液中胶粒越多，即去除物浓度越大时，金属絮凝剂的用量会减少。例如在水溶液中，铝盐或铁盐无机絮凝剂发生水解形成水合金属氧化物高分子，其聚合度取决于水溶液的 pH 值和温度。这些高分子具有三维空间的立体结构，适合于胶体颗粒的捕获，随着高分子化合物平均体积的收缩，沉淀物和悬浮物像多孔的网子一样，从水中将胶体和悬浮物颗粒清扫下来，形成絮状沉淀。

第三节　絮 凝 值

向胶体溶液中加入电解质时，在加入量极少的情况下，不会有絮状物质沉淀，继续加入电解质达到一定值时，才会有絮状沉淀出现。使胶体溶液产生絮状沉淀所需的最小电解质浓度，就叫做絮凝值，也叫聚沉值。很明显，当胶体溶液中的电解质浓度小于絮凝值时，胶体不会产生絮凝沉淀，只有等于或大于絮凝值时，才能产生絮凝沉淀。

电解质絮凝值可根据杰略金和郎台公式算出：

$$F_C = \frac{CD^3(kT)^5}{A^2 e^6 z^6} \tag{6-3}$$

式中：F_C——絮凝值；

C——常数(依不同的电解质而定)；

D——水的介电常数；

k——玻耳兹曼常数；

T——绝对温度；

A——范德华常数；

e——元电荷；

z——絮凝剂的化合价。

由(6-3)式中可知，絮凝值与絮凝剂化合价的六次方成反比，设一混合絮凝剂中有3种成分，+1价絮凝剂的絮凝值为 F_{C_1}，+2价絮凝剂的絮凝值为 F_{C_2}，+3价絮凝剂的絮凝值为 F_{C_3}，则应有：

$$F_{C_1} : F_{C_2} : F_{C_3} = \frac{1}{1^6} : \frac{1}{2^6} : \frac{1}{3^6} = 1 : 0.015\,6 : 0.001\,37$$

这个结果与实际测得的絮凝值是一致的，例如实验测得 $NaCl$、$CaCl_2$、$AlCl_3$ 对三硫化二砷胶体的絮凝结果如表6-3所示。

表6-3 $NaCl$、$CaCl_2$、$AlCl_3$ 对三硫化二砷胶体的絮凝结果

化合物	絮凝剂化合价	絮凝值	絮凝比值	理论比值
$NaCl$	+1	51	1	1
$CaCl_2$	+2	0.65	0.012 7	0.015 6
$AlCl_3$	+3	0.093	0.001 82	0.001 37

上述结果表明，与胶体所带电荷相反的离子或絮凝剂的化合价对絮凝值的影响非常大，正因为如此，絮凝剂一般都是化合价高的化合物。

化合价相同的絮凝剂对三硫化二砷胶体的絮凝值差别，阳离子为：

$Li^+ > Na^+ > K^+ > NH_4^+ > Rb^+ > Cs^+ > H^+$

而阴离子为：

$CNS^- > I^- > Br^- > Cl^- > BrO_3^- > H_2PO_4^- > F^-$

溶液中离子与水结合成水合离子，水合离子的大小对絮凝值有直接影响。一般地说，水合离子半径小者，其絮凝值亦小；水合离子半径大者，其絮凝值亦大。这是因为水合离子半径小的离子，在溶液中布朗运动的频率大，颗粒间以及颗粒与水合离子之间相互碰撞的机会多，因此絮凝作用大，絮凝值就相对较小。

上述结论并不适用于有机高分子，因为有机高分子离子对胶体和悬浮物颗粒的絮凝作用机理除了电荷中和作用外，还有桥连作用。

第四节 絮凝剂的种类和性质

絮凝剂的分类基本上有两种方法，第一种首先按有机和无机分类，然后按其相对分子质量的大小、官能团的性质以及官能团离解后所带电荷的性质，将其进一步分为高分子、低分子、阳离子型、阴离子型和非离子型絮凝剂等，见图6-4。另一种分类法是首先按相对分子质量的大小分成高分子和低分子絮凝剂，然后再按其他性质进一步分类。

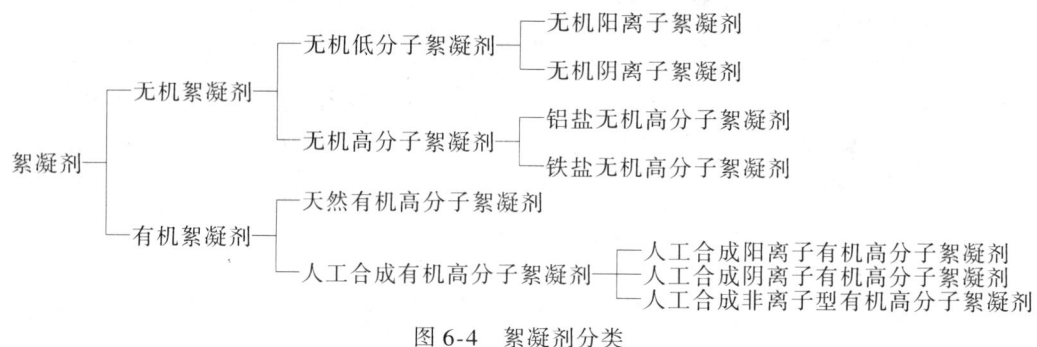

图6-4 絮凝剂分类

（1）无机阳离子絮凝剂　有三氯化铝（$AlCl_3 \cdot 6H_2O$）、硫酸铝［$Al_2(SO_4)_3 \cdot 18H_2O$］、三氯化铁（$FeCl_3 \cdot 6H_2O$）、明矾［$K_2SO_4 \cdot Al_2(SO_4)_3 \cdot 24H_2O$］、硫酸亚铁（$FeSO_4 \cdot 7H_2O$）、硫酸铁［$Fe_2(SO_4)_3 \cdot nH_2O$］等。

（2）无机阴离子絮凝剂　有氧化钙（CaO）、氢氧化钙［$Ca(OH)_2$］、氢氧化钠（$NaOH$）、碳酸钠（Na_2CO_3）等。

（3）铝盐无机高分子絮凝剂　常用的有碱式氯化铝［$Al_2(OH)_m Cl_{6-m}$］$_n$、碱式硫酸铝［$Al_2(OH)_m(SO_4)_{3-m/2}$］$_n$。

（4）铁盐无机高分子絮凝剂　常用的有碱式氯化铁［$Fe_2(OH)_m Cl_{6-m}$］$_n$、碱式硫酸铁［$Fe_2(OH)_m(SO_4)_{3-m/2}$］$_n$。

（5）人工合成的阳离子型有机高分子絮凝剂　①丙烯酰胺-丙烯酸-2-羟基丙酯基三甲基氯化铵共聚物。②丙烯酰胺-甲基丙烯酸乙酯基三甲基铵共聚物。③丙烯酰胺-甲基丙烯酸乙酯基三甲基铵硫酸甲酯共聚物。④丙烯酰胺-丙烯酸乙酯基三甲基铵硫酸甲酯共聚物。

此类聚丙烯酰胺类聚合物为非离子型聚合物，是目前使用量最大的合成聚合物絮凝剂，相对分子质量超过10万以上时才能表现出絮凝活性，相对分子质量越大，絮凝效果越强。相对分子质量在200万~1200万的范围内，絮凝效能与相对分子质量成直线相关，相对分子质量在1000万以上时有较理想的絮凝效果。

其絮凝作用表现为两个方面：①由于氢键引力、静电引力、范德华力等作用而对胶体颗粒有较强的吸附结合力；②通过线型长链的伸展起吸附架桥作用，把胶体颗粒吸附，形成絮凝物。此类絮凝剂多用于高浊度的给水处理和污水处理等。

（6）人工合成的阴离子型有机高分子絮凝剂　有聚丙烯酸钠、聚苯乙烯磺酸钠、丙烯酰胺-丙烯酸钠共聚物、顺丁烯二酸酐-乙酸乙烯酯共聚物、甲基乙烯基醚-顺丁烯二酸酐共聚物等。

（7）人工合成的非离子型有机高分子絮凝剂　聚乙烯醇、聚乙烯基甲基醚、聚丙烯酰胺、聚乙烯吡咯烷酮。

（8）天然有机高分子絮凝剂　纤维素、三醋酸纤维素、淀粉、阳离子改性淀粉、淀粉醚、多糖、环糊精、果胶、树胶、藻类、蛋白质、动物胶、磺化交联淀粉、丙烯酰胺-淀粉接枝共聚物。

以上所举的例子中，无论是天然的絮凝剂，还是人工合成的絮凝剂，除了非离子型的絮凝剂外，都是电解质，所有的电解质都具有絮凝作用，但絮凝作用的大小有所差异。非离子型的人工合成高分子型聚合物如聚丙烯酰胺，虽然本身无毒，但如果聚合不完全时，会含有一定量的单体(丙烯酰胺)，对人的神经系统具有损伤作用，所以英、法、日等国规定，用于食品工业或饮水的絮凝时，聚丙烯酰胺中的单体含量应在 0.05% 以下，聚丙烯酰胺的添加量规定为 1 mg/L 以下，处理后饮用水中的聚丙烯酰胺含量应在 0.5 μg/L 以下。

第五节　影响絮凝作用的因素

絮凝作用是复杂的物理化学过程，影响絮凝作用的因素也是复杂和多方面的。

1. pH 值对絮凝作用的影响

pH 值对胶体颗粒表面的带电性（ζ 电位）、絮凝剂的性质和作用等有较大的影响。一般情况下，阳离子型的絮凝剂适合在酸性和中性的 pH 值环境中使用；而阴离子型絮凝剂适合在中性和碱性的环境中使用。聚季铵盐的阳离子有机高分子絮凝剂也适合在碱性的介质中使用。非离子型絮凝剂适合于从强酸性到碱性的环境中使用。

2. 温度对絮凝作用的影响

絮凝作用最适合的温度在 20～30℃之间。水温过高时，化学反应速度过快，形成的絮凝体细小，并使絮凝体的水合作用增加，同时能量的消耗也增大。水温过低，有些絮凝剂的水解反应变慢，水解时间过长，效率降低；同时温度低，水的粘度变大，也会增加水对絮凝体的撕裂作用，使絮凝体变得细小，不易分离。

3. 搅拌速度和时间对絮凝作用的影响

搅拌的速度和时间选择得恰当，可以加速絮凝作用，有利于絮凝剂发挥作用，提高絮凝效果。一般地说，搅拌速度以 40～80 r/min 为宜，不要超过 100 r/min；搅拌时间以 2～4 min 为宜，不超过 5 min。速度过快，时间过长，会将大颗粒的固体搅碎变成小颗粒而不能沉淀；搅拌速度过慢，时间过短，絮凝剂和胶体颗粒不能充分接触，不利于絮凝剂捕集胶体颗粒，不利于发挥絮凝作用。

4. 高分子絮凝剂的性质和结构对絮凝作用的影响

线型结构的有机高分子絮凝剂，絮凝作用大。而环状或支链结构的有机高分子絮凝剂的絮凝效果较差。有机高分子絮凝剂的一些官能团如—COONa、—R_3NR′Cl、—$CONH_2$、—SO_3Na 等过多时，电荷密度过高，絮凝作用差；官能团较少时，有利于絮凝作用，但过少对电荷的中和作用不利而影响到絮凝作用。

5. 有机高分子絮凝剂的相对分子质量对絮凝作用的影响

絮凝剂的相对分子质量越大，絮凝作用越好。一般情况下，絮凝剂的相对分子质量不要小于30 000，最好在250 000以上。

6. 絮凝剂的用量对絮凝作用的影响

一般情况下，絮凝作用的效果随着絮凝剂用量的增加而增大。絮凝剂的用量达到一定值时，絮凝作用达到最大效果，再增加用量时，絮凝效果反而下降，因为过量时会使形成的絮凝体重新变成稳定的胶体。絮凝剂的用量与溶液中悬浮物的含量有关，所以最佳的絮凝剂用量应通过实验来确定。

第六节 絮凝分离技术的应用

1. 糖汁的澄清和脱色

用0.6 mg/L的聚丙烯酸钠进行处理，经过5 min糖液悬浮物就全部沉降，得到较清的糖液。用碱化后的阴离子型聚丙烯酰胺作絮凝剂，用量为6~12 mg/L也有较好的效果，但由于其中单体的毒性，此种絮凝剂的用量，英国规定为1 mg/L，应用于食品工业中，单体含量应在0.05%以下。处理后饮用水的聚丙烯酰胺含量<0.5 μg/L。

2. 发酵液中菌体碎片的去除

氨基酸发酵和酶制剂发酵的菌体，可通过絮凝剂沉淀，因为①细菌体积细小，相对密度和水接近，采用过滤离心有一定困难。②菌体表面一般带负电荷，如芽苞杆菌在pH>3.0时，其表面负电荷较多，电位很高，形成很难沉降的胶体溶液。③菌体细胞壁外层为生物大分子，所带基团如—COOH、—NH_2、—OH等，可与水形成氢键，从而形成亲水胶体，比较稳定。细菌和放线菌发酵产酶后，用1%碱式氯化铝和相对分子质量为1 000万的聚丙烯酰胺(浓度低于5 mg/L)作为絮凝剂进行处理，其中碱式氯化铝起电荷中和作用，而聚丙烯酰胺则起吸附架桥作用，处理后菌体的过滤速度提高5倍，酶的回收率达80%左右。

3. 活性污泥处理

活性污泥本身带有负电荷，是由阴离子型的生物高分子组成，在性质、机理、作用等方面都与阴离子有机高分子絮凝剂类似，使用高分子絮凝剂来中和电荷时，能够提高活性污泥的絮凝作用，向活性污泥中加入相对分子质量为250 000的阳离子高分子絮凝剂二甲胺-环氧氯丙烷共聚物，浓度为10 mg/L，然后放入澄清池中澄清，10天后废水的流出速度增加1倍，从6.45 kg/(d·m^2)提高到12.9 kg/(d·m^2)。

第七章 泡沫分离技术

第一节 泡沫分离技术的特点和分类

一、泡沫分离技术的特点

泡沫分离是以泡沫作为分离介质，以组分之间的表面活性差异作为分离依据，利用气体在溶液中的鼓泡来达到浓集物质目的的一种新型分离技术。此种方法最早应用于矿物的浮选。日常生活中用肥皂洗衣服，就是利用了肥皂泡沫对污垢的分离作用。此种技术在污水处理、矿物浮选、金属特别是稀有金属的回收、原子能工业以及食品工业等方面都具有应用意义。1957年人们发现金属离子和表面活性成分可以被泡沫吸附而得到富集，以后又发现用多级泡沫精馏塔可以除去生活污水中所含的烷基苯磺酸盐。70年代后，此种技术得到了广泛的研究和应用，对阳离子、蛋白质、酶、染料等的分离和浓缩都进行了应用研究。

泡沫分离技术具有3个特点：一是设备比较简单，能耗低，因此投资少，而且操作和维修都方便。二是在常温或低温下操作，因此适用于热敏性和化学不稳定性成分的分离，如蛋白质和酶等。三是特别适用于低浓度组分的浓缩和回收，这具有重要意义，因为许多有价值的成分常常以很低的浓度存在，在低浓度下很多分离方法的分离系数小，分离效果不理想。此种技术的不足之处是捕集剂难以回收，消耗量大，泡沫塔返混现象较严重，并且表面活性剂的浓度难以控制。

当待分离的组分为表面活性物质时，利用惰性气体在溶液中的鼓泡作用，形成泡沫，就可以把目标成分富集到泡沫表面上，将这些泡沫收集起来，消泡后即得到目标成分含量比原料液高的泡沫液。但如果只限于天然表面活性物质的分离，这种技术的应用就很有限。1957年人们发现溶液中的金属离子和某些表面活性剂络合后也能被吸附到气液界面上而得到浓缩，这种表面活性剂叫做起泡剂。通过选择适当的起泡剂和操作条件，就可以将溶液中浓度只有 10^{-6} 数量级的贵重金属和稀有金属分离出来。起泡剂和目标成分的络合现象的发现，扩大了泡沫分离技术的应用范围，使其能够应用于非表面活性成分的分离。

二、泡沫分离技术的分类

凡是利用泡沫进行分离的方法，都可统称为泡沫分离法。泡沫分离一般又可分为泡沫分馏及泡沫浮选，前者用于分离溶解的物质，由于其操作费用和设计等许多方面与精馏过程相似，所以叫泡沫分馏或泡沫精馏，但也可以笼统地称为泡沫分离。后者主要用于分离难溶解的物质(包括胶体和小颗粒物质)。图7-1是根据泡沫分离技术的应用进行的分类。

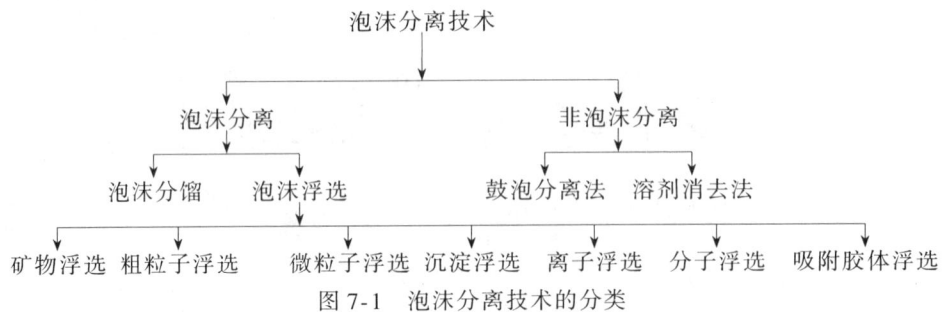

图 7-1 泡沫分离技术的分类

(一) 泡沫分离法

分泡沫分馏与泡沫浮选两种。

1. 泡沫分馏

将气体从设备底部送入进行鼓泡，形成的泡沫有选择地将待分离成分吸附，泡沫层浮在溶液上部。将泡沫收集并进行消泡处理，即可得到富集了分离组分的溶质。此种技术适用于表面活性物质，如蛋白质、酶，也可适用于非表面活性物质，如金属离子等。但过程中必须添加适当的表面活性剂与之络合。泡沫分馏过程可用图 7-2 表示。

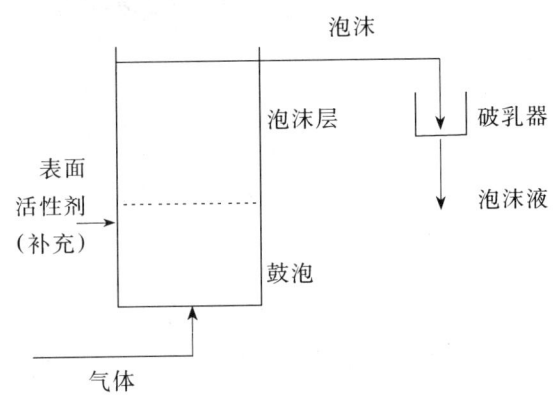

图 7-2 泡沫分馏示意图

2. 泡沫浮选

(1) 矿物浮选 主要用于矿石等粒子的分离，自然界中的矿物质多以硫化物形式存在，可以利用表面活性剂对其进行表面吸附，使其具有疏水性，再鼓泡。这样矿石粒子就附着在泡沫上而得以富集。

(2) 微粒浮选 粒子直径在 1~1 000 μm 的微粒，如胶体、高分子物质、矿物液等难以用通常的浮选法进行浮选分离，需加入粒度较粗的担体将其吸附，然后用浮选法分离。

(3) 沉淀浮选 在溶液中加入一种絮凝剂，能有选择地将其中一种或几种溶质沉淀，然后用浮选法将沉淀再进行浮选分离。

(4) 离子浮选与分子浮选 适用于分离非表面活性物质的分子或离子，一般采用加入浮选捕集剂，与待分离组分形成难溶或不溶的沉淀，再经鼓泡分离。

(5) 吸附胶体浮选 将胶体粒子作为捕集剂置于溶液中，有选择性地将目标成分吸附，然后再用浮选法分离。

(二) 非泡沫分离法

此类分离方法在分离过程中虽然需要鼓泡，但不一定形成泡沫层。所以叫做非泡沫分离法。包括：

(1) 鼓泡分离法 从设备底部鼓入气体，产生气泡，气泡富集了溶液中的表面活性物质，并上升至设备顶部后与主体溶液分离，主体溶液得到净化，同时溶质得以富集。

(2) 溶剂消去法 从设备底部鼓入气体以形成气泡，将溶液中的表面活性物质吸附并带到顶部与溶液互不相溶的溶剂中，这样溶剂就可以对待分离成分进行萃取和富集。

第二节 泡沫分离的基本原理

一、泡沫分离的基本原理及数学表达式

泡沫分离的基本理论以及对泡沫分馏的研究已经比较成熟，而且这些理论基本上也适用于其他的泡沫分离技术，因此讨论泡沫分离的基本原理主要也是针对泡沫分馏的。

因为泡沫分离是利用表面活性剂的界面性质来进行分离的，是以各种物质在溶液中的表面活性的差异为基础的一种分离技术，因此分离的效果与表面活性有着密切的关系。所以不妨简单地先了解一下表面活性剂的界面性质。

（一）表面张力

表面张力 γ 可定义为将液体表面扩大 1 cm² 时所需做的功。$\gamma = \mathrm{d}W/\mathrm{d}A$，$W$ 表示所做的功，A 为液体面积，γ 与液体的性质、表面温度、压力和组成有关。对于一种液体，γ 越大，即扩大表面积时所要做的功越多，因此就越难起泡。反之，γ 越小，液体就越容易起泡。因此，表面张力 γ 亦是表示在指定条件下液体单位面积的内能、焓、自由焓或自由能。

（二）表面活性剂

某种液体在温度、压力一定时，其表面张力也一定，在液体中加入少量的其他物质，如果能使液体的表面张力下降的话，这类物质就称为表面活性剂。如十二烷基磺酸钠就是常见的一种阴离子型表面活性剂，其分子结构如图 7-3 所示，表面活性剂由亲油基和亲水基两部分组成，在溶液中亲水基指向水中，而亲油基伸向气相，形成如图 7-4a 所示的分子排列，使空气和水的接触面减少，从而使液体的表面张力急剧下降。如果溶液中含有气泡，则表面活性剂会以图 7-4b 的形式吸附在气泡表面上。当表面活性剂的浓度超过一定值后，多余的表面活性分子就在溶液内以分子状态的聚集体——胶束的形式存在于主体溶液中。

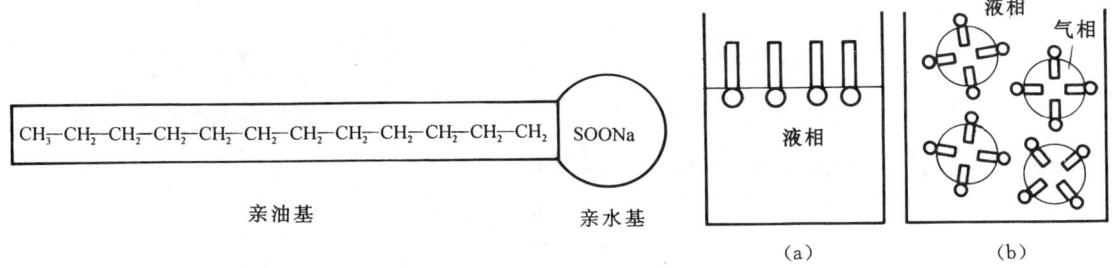

图 7-3 十二烷基磺酸钠的亲油基与亲水基　　图 7-4 液体加入表面活性剂后气泡的形成

泡沫分离主要是利用表面活性成分与气体形成泡沫，在气-液界面上进行选择性吸附，使表面活性物质或者已与表面活性剂结合的物质被吸附到气泡的表面上，形成了较稳定的、富集了目标成分的泡沫层。再经过消泡后，将气体去除，目标成分便在泡沫液中得到富集，从而实现了分离过程。

在整个泡沫分离过程中，有两个主要的传质过程，一是在鼓泡区内，传质在主体溶液与气泡界面间进行；二是在泡沫区内，传质在气泡表面与气泡间隙之间进行。

泡沫分离过程取决于表面活性物质的化学特性与泡沫的结构和特征。

（三）Gibbs公式

根据稀溶液的平衡理论，推导表面活性组分从主体溶液到气液界面上的吸附平衡，可用Gibbs方程表示

$$\frac{\Gamma}{c} = -\frac{1}{RT}\frac{d\gamma}{dc} \tag{7-1}$$

式中：Γ——吸附溶质的表面过剩，即单位表面上吸附溶质的浓度与主体溶液浓度之差，单位为mol/cm^2，对于稀溶液，也就是溶质的表面浓度；

c——溶质在主体溶液中的平衡浓度，又叫吸附平衡浓度，mol/L；

Γ/c——相当于分配因子；

γ——表面张力，N/m；

R——气体常数；

T——绝对温度，K。

当溶液中含有离子型表面活性剂时，可将上式修正为

$$\frac{\Gamma}{c} = -\frac{1}{nRT}\frac{d\gamma}{dc} \tag{7-2}$$

对于电解质型的表面活性剂，n取2。当表面活性溶质的浓度很低时，溶液的表面张力变化不大，吸附溶质的Γ值较低，此时分离强度很低，随着表面活性物质的加入量增大（如图7-5中的$a \sim b$区），γ值迅速减小，而$\Gamma - c$的关系接近于直线，如图7-6所示。

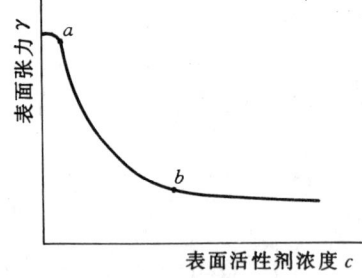

图7-5 表面张力和表面活性剂浓度的关系　　图7-6 表面过剩与表面活性剂浓度的关系

对于非离子型的表面活性剂，可用Langmuir方程表示

$$\Gamma = \frac{Kc}{1 + K'c} \tag{7-3}$$

式中K、K'均为常数。表面活性分子与主体溶液的分离就在图7-6中的$a \sim b$区间完成，当浓度到达b点后，多余的表面活性剂开始在溶液内部形成胶束，因此b点就称为临界胶束浓度（CMC）。此值通常为$0.001 \sim 0.02\ mol/L$，b点以后分离效果较差，因为此时的分配系数接近于零。

如果要分离非表面活性的组分，可加入适当的表面活性剂，通过螯合、静电吸引等产生吸附作用，把此类组分吸附到气泡表面上。例如以4-十二烷基二乙撑三胺作表面活性

剂，可以从水中定量地脱除 Cd 和 Cu。

二、泡沫的形成过程及其性质

(一) 气泡的形成过程

泡沫是气体分散在液体中的多相非均匀体。液体中泡沫的形成有两种方法：一种是气体通过连续相——液体时采用搅拌或通过细孔鼓泡的方法，气体被分散而形成泡沫；第二方法是先将气体以分子或离子的形式溶解于液体中，然后设法使这些溶解的气体从液体中析出而形成大量的泡沫。例如啤酒或汽水中的泡沫就属于后一类。

用气体向水鼓泡时，能产生很多泡沫，但这些泡沫处于一种不稳定状态，会很快消失。当水中存在有表面活性剂时，形成的泡沫就比较稳定。气体分散在溶液内部形成被液体包裹住的气泡，表面活性剂在气泡表面作定向排列，亲油基指向气泡内部，亲水基指向液泡膜，形成一层单分子膜；而在气泡表面的水膜外层上，表面活性剂分子则作出与上述相反的排列，即亲水基指向气泡而亲油基背向气泡，形成第二层单分子膜。于是构成了由两层取向相反而比较稳定的分子膜所包裹住的气泡。两层分子膜之间会存在大量的溶液，称为间隙液。许多这样的气泡集合在一起，便形成了气泡集合体，更多气泡聚集在一起就形成泡沫层。气泡形成如图 7-7 所示。

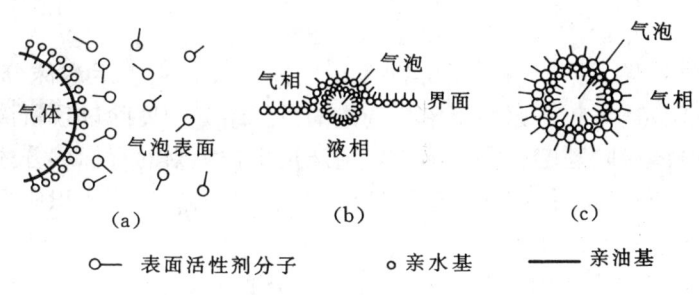

图 7-7 气泡的形成

(二) 气泡的结构特征及稳定性

气泡形成三泡结构时，即可处于较稳定的状态。当多个气泡聚集在一起时，也会由其他不稳定的结构过渡到较稳定的三泡结构，如图 7-8 所示。

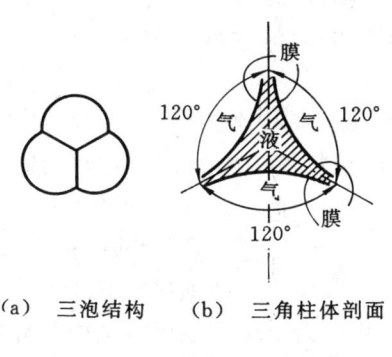

（a） 三泡结构　（b） 三角柱体剖面

图 7-8 三泡结构及三角柱体

影响气泡的形成和稳定性的因素主要有组分的性质、浓度、温度、压力和溶液的 pH 值等，这些因素主要是通过影响溶液的粘度、表面张力和气泡的大小而影响到气泡的稳定性。

（1）组分的化学性质和浓度　无机化合物水溶液中的泡沫稳定性比许多醇、有机酸的水溶液的稳定性差，在临界胶束浓度时所形成的泡沫最稳定。

（2）温度　泡沫的稳定性随着温度的上升而下降，主要是由于温度上升，泡内气体压力增加，同时形成气泡的液膜粘度下降。

（3）气泡的大小　表面积大的气泡，其稳定性比表面积小的气泡要差，小气泡具有较长的寿命。气泡寿命与气泡的直径的平方成反比。

第三节　泡沫分离流程及其影响因素

一、泡沫分离流程

泡沫分离过程包括两个主要部分：第一部分是形成泡沫，使待分离的组分被吸附到气-液界面上，主要设备为泡沫塔。第二部分是将泡沫及其吸附的溶质收集和分离，主要设备为破沫器。

评价泡沫分离效果的指标有：①分配因子。即 Γ/c，它表示泡沫分离过程能达到的最大分离程度。②分离系数。原料液中待分离的目标组分浓度除以残留液中该种组分的浓度，表示目标组分的脱除程度。③增浓比。泡沫液中被吸附的目标成分浓度除以主体液的浓度。④体积比。原料液的体积除以泡沫液的体积。排出的泡沫体积应尽可能小，这样体积比就大，主体溶液的残留就少。

间歇式泡沫分离过程如图 7-9 所示。气体从塔底不断鼓入并在塔内产生泡沫，在塔的下部补充表面活性剂，间歇式的操作适用于溶液的净化和有用组分的回收。

连续式的泡沫分离流程可以采用各种类型的连续式泡沫分离塔。如图 7-10a 所示，含有表面活性剂的原料液不断地加入到塔的鼓泡区，一定量的浓缩泡沫液可以从塔顶返回，这样的操作可以达到很高的泡沫浓度，但去污效果不够理想。

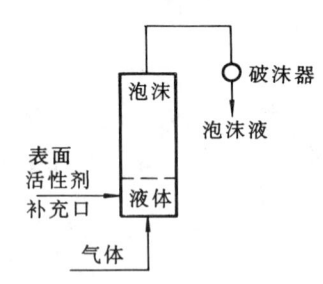

图 7-9　间歇式泡沫分离过程

在图 7-10b 中，原料液从泡沫塔的顶部加入，这样的操作可以达到很高的分离系数（原料液中金属离子浓度/残留液中金属离子浓度），常可达 200，此种塔相当于提取塔。

在图 7-10c 中，一部分表面活性剂直接加入到原料液中，另一部分则加入到塔的鼓泡区内。这种操作可得到较高的去污系数。鼓泡区用环形板分隔成两个区，中间为鼓泡区，表面活性剂和气体从此处引入并形成泡沫，残留液从外面环形区引出，此种结构可以防止大量的表面活性剂随残留液流出。如果进料口的上方为直径较大的扩大段，则更有利于泡沫的排出，并能得到较大的体积比（原料液体积/泡沫液体积比值在 100 左右），其分离系

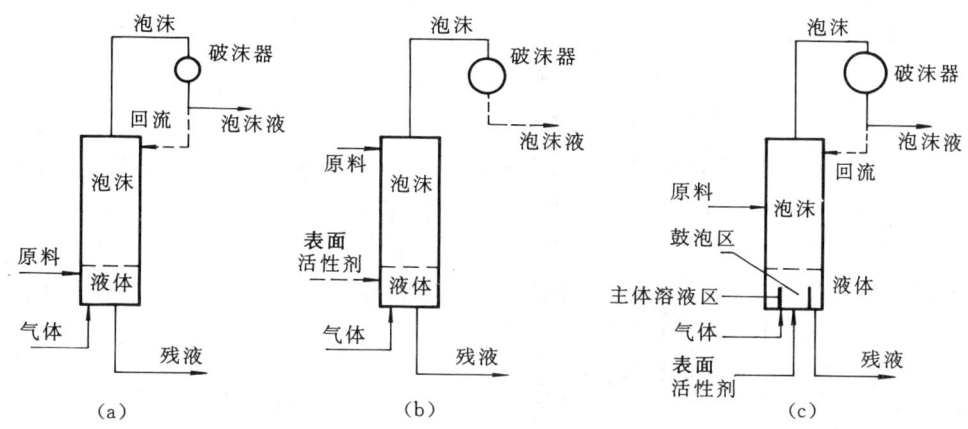

图 7-10 各种类型的连续式泡沫分离塔

数可达 500~600。

把多个单级操作串联起来，可形成一个多级的逆流流程，如图 7-11 所示。

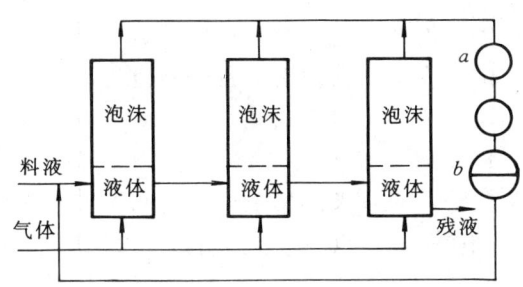

图 7-11 一组单级连续塔联用的简单流程
a—表面活性剂再生器；b—过滤器；

破沫时可采用静置、离心分离、声波、超声波、振动、加热、过滤、气流、压力差、絮凝等以及加入消泡剂等手段。

二、影响泡沫分离效果的因素

1. 待分离组分的种类

如果待分离的物质是由溶剂和表面活性剂组成，可生成泡沫，这时可用 Gibbs 吸附公式进行计算和设计。

如果待分离的物质是非表面活性物质，如金属离子，则可采用两种方法分离：

(1) 加入表面活性剂，使待分离离子与表面活性剂一起被气泡带到泡沫层而得到分离，可分离出含量仅为 1 mg/L 的组分。

(2) 调节 pH 值，使金属离子形成胶体沉淀，也可加入无机或有机溶剂，使离子形成沉淀，沉淀后的组分与表面活性剂一起被气泡带到泡沫层而分离。此种方法可分离出含量约为 0.001 mg/L 的物质。

2. 溶液的 pH 值

对于具有表面活性性质同时又是两性电解质的物质，如蛋白质和酶类，其表面过剩正比于表面张力与溶液浓度变化速率的比值，而表面张力-溶液浓度曲线的斜率在等电点时最大，pH 值的增加或减少都将引起斜率的下降，因此对于此类成分的分离应在等电点处进行。

对于非表面活性组分，可加入某种捕集剂，此种捕集剂具有表面活性剂性质，能形成泡沫，并且对于待分离的金属离子能优先吸附，这样可形成具有表面活性的络合物、螯合物等，或者由于静电的吸引作用富集于泡沫表面而得以分离。

3. 表面活性剂浓度

表面活性剂浓度太低，泡沫层不稳定，达不到分离的目的；浓度太高，超过临界胶束浓度时会形成胶束，胶束吸附待分离的组分，使之留在主体液中，同时胶束会与络合物争夺有效气-液界面，降低分离效率。

4. 温度

温度主要影响泡沫的稳定性，因为各种表面活性物质都具有一定的起泡温度。温度还影响吸附平衡及溶液的粘度。从物理吸附角度来看，温度升高使物理吸附解吸，分离效率下降。

5. 气流速度

气流速度上升，形成泡沫的速度也上升，脱除率也上升，同时也增加了泡沫间隙液的含量，会降低塔顶泡沫液的浓度，气流速度大到一定程度时，则会形成乳化气体，对操作很不利。

6. 离子强度

溶液的离子强度对泡沫分离有较大的影响。当进行沉淀浮选时，如果溶液中存在大量的与表面活性剂电性相同的离子，则浮选受到抑制。

三、泡沫分离技术的应用

（1）糖液澄清。压榨得到的糖液，加入石灰以中和有机酸并将部分金属离子沉淀后，鼓泡并加入 200~300 mg/L 的五氧化二磷与钙作用形成富集磷酸钙絮凝物的泡沫，加入絮凝剂聚丙烯酰胺（PAM）6~9 mg/L，进行第二次絮凝，然后进行泡沫分离，这样去除杂质，得到较纯净的糖液。

（2）去除废水中的活性物质，如氨基苯磺酸、胺类、脂肪酸类、醇类和去污剂等。

（3）回收蛋白质和酶以及细菌、病毒等生物和医药工程产品，如发酵液中的酶和蛋白质等。

（4）从工业污水如电镀废水、纺织废水、鞣革废水中分离和回收金属离子。最有价值的是从照相、电镀和宝石的生产废水中回收有价值的金属成分。

第八章 结晶分离技术

第一节 结晶及晶体的性质

一、结晶及晶体的定义

结晶是物质由液态或气态通过一定条件转变成晶体的过程。晶体是许多性质相同的粒子(包括分子、原子或离子)在三维空间中排列成有规则格子状的固态物质。围绕晶体的天然平面称为晶面，二个晶面的交线称为晶棱，而晶体中每个格子称为晶胞。某些液体内部结构与固态晶体一样，明显地具有规律性的空间排列，这种液体称为液态晶体或液晶。

结晶是物质分离和纯化技术中一个具有较久历史而目前还经常用到的技术，广泛应用于化学、化工以及生物化学、生物化工等行业，在食品行业也使用得相当广泛，如制糖、味精、各种氨基酸的生产工艺，都广泛地应用到结晶技术。因此掌握结晶的理论和技术有实际意义。

二、晶体的性质

晶体与非晶体，可以通过如下几点加以区别：

(1) 晶体具有方向性和多向差异性。在同一个方向，晶体具有相同的性质(包括电学和光学等性质)，而不同的方向之间性质则有差别。非晶体不具有此种特性。

(2) 晶体具有一定的对称性。由于组成晶体的粒子排列具有空间点阵的周期性，因此晶体的内部结构和外部形态都具有规律性的对称，使得晶体的外形结构具有一定的几何规律性。

(3) 晶体物质较纯。由于晶体内部具有规则的结构，形成晶体时必须是相同的离子或分子，方能按一定的距离周期性地排列，这就决定了物质必须达到一定的纯度才能形成晶体。因此物质形成晶体的前提是具有比较高的纯度。

(4) 同质多晶现象。有些物质具有不同的结晶形态，即存在同质多晶现象。如偶数碳原子的脂肪酸和奇数碳原子的脂肪酸都具有数种晶型。

高级脂肪酸甘油酯一般都有 3 种到 4 种晶型，按熔点增加的顺序，分别称为玻璃质、α、β' 和 β 型，其中 β 晶型最稳定。

有些晶体，其晶型随着温度的改变而改变，其中两种不同晶型的温度变化点称为转折点。例如硝酸铵由低温慢慢升温直到熔融过程要经过 4 个转折点和 1 个熔点：

$$\text{不等边长方体} \xrightleftharpoons[-18℃]{} \text{长方体} \xrightleftharpoons[84.2℃]{} \text{斜棱体} \xrightleftharpoons[125.2℃]{} \text{立方体} \xrightleftharpoons[169.5℃]{} \text{液体}$$

一般含有不同结晶水的化合物也有这种特点。

各种有机酸、单糖、核苷酸、氨基酸、维生素、辅酶等是相对分子质量较小、结构比较简单的物质，当其纯度达到一定程度后，一般都可以结晶成分子型或离子型的晶体。而多糖、蛋白质、酶和核酸等成分，由于相对分子质量大，结构复杂，分子不容易定向聚集，获得结晶就困难些。但是这些生物大分子都是由相同或相似的单体经过聚合而成，如蛋白质、酶由多种氨基酸通过肽键连接而成。因此从其内部结构来看，生物大分子也具备有形成晶体的条件。但能否形成结晶还与大分子的结构及外形有很大关系。支链较少而对称性好的大分子比支链多、对称性差的大分子容易结晶。一般来讲，分子越大越难结晶。

对于晶体形状、大小和消光现象的研究，可通过光学显微镜和偏光显微镜进行，更深入的研究可借助 X 射线衍射的方法。

第二节　晶体形成的条件

一、物质的特性

物质能否形成晶体，取决于该物质的特性，这是结晶的先决条件。能够形成晶体的无机化合物有 $NaCl$、Na_2SO_4、NH_4Cl、$(NH_4)_2HPO_4$、$MgSO_4$、KCl、KNO_3、K_2SO_4 等许多盐类及尿素等。

能够形成晶体的有机小分子物质有：各种有机酸、单糖、氨基酸、核苷酸、维生素、辅酶、双糖等。

多糖、蛋白质、核酸和酶等生物大分子形成晶体就困难些，其中一些结构复杂、对称性不好的核酸、蛋白质和酶等，迄今仍未获得晶体。

二、溶质的纯度

溶质要形成晶体，必须要有一定的纯度。杂质含量越低则溶质的纯度就越高，这样就有利于结晶的形成和生长。杂质的存在，有时会影响到结晶粒子在结晶面上的定向排列以致使结晶进行得很慢甚至无法进行。而有些杂质则会与结晶粒子形成络合物。所以溶质必须达到一定的纯度，这是结晶的必要条件之一。至于溶质的纯度达到什么样的要求方能形成结晶，要依不同的溶质而定。多数蛋白质和酶的纯度必须达到 50% 时方能结晶，而胱氨酸的结晶对纯度的要求不是很严格，可以在毛发的水解液中单独结晶析出。为了使结晶过程能顺利进行并获得质量较好的晶体，一般在结晶前都要经过除杂阶段。例如糖的澄清除杂、谷氨酸的脱色除铁处理等。

三、溶液的饱和度

能够形成晶体的物质，只有在一定的浓度时，才能形成晶体。这是因为，结晶形成的最主要条件是在一定的浓度下，结晶粒子有足够的碰撞机会并按一定的速率定向地排列聚集才有晶体的形成。溶液的浓度与结晶之间的关系是：当溶液处于不饱和状态时，溶质可溶解至饱和；当溶液处于饱和状态时，溶质不再溶解，也不会有晶体析出；当溶液达到过饱和状态时，这时会有溶质析出，然后回到饱和状态。晶体的形成就是在溶质的析出过程中实现的。但是在结晶过程中，溶质的析出不一定就能够形成晶体，而只有当溶质析出的速度与溶质粒子形成晶格的速度一致时方能形成晶体。溶液处于过饱和状态时，如果溶质粒子聚集析出的速度过快，只能得到无定形的固体微粒。有时虽然也能得到一些结晶，但由于其共沉作用而使杂质含量过高。当溶液处于不饱和状态时，结晶形成的速率低于晶体溶解的速率，因而也不会有结晶形成。当溶液处于饱和状态时，结晶速率与晶体溶解的速率达到了平衡状态，没有结晶的成长。只有当溶液处于稍稍超过饱和状态（即低饱和状态）时，溶质的粒子有足够的碰撞机会并按一定的速率定向地排列聚集而形成晶体，形成晶体的速度又大于晶体溶解的速率，晶体便得以形成和成长。

结晶的大小及其均匀度与溶质的饱和度有密切的关系。要获得良好的结晶，一般应控制溶质浓度在不饱和区以上、过饱和区以下的某一个区域范围内。这时晶体附近的溶液浓度处于近饱和状态，而远离晶体的溶液浓度则处于过饱和状态。此种浓度差极有利于溶质向晶体周围扩散并定向地沉淀在晶体表面上，使晶体得以生长。这个区域是晶体生长的稳定区域。关于晶体形成的浓度区域可用图 8-1 来表述。

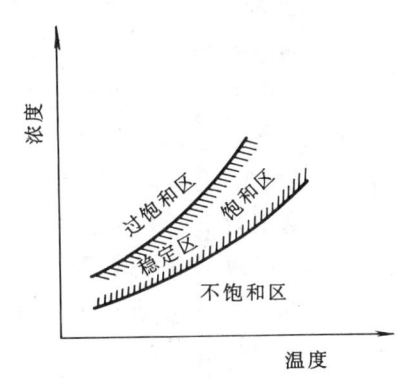

图 8-1　晶体形成的浓度区域图

从以上分析可以得出如下几个关于结晶的基本特征：

①在不饱和区内不能形成结晶。②在饱和区内不会发生晶核析出，但如果有外加的晶体（即晶核）存在，晶体就会生长。③在过饱和区随时都可以析出较多的晶核。

所以结晶过程一般都要求在过饱和区内形成晶核，然后在饱和区内生长。

要使溶液呈饱和状态或稍大于饱和状态以获得晶核形成和生长，工业上通常采用的方法有：冷却降温、蒸发浓缩、绝热蒸发（即在真空条件下使高温溶液闪蒸，在溶剂蒸发的同时带走潜热，使温度下降）、加沉淀剂等。

四、结晶溶液中溶剂的选择

结晶过程主要是溶质在溶液内的溶解度平衡问题，因此要使溶质能够形成晶体，选择合适的溶剂相当重要，因为溶剂不仅影响到晶体能否形成，也影响到晶体的质量。

（一）选择结晶溶剂的原则

（1）选用的结晶溶剂与结晶成分不能发生化学作用，并且要尽可能地不影响生物大分子的活性。

（2）选用的结晶溶剂应有较高的温度系数，以便能利用温度的变化使溶质的溶解度有较大的变化，这样就较容易地获得结晶。

（3）选用的溶剂应有利于利用溶解度的差异以及温度的影响把杂质除去。

（4）此外还应考虑溶剂的操作方便、安全、回收及成本问题。

（二）常用的结晶溶剂

1. 单一溶剂

水是最常用的结晶溶剂，广泛应用于各种无机盐、有机酸、氨基酸等物质的结晶。

由于乙醇具有亲水性和亲油性，价格便宜，安全无毒，因而使用也很广泛，常应用于蛋白质、酶、核酸以及一些生物小分子的结晶。用于生物小分子结晶的溶剂还有甲醇、丙酮、氯仿、乙酸乙酯、异丙醇、丁醇、乙醚、N-甲基甲酰胺等。

用于蛋白质、核酸等生化成分结晶的溶剂还有硫酸铵溶液、氯化钠溶液、磷酸缓冲液、丙酮等。

油脂和脂肪酸的结晶溶剂有乙烷、乙醇、丙酮、四氯化碳、正丁醇、异丙醇、无水乙醇等，苯也可以作为油脂和脂肪酸的结晶溶剂，但由于苯有毒性，不宜使用尤其是不能用于食品分离。轻汽油作结晶溶剂时容易产生 α-苯并芘污染，必须谨慎。

2. 混合溶剂

当使用单一溶剂不易得到溶质的结晶时，可以考虑使用混合溶剂。混合溶剂的选用有两种方法，一是利用溶解度的差异进行选择，首先用溶解度大的溶剂将溶质溶解，然后加入溶解度小的溶剂，直到产生浑浊为止，再放置冷却，形成结晶。二是利用沸点差异进行选择，即选用结晶物质在低沸点溶剂易溶解，而在高沸点溶剂难溶解的两种沸点不同的混合溶剂。当将混合溶剂加入溶液时，由于低沸点溶剂先蒸发，高沸点的溶剂慢蒸发，这时由于溶质在高沸点溶剂中的溶解度下降，处于过饱和状态，于是有结晶形成。

常用的混合结晶溶剂有：水-乙醇、醇-醚、水-丙酮、石油醚-丙酮等，通常多用于生物小分子的结晶过程。

第三节 晶核的形成及影响结晶的因素

一、晶核的形成及其诱导方法

晶核的形成方式一般可分为两种，一种是在过饱和溶液中自发形成的晶核，此种方式称为"一次成核"或"同相结晶化"。另一种方式是从外界加入晶种而诱发产生的晶核，此种方式称为"二次成核"或"异相结晶化"。在"一次成核"方式中，当溶液进入过饱和线而处于过饱和状态时自发形成晶核的，称为"均相成核"。当溶液处于过饱和状态，再通过外界因素的诱导如电磁场、超声波、紫外线、振动、机械作用以及杂质容器的粗糙度等干扰影响而形成晶核的方式，称为"非均相成核"。

添加晶种诱导晶核形成的方法通常是：如果有现成的晶体，可将其研碎，加入少量的溶剂，离心除去大颗粒，再稀释使之处于低饱和状态，这时悬浮液中具有许多小晶核，将其倒入待结晶的溶液中，经过轻轻搅拌后放置一段时间即有结晶析出。如果没有现成的晶体，可取少量的待结晶液体进行蒸发，待产生晶体后再行加入，亦可以产生相似的效果。

二、影响晶体生成的因素

1. 温度的影响

（1）温度影响溶质的溶解度 物质的结晶温度都有一个不同的范围，有些物质要求结晶的温度高些，有些则要求低些。如触珠蛋白，在高盐浓度下需要稍高于室温的条件才能结晶，而血清蛋白则要求在较低的温度下结晶。又如带结晶水的柠檬酸通常是在10℃下进行结晶,而谷氨酸钠则在 70℃结晶。在确定结晶温度时,还要考虑到其他与温度有关的因素,如生物活性、杂质的溶解度等。为保证生物大分子的生物活性,生物大分子的结晶通常需在低温下进行。而为了便于杂质的溶解,以提高结晶的纯度,通常又需采用较高的温度。总的来说,温度是从溶质的溶解度和晶体的形态两方面影响结晶过程。大多数物质在温度升高时溶解度升高,温度降低时溶解度也降低,只有少数物质例外。因此,通常是采用较高温度使溶质溶解而后缓慢冷却获得结晶。但是应注意到,冷却太快时会使溶液突然处于过饱和状态,易产生大量结晶微粒,甚至是无定形沉淀。同时冷却温度过低会使溶液粘度增大,干扰成晶粒子的定向排列,以致于无法形成结晶。

(2)温度影响晶体形态 温度会影响到晶体的形状、大小以及结晶的质量。前面已经讲过,有些物质在不同的温度会形成不同的晶体,如硝酸铵就有 4 个转折点和 1 个熔点温度。柠檬酸在低于 36.6℃时成为带 1 个水分子的柠檬酸结晶体;而在超过 36.6℃时则变为无水的柠檬酸结晶体。

2. pH 值的影响

溶液中 pH 值的变化主要影响到溶质的溶解度,因此也就影响到溶质的结晶过程。对大多数物质来说,结晶时所选用的 pH 值与沉淀时的 pH 值大致相同。各种溶质结晶时都有一个相应的 pH 值范围。有的要求的 pH 值范围宽些,有的则窄些。对于两性电解质溶液,结晶的 pH 值常常是该种溶质的等电点。对酶等生物活性大分子进行结晶时,应注意选用的 pH 值不要影响其生物活性。此外,如果结晶时间较长,并且希望得到较大的结晶体时,则选用的 pH 值应离等电点稍远些。

3. 结晶时间的影响

一般说来,简单的无机化合物分子和有机化合物分子所需要的结晶时间较长,有时需要几天、几星期乃至数月才能完成。如 Bernal 和 Crowfoot 最初在制备用于 X 射线衍射研究的胃蛋白酶结晶时花费几个月时间才完成。这些大分子在晶核形成时所需要的时间较短(数小时),但晶核的生长时间却较长,因而结晶所需的时间较长。

结晶速度过快时,通常是晶体的数量多而晶粒小,并且杂质多。缓慢的结晶,可以得到较纯净的大粒晶体。小的晶体由于总表面积比大晶体大得多,对杂质吸附的机会也大得多,因此大的晶体总比小的晶体纯度高。

4. 搅拌速度的影响

结晶过程一般都在搅拌条件下进行。适当的搅拌可增加晶体与结晶母液的接触机会,使晶体均匀生长,从而避免晶体下沉造成晶粒不均匀的现象;但如果搅拌速度过快,则会增加溶质的溶解,并造成晶体的损坏而影响到晶体的生长。工业大生产使用的结晶搅拌装置的搅拌速度选用 5~15 r/min 的范围比较适宜。

第四节 常用的结晶方法及其应用

实验室和工业生产上所使用的结晶方法可概括为两大类,一类是采用去除一部分溶剂的方法,如蒸发浓缩使溶液处于过饱和状态而有晶核形成。另一类是通过加沉淀剂及降温技术,也可使溶液处于低度饱和状态,使溶质形成晶核。实际上更多的是采用两者结合的技术，以达到更好的结晶效果。

一、蒸发浓缩结晶法

此种结晶法在工业上使用较多，精制食盐、砂糖、葡萄糖、味精、柠檬酸等产品的结晶多采用此法。此法又分为两种，一是采用真空蒸发来获得过饱和溶液，另一种是绝热蒸发（或称闪急蒸发），即利用高温的溶液进入真空状态，压力突然降低，引起溶剂的大量蒸发，并带走大量的热量而使溶液温度下降，从而获得低度过饱和溶液。目前工业上以真空蒸发的结晶方法使用得较广。大规模的生产多采用浓缩与结晶两个步骤分开的办法，即首先采用多效蒸发的方法将物料浓缩至一定的浓度，然后再转入到带有冷却和搅拌装置的结晶设备中进行结晶。较小型的生产则采用将蒸发浓缩与结晶两个步骤在同一设备进行的方法，如采用蒸发结晶锅（器）对溶液同时进行浓缩和结晶。

结晶设备和蒸发浓缩设备的类型很多，有间歇的，也有连续的；有带搅拌的，也有强制循环的。可结合结晶的性质需要和生产规模等情况来选用。

二、加沉淀剂结晶法

（一）盐析结晶法

盐析法的原理在"沉淀分离技术"一章中已经讲过。能够形成结晶的物质，在盐析作用下产生沉淀析出时，就会形成晶体。

盐析结晶法按加盐方式的不同，有加固体盐法和加饱和盐溶液法两种。

1. 加固体盐法

酵母醇脱氢酶的结晶采用此种方法：100 g 干面包酵母──→磷酸缓冲液提取──→热变性除去杂蛋白──→冷丙酮沉淀得酵母醇脱氢酶粗酶沉淀──→沉淀 + 50 mL 0.001 mol/L 的半胱氨酸溶液──→用 3 L 0.01 mol/L 磷酸缓冲液（pH = 7.5）透析 3 h──→离心除沉淀──→每 100 mL 上清液 + 36 g 硫酸铵固体──→0 ℃下放置 30 min──→离心──→取沉淀 + 20 mL 蒸馏水 + 4 g 硫酸铵──→冰箱放置至结晶完全。

2. 加饱和盐溶液法

溶菌酶的结晶：400 mg 粗酶 + 5 mL 醋酸缓冲液（0.04 mol/L，pH = 4.7）──→搅拌 5 min 至溶解──→加 5 mL 10% NaCl 溶液（5 min 内加完）──→过滤后低温下静置 2 天即有结晶析出。

（二）加有机溶剂法

1. 直接加有机溶剂法

乙醇是应用得最广泛的有机沉淀剂和蛋白质变性剂，同时也是使用得最广泛的有机结晶溶剂，如用于酶、蛋白质、单糖、双糖等成分的结晶。

丙氨酸的结晶：丙氨酸溶液──→减压浓缩──→加 2 倍的乙醇（15%）──→冷却放置至结晶完全。

麦芽糖的结晶：饴糖──→乙醇（80%）抽提──→浓缩上清液──→稀释──→通过阳离子和阴离子交换柱──→浓缩至密度 1.35 g/cm³──→加入等体积浓乙醇──→加少量晶种──→放置 15 天至结晶完全。

2. 利用挥发性溶剂蒸发结晶法

麦角固醇结晶：干酵母粉——→乙醇(82%~84%)抽提 18~24 h——→70~75℃保温 3 h——→冷却至 30℃——→过滤——→浓缩滤液至膏状——→按 5~10 g/100 g 浓缩液的比例加入水 + 3~5 倍体积乙醚——→搅拌 2~3 h——→静置 16~20 h——→取上清液于 -5℃中放置 24 h——→结晶析出——→粗结晶 + 10 倍量醚酮混合液——→50~54℃保温 30~40 min——→取上清液于 -5℃下放置过夜——→得白色针状结晶。

(三) 等电点结晶法

乙酰-DL-色氨酸的重结晶：2.5 kg 乙酰-DL-色氨酸——→加 1.2~1.3 L NaOH 溶液(5 mol/L)溶解——→加 50 g 活性炭脱色——→过滤——→取滤液用冰醋酸在 10℃下调至 pH = 3.0——→缓慢搅拌至有大量结晶出现。

三、温差结晶法

此方法是利用溶液中各种溶质的结晶温度或熔点、凝固点的差异，通过控制溶液的不同温度而将各溶质组分在不同的温度下分别结晶而加以分离。此种方法在油脂的分离方面应用得较多。油脂是由各种脂肪酸的甘油三酯组成的混合物。其中的脂肪酸分饱和与不饱和两大类，由脂肪酸构成的甘油三酯可笼统地分为 4 大类。以 S 代表饱和脂肪酸，U 代表不饱和脂肪酸，则这 4 类的脂肪甘油三酯分别是：S_3、S_2U、SU_2、U_3，其含义为：

S_3: S—S—S S_2U: S—S—U SU_2: U—U—S U_3: U—U—U

4 类甘油三酯中由于碳链的长短差异以及饱和程度的差异，其混合物很难利用溶解度的差异来分离，然而由于其熔点存在着较大的差异，所以利用不同的温度可使其中一类甘油三酯凝固成晶体，这样便可进行分离。其中较为实用的是代可可脂的分离，由于天然可可脂价格高，于是有了代可可脂或类可可脂作为替代品。天然可可脂的脂肪酸甘油三酯的组成是：

U—S—S 占 53.0%，   S—U—S 占 25.5%

对天然植物油脂或动物油脂进行有选择地氢化，提高其饱和度，然后利用其不同的熔点进行结晶分离。例如氢化的油脂按其熔点范围可分为：4.5~5.2℃、34~42℃和 28℃以下，天然可可脂的熔点为 29~34℃，上述 3 部分氢化油脂中的 34~42℃部分与天然可可脂接近，因此通过此法分离后作为代可可脂。

四、其他结晶法

1. 结晶衍生物法

某些物质尤其是生物体内的某些组分，在游离状态时难以结晶，可先转变成结晶衍生物，然后再利用其他方法复原。例如有机酸可与钙、钾、钠生成盐类，还有某些生物碱及胺类可与有机酸、无机酸生成盐类，之后均能形成较好的结晶衍生物。

木瓜蛋白酶与汞结合后形成汞-木瓜酶结晶衍生物，再通过透析法除去汞即可得到较纯的活性木瓜酶。

2. 重结晶法

当第一次结晶为粗结晶，杂质含量较多时，再行结晶，可得到较纯的产品，这就是重结晶。重结晶时可选用对结晶物比较难溶而对杂质较易溶的溶剂和结晶条件，以利于除杂。必要时可使用混合溶剂和利用温度差等其他方法和条件。

第九章 分 子 蒸 馏

第一节 分子蒸馏的概念和特征

一、分子蒸馏的概念

以加热的手段进行液体混合物的分离,其基本操作是蒸馏和精馏。蒸馏和精馏是以液体混合物中各组分的挥发性的差异作为分离依据的。例如各种芳香成分的提取,液化空气中氮、氧等气体的生产,石油馏分的分离等等。蒸馏过程在"食品工程原理"中已有介绍,本章重点讨论薄层蒸馏的一种特殊形式——分子蒸馏。简单的蒸馏一般只能实现液体混合物的粗分离,并且分离效率还远达不到理想的效果。因为在通常的蒸馏过程中,存在着两股分子流的流向:一是被蒸液体的汽化,由液相流向汽相的蒸气分子流;一是由蒸气回流至液相的分子流。一般说来,这两股分子流的量是不同的,前者大于后者。如果采取特别的措施,增大离开液相的分子流而减少返回液相的分子流,实现从液相到汽相的单一分子流的流向,这就是分子蒸馏。因为减少了蒸气回流到液相表面的分子流,因此能提高蒸馏的效率,同时能够降低物料组分的热分解,因此有利于此种技术在食品和医药工业上的应用。

从分子蒸馏的字面含义来说,蒸发器表面到冷凝器表面的距离应该小于在操作压力下分子的平均自由路程。这里所指的分子,包括了蒸气分子和不凝性气体分子(如果系统内还存在着不凝性气体的话)。因此分子蒸馏的基本原理是蒸发和冷凝的表面都在同一个设备单元内,两者之间的距离只有几厘米。但实际上,要使蒸发器表面与冷凝器表面的距离小于分子的平均自由路程,往往是很不经济的。所以通常是采用蒸发器表面与冷凝器表面之间的距离稍大于分子的平均自由路程,并控制在同一数量级的范围内。假定蒸气的分子具有理想的特性,其直径为 δ,则分子的平均自由路程 l_m 可通过下式算出

$$l_m = 1.73 \times 10^{-4} \frac{\Gamma}{p\delta^2} \tag{9-1}$$

式中:l_m——分子平均自由路程,cm;

Γ——蒸发面单位圆周长度上的流速,g/(cm·s);

p——蒸气压力,Pa;

δ——蒸气分子直径,cm。

实现单流向的分子蒸馏的先决条件有两个:

(1) 不凝性气体的分压必须足够小,使得不凝性气体分子的平均自由路程仅为蒸发器表面与冷凝器表面之间距离的若干倍。

(2) 在操作的饱和压力下,汽化分子的平均自由路程必须同蒸发器表面与冷凝器表面的距离具有同一数量级。一般的操作实际上取后者为前者的 10~15 倍。

二、分子蒸馏的特征

（1）在中、高真空下操作。有人将操作压力≤0.013 Pa 的蒸馏过程称为分子蒸馏；把操作压力为 1.33~0.013 Pa 的蒸馏过程称为准分子蒸馏。

采用中、高真空操作，既保证了单向分子的流动，又保证了液体在较低的温度下高效率地蒸发。

（2）在不产生气泡情况下产生相变，产品受热的时间短。中、高真空操作的分子蒸发有一个明显的特点是：液体能够在不产生汽泡的情况下实现相变，也就是说相变是发生在被蒸发的液体物料表面，使之就地蒸发。要实现这样的过程，必须尽可能地扩大蒸发表面和不断地更新蒸发表面，以提高传质速率。采用机械式刮板薄膜蒸发装置既可不断更新蒸发表面又能减少停留在蒸发表面的物料量，从而缩短了物料的受热时间，避免或减少了产品受热分解或聚合的可能性。

（3）分子蒸馏设备中，蒸发器的表面与冷凝器表面间的距离很短，约为 2~5 cm，仅为不凝性气体平均自由路程的一半。这不仅满足了分子蒸馏的先决条件，并且有助于缩短物料汽化分子处于沸腾状态的时间，仅为数秒钟。

第二节　分子蒸馏的几个参数

1. 薄膜的厚度

对于刮板式薄膜蒸发器，可用下式表示层流状态下平均薄膜的厚度。

$$S_m = \left(\frac{3V}{g}\right) Re^{1/3} \tag{9-2}$$

式中：S_m——薄膜的平均厚度，cm；
　　　V——料液的动力粘度，g/(cm·s)；
　　　g——重力加速度，cm/s²；
　　　Re——雷诺数。

一般认为薄膜的厚度为 0.05~0.5 mm 比较适宜。

2. 停留时间

料液在蒸馏温度下停留时间较短。在短程蒸发器中，料液停留时间与加热面积、刮板的转速、物料的粘度、边界负荷、得率等有密切关系。一般停留时间约为 10~25 s。

3. 蒸发量

分子蒸馏的蒸发量可按下列方程估算

$$G_m = 7.73p\sqrt{\frac{M}{T}} \tag{9-3}$$

式中：p——压力，Pa；
　　　T——温度，K；
　　　M——蒸发组分的相对分子质量；
　　　G_m——蒸发的物料量 kg/(m²·h)。

第三节 分子蒸馏的设备和流程

一、分子蒸馏的设备

分子蒸馏设备有薄膜式短程蒸发器、离心式分子蒸馏釜、降膜回流式分子蒸馏釜等。

1. 薄膜式短程蒸发器（蒸馏器）

用于分子蒸馏的薄膜式短程蒸发器（蒸馏器）主要由旋转轴带动的刮板式成膜装置、距离间隙极小的蒸发器与冷凝器以及中、高真空系统等组成。一般夹套加热的蒸发器为圆筒形外壳，冷凝器在与蒸发器距离很近的内圈里面。冷凝器可以是列管式或蛇管式。在蒸发器与冷凝器之间，有一个装有刮板或刮片的圆柱状的环形转子。刮板或刮片与蒸发器的内壁蒸发面只有极小的间隙。刮板转动时将蒸发面上的物料刮成薄膜，并不断使蒸发表面的物料更新。操作时从蒸发面上方进料，料液沿蒸发面流下，并被旋转的刮板刮成薄膜，一部分料液被蒸发汽化，另一部分料液依然被刮动沿蒸发面往下继续蒸发。离开蒸发面后的残液被收集在残液口排出。汽化后的蒸气物料通过转子在冷凝器表面被冷凝成蒸馏液，由蒸馏液出口排出。蒸发器外壳下部有真空接口与中、高真空系统接通，将不凝性气体抽出，并使其分子的平均自由路程减至最短，从而实现整个分离过程。薄膜式短程蒸发器的结构如图 9-1 所示。

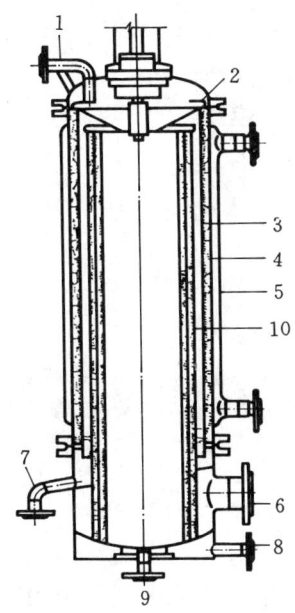

图 9-1 转子型薄膜短程蒸发器
1—进料口；2—转子；3—刮片；4—加热表面；
5—加热套；6—真空接口；7—残液排放口；
8—冷却水入口；9—蒸馏液出口；10—冷凝器

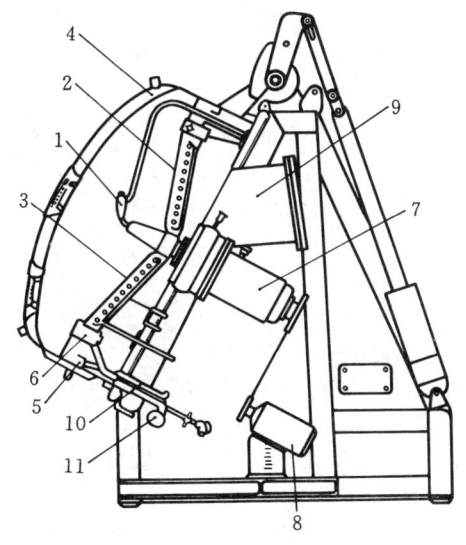

图 9-2 离心式分子蒸馏釜
1—进料管；2—蒸发器；3—铠装加热器；4—冷凝器；
5—蒸馏液收集槽；6—残液收集槽；7—密封轴承；
8—驱动马达；9—真空口；10—蒸馏液出口；
11—残液出口

亦有用分段的刮片来代替整块的刮板，刮片紧贴着加热表面运行，将加热表面上的物料刮起，形成高度涡旋的薄膜，不断更新蒸发面上的物料，从而促进了传质过程。

2．离心式分子蒸馏釜

离心式分子蒸馏釜的结构如图9-2所示。料液从进料管进入离心蒸发器。离心蒸发器是一个旋转体。其产生的离心力使进来的料液在蒸发器表面形成薄膜，一面向外运动，一面蒸发汽化。蒸发器下面装有加热器。产生的蒸气在穹顶冷凝器表面冷却成蒸馏液。蒸发器剩下的残留液经收集后由残液出口排出。不凝性气体由真空接口抽走。由于蒸发器的离心作用，料液很容易形成薄膜，同时料液紧贴着蒸发面，产生气泡的可能性较少。在离心力的作用下，料液薄膜会沿着蒸发面自由向外移动，使蒸发面得到不断的更新，因而传质速率较高，料液在蒸发面停留的时间较短，比其他分子蒸馏设备的过程都短。

离心式分子蒸馏釜主要的问题是加工制造较难，蒸发面积小，处理能力不够大，并且由于没有刮片构件，对于易结焦的物料不太适合。

二、分子蒸馏的流程

1．单级转子薄膜式分子蒸馏流程

该流程如图9-3所示，流程的特点是：有专门的冷凝脱气设备，设有一台转子型薄膜短程蒸发器以及三级高真空蒸气喷射泵。

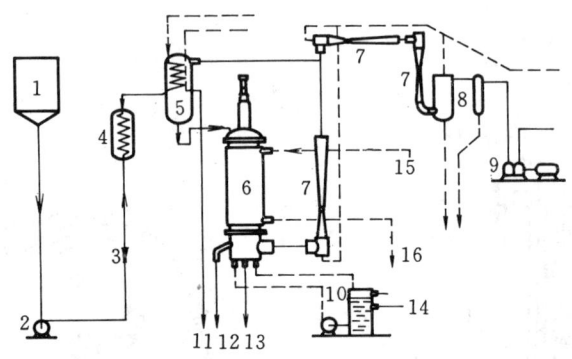

图9-3　单级转子薄膜式分子蒸馏流程

1—贮料罐；2—进料泵；3—流量计；4—预热器；5—内设冷凝器的脱气罐；6—蒸发器；7—蒸气喷射泵；8—冷凝器；9—真空泵；10—冷却剂循环系统；11—低沸点馏分出口；12—残液出口；13—蒸馏液出口；14—冷却水；15、16—加热介质进、出口

2．三级转子薄膜式分子蒸馏流程

该流程如图9-4所示，其特点是采用一台非短程的转子式薄膜蒸发器作为脱气预处理设备，采用两台转子式短程薄膜蒸发器作为主要设备，并配以扩散泵，以简化流程。

3．离心式分子蒸馏流程

该流程如图9-5所示，其特点是仅采用一台离心式分子蒸馏釜作为主要设备，不仅可以完成一次性的分子蒸馏物料处理，而且可根据需要作多次循环操作，进行多级的分子蒸馏。

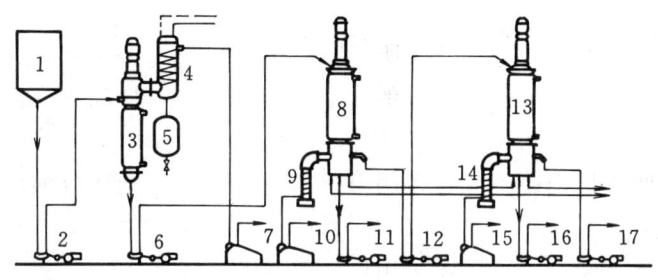

图 9-4 三级转子薄膜式分子蒸馏流程

1—贮料罐；2—进料泵；3—转子薄膜式蒸发器；4—冷凝器；5—初馏分接收器；6、12、17—产品排放泵；7—真空泵；8、13—转子薄膜式短程蒸发器；9、14—扩散泵；10、15—预抽真空泵；11，16—蒸馏液出口

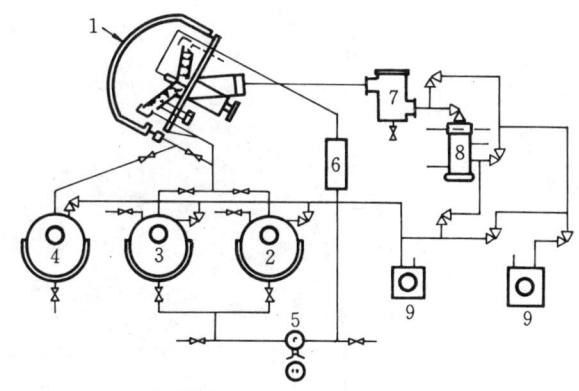

图 9-5 离心式分子蒸馏流程

1—离心式分子蒸馏釜；2、3、4—贮罐；5—进料泵；6—预热器；7—冷却收集器；8—扩散泵；9—油旋转泵

第四节 分子蒸馏在食品分离中的应用

（1）具有不同沸点产品的分离 脂肪酸甘油单酯的分离。脂肪酸甘油单酯是食品工业中常用的乳化剂，它是由脂肪酸甘油三酯水解而成。水解产物由甘油单酯和甘油双酯组成，其中甘油单酯含量约为 50%，其余为甘油双酯。甘油单酯对温度较为敏感，不能用分馏方法提纯，只能用分子蒸馏法分离。采用二级分子蒸馏流程，可得含量大于 90% 的单甘酯产品，收率在 80% 以上。此外，链长不等的脂肪酸也可用此法进行分离。

（2）从混合物中分离低含量的成分 采用带预脱器的二级分子蒸馏装置，可以从油中分离维生素 A 或维生素 E，加热温度为 200℃，操作压力为 1×10^{-3} Pa，收率超过 80%。

（3）从蒸馏残液中分离微量的挥发性成分 从乳脂中分离杀菌剂以及香料的脱臭等都

可以采用二级分子蒸馏装置进行。

（4）其他　分子蒸馏也可以用于热敏性物料的浓缩、提纯。例如用于处理蜂蜜、果汁和各种糖液等。

第十章　亲和色谱分离技术

第一节　色谱分离技术的分类及一般原理

一、概念、分类和原理

色谱分离技术是利用混合液中各种组分之间的理化性质差别，在固定相和流动相中具有不同的平衡分配系数(或溶解度)，当两相作相对运动时，不同的组分在两相中被反复多次地分配，形成特有的区段，从而得到分离。早在1903年，俄国植物学家茨维特用菊根粉柱和碳酸钙柱分离和研究植物色素的提取物时，用石油醚提取和过柱后，在柱上得到黄色和绿色的区带，这便是色谱概念的最初来源，色谱分离概念从此一直沿用至今。近年来，色谱分离技术发展很快，其显著的特点是作为固定相的填料如吸附柱、离子交换柱、亲和柱、凝胶柱等，在种类和型号上日益增多，使得分离的性能越来越好。另一个特点是与之相配套的检测系统日趋完善，如紫外可见光吸收分光光度计、荧光仪、高效液相色谱仪的配套使用，使此种技术的分离效率和检测自动化方面都有长足的进展。再一个特点就是此种分离技术的应用范围不断扩大，不但应用于小分子的分离，对生物大分子的分离也在不断地得到应用和推广。

色谱技术按其分离过程的原理不同可分为吸附色谱、分配色谱、离子交换色谱、亲和色谱、凝胶色谱以及聚焦色谱等技术。吸附色谱分离技术是指混合物随流动相通过吸附剂(固定相)时，由于吸附剂对不同物质具有不同的吸附力而使混合物中各种组分分离的方法。这是最早期的一种色谱分离技术，在理论和应用方面也最成熟，广泛应用于化学工业中的气体净化和气体混合物的分离，有机物的脱水，废水中有机物的去除以及食用油、糖汁的脱色等等。

离子交换色谱技术是利用混合液中的离子与固定相中具有相同电荷离子的交换作用而进行分离的技术。此种技术的特点在于：①吸附的选择性高。根据待分离组分的带电性、化合价和电离程度，选择合适的离子交换树脂可以从很稀的离子混合溶液中将待分离的组分进行分离和浓缩。②适应性强。从分离到分析，从小分子到生物大分子，从实验室到工业生产，从用水的预处理到产品的分离，都可以应用此种技术。③多相操作，分离容易。通过对树脂进行转型后可反复使用。由于离子交换色谱技术具有这些特点，因此被广泛应用于工业上，例如水的软化和脱盐，废水中各种金属离子的去除，食品工业中糖液的脱色、净化和 Ca^{2+}、Mg^{2+}、SO_4^{2-}、PO_4^{3-} 的去除，发酵工业中各种有机酸和氨基酸的分离和提纯，尤其是味精发酵中谷氨酸的分离，制药工业中各种抗生素和生物碱的分离和提纯等等。

生物体中许多大分子化合物具有能和某些相对应的专一分子进行可逆结合的特性，如蛋白质和辅酶、抗原和抗体、激素及其受体等，利用生物分子间这种亲和力而进行分离的技术称为亲和色谱分离技术。利用生物分子对的这种特性可以分离和纯化的物质，包括酶、蛋白质、酶的抑制剂、抗体和抗原、激素和药物受体、核酸、基因、细胞等等。

凝胶色谱分离技术是指当混合物随流动相经过固定相(凝胶)时，混合物中各组分按其相对分子质量大小不同而被分离的技术。作为固定相的凝胶，像过滤分子的筛子一样，相对分子质量大的组分先流出，而相对分子质量小的组分后流出，因此此种技术又被称为分子筛或凝胶过滤。常常被应用于相对分子质量的测定，酶、蛋白质、多糖、核酸的分离和提纯。

聚焦色谱分离技术是利用具有两性电解质特点的组分如氨基酸、蛋白质、酶等在等电点上的差异，当混合物流经具有 pH 梯度的固定相时，各组分在相应的等电点上进行聚焦而得以分离的高分辨率分离技术。此种色谱技术的分辨率极高，但由于其处理量少，目前还较难应用于大规模的工业生产上，通常是作为分析手段对两性电解质进行等电点测定。

最初的色谱分离技术只适用于生物小分子的分离、分析。因为生物小分子的相对分子质量小，结构及性质都比较稳定，要求的操作条件不苛刻，所以采用吸附色谱、分配柱色谱以及离子交换色谱进行分离较为适宜。其中氨基酸、核苷酸、有机酸等一些离子化合物多用离子交换色谱，而生物碱、萜类、苷类、糖类、色素等次生代谢小分子则多采用吸附色谱法进行分离。自 60 年代以后，发展了生物大分子的色谱分离法，包括多糖基离子交换色谱法、大孔树脂离子交换色谱法、凝胶色谱法、亲和色谱法以及聚焦色谱法，这些方法的建立和发展，使生物大分子的分析和分离研究进入了一个新的阶段，同时色谱技术也得到了更为广泛的应用。虽然根据相对分子质量的大小和某些化学性质的差异可分别选择不同的色谱法，但这并不意味着某一色谱方法只适用于某一类物质，而只能说明某一类成分较好地适用于某一色谱法，或者用某种色谱法分离某种物质效果更佳。因为生物大分子的色谱分离与生物小分子的色谱分离存在一定程度上的差异：

（1）生物大分子要求固相载体具有亲水性，并具有一定的三维空间结构及疏散度，使生物大分子易于接近和出入固相部分，从而利用其性质差异而达到分离。

（2）生物大分子进行色谱分离时，所选用的固相载体必须对生物大分子的生理活性没有破坏作用。

（3）生物大分子的色谱分离条件要求比较温和，一切强酸、强碱、高压和高温都不适宜。

色谱作为一种分离方法和技术，其应用范围包括实验室分析以及大规模的工业分离两个方面。虽然色谱法目前更多的应用还只限于实验室的制备和分析，真正规模较大的工业应用还只是近一二十年的事情。但从理论上说，所有的色谱技术都可应用于工业上的分离。问题的关键在于要解决分离效率随色谱柱的放大而急剧下降的问题，同时还要解决操作过程的效率问题，分离效率和操作效率是妨碍色谱技术在工业分离中应用的主要原因。近十年来这方面的工作已有所突破，某些色谱技术如固液交换吸附色谱、气液分配色谱和凝胶色谱都已经达到工业应用规模。相信在不久的将来，色谱技术将在石油化工、生物、医药、食品、原子能等方面得到更广泛的工业化应用。

二、色谱图

混合液经过一个色谱层析柱后，在对组分进行洗脱时，由于迁移速度的差异和分子的扩散，各组分在流出色谱分离柱时，其流出的先后顺序和浓度分布是不一样的。如果以流出组分的洗脱时间或洗脱体积为横坐标，以分离组分的浓度或相应的检测信号为纵坐标作图，便形成峰形的浓度分布，称为色谱峰。多个组分流过色层柱后，形成连续出现的多处色谱峰，这些色谱峰构成的图形称为色谱图。单个组分的色谱图示例见图 10-1。任何一种色谱分离技术在分离过程中都会出现此种现象。色谱图中包含如下几个基本概念：①基线，指当没有样品进入检测器时，检测器

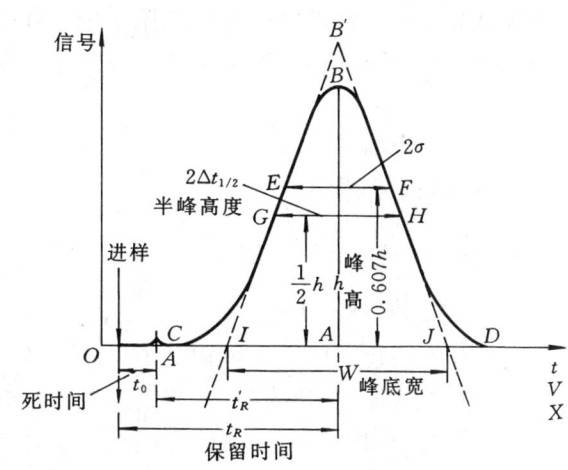

图 10-1　典型的色谱图

给出不变的信号。图中以 OD 表示。②峰高，即色谱峰的顶点到基线的垂直距离，图中以 AB 和 h 表示。③半峰高宽，峰高一半处的宽度，即图中的 GH。④峰底宽，由色谱峰两边拐点作切线，与基线相交，两交点间的距离即是峰底宽，如图中的 W。⑤峰面积，即色谱峰曲线所形成的面积，如图中的 CBD。这些基本概念是进行色谱计算的基础。色谱图是色谱分离的重要理论依据。因为色谱图可以给我们提供如下的重要信息：

（1）根据峰的多少可以判断样品是否为纯化合物。出现多少个峰起码就有多少个这些峰所代表的组分。

（2）说明分离情况，评价色谱柱对性质相近的组分的分离度，亦即分辨率。峰之间分得越开，分离情况就越好。

（3）提供组分出现的时间和体积数据。根据这些数据可对组分进行适当地收集和分离。

（4）根据峰高和峰面积进行定量计算。

第二节　亲和层析分离技术

一、亲和层析的基本原理与过程

1. 亲和层析的概念

利用固相载体上的配基对目标组分所具有的专一的和可逆的亲和力而使生物分子分离、纯化的一种层析技术，称为亲和层析或亲和色谱分离技术。

在自然界中，具有这样专一而又可逆的亲和力的生物分子一般都是相配成对的，可将其称为生物对。这些生物对中一旦一方离开了另一方，就失去了这种特殊的亲和力。自然界中主要的生物对包括：

酶及其底物、抑制剂、辅酶或辅基；

抗体与抗原，病毒和细菌；

外源凝集素与多糖、糖蛋白，细胞表面受体和细胞；

核酸与互补的碱基序列、组蛋白、核酸聚合酶、结合蛋白；

激素与激素受体；

细胞与细胞表面特异蛋白、外源凝集素。

2. 亲和层析的过程

亲和层析的基本过程为：

载体与配基的选择──→载体的活化及与配基的偶联结合──→装柱平衡──→亲和吸附──→洗涤──→解吸──→柱再生

首先将载体活化，然后把生物对中另一方即配基，在不损害其生物功能的条件下，把它固定在不溶性载体上(即偶联)，并装入层析柱中平衡后作为固定相。将含有待分离物质的混合液作为流动相，在一定条件下流经层析柱中的固定相。此时，流动相的混合液中，只有与配基构成亲和生物对的物质被固定相中的配基亲和吸附，混合液中其他物质不被吸附而直接流出层析柱，这样就把待分离的亲和物与混合液中其他物质分离。然后变换流经亲和柱的溶液，改为洗脱液进行洗脱，使配基与待分离的亲和物解吸，将释放的分离成分收集，从而完成分离的过程。整个过程可用图 10-2 来表示。

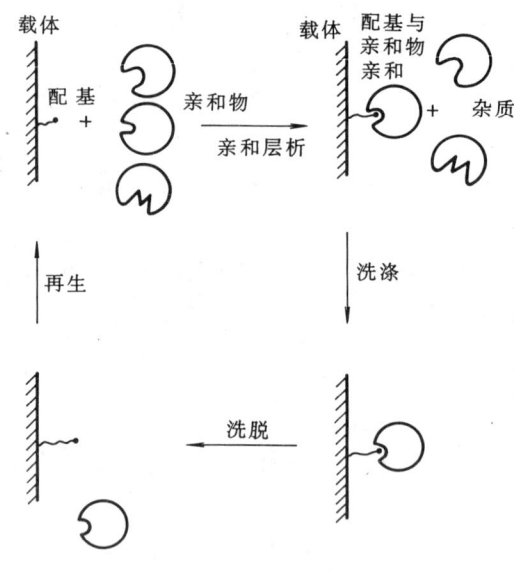

图 10-2 亲和层析的基本过程

二、亲和层析的特点

和其他分离技术相比，亲和层析具有下列的优点：

（1）分离过程为一步性操作，过程简单迅速，分离效率高，从而克服了其他分离技术中存在的分离步骤繁琐、操作时间长、分离效率低的缺点。

（2）操作条件温和。对含量极少而又不稳定的活性物质的分离比较有效。

（3）选择性和效率都较高，甚至能从粗提取液中一步分离便获得极高的纯化倍数。

缺点：
(1) 使用范围受到很大的限制。因为并非所有物质都可以找到与之相配对的配基成分。
(2) 层析所要求的稳定条件也往往受到很大的限制。
(3) 载体的费用较高，寿命较短。

三、生物对的亲和作用及选择

生物对由待分离的组分与配基组成，配基即是与待分离组分具有专一和可逆结合力的配对物。具有专一亲和力的生物分子对有很多种，下面分别作简单的介绍。

1. 酶与底物

生物化学的反应过程，有不少是酶作用过程，也就是酶的催化作用过程。在这样的作用过程中，参加反应的分子(底物)必须与酶分子有直接的结合，这样的结合，从酶的作用机理上分析是一个非常奇特的过程，它是具有非常专一性的可逆过程。这种专一性包括对底物的结构专一性和立体异构专一性。一般认为酶分子结构中的活性中心是具有与底物结合和起催化作用的特殊部位。对于酶分子四级结构所组成的三维空间，只有某种特定形状的底物分子，才能接近并能与酶分子的特殊结合点上的基团结合及起反应，从而完成整个反应过程。这好比

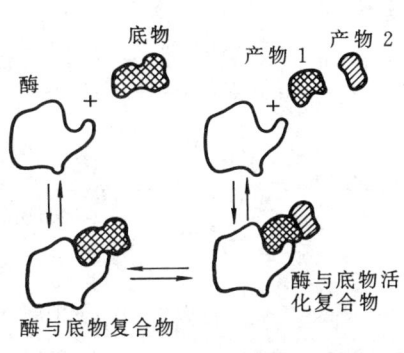

图10-3 酶与底物的特殊亲和作用

锁与钥匙的关系一样，一把钥匙开一把锁，只有钥匙与锁心有特殊的结合才能把锁打开。酶与底物的特殊作用可用图10-3表示。酶的亲和层析就是利用这种特殊的亲和作用。

在酶和底物的特殊亲和作用中有两点值得注意：
(1) 大多数底物的分子都比酶分子小，只有少数是例外，因此在以底物作配基时，往往需要引入"手臂"，以消除"空间阻碍"。
(2) 反应速度开始时随底物浓度增加而增加。但当达到某一定值后，反应速度就不再增加，酶的结合部位就被底物所饱和。亲和层析由此特性来决定配基的量，即应先决定反应的动力学常数。

2. 酶与竞争性抑制剂

能够抑制酶催化活性的物质称为酶的抑制物。当一种酶的抑制物的化学结构与酶的底物相似，并且也能可逆地与酶起特殊的亲和作用而和酶结合时，这种抑制物称为酶的竞争性抑制剂。当竞争性抑制剂与酶活性中心的结合部位发生亲和作用时就使酶对底物失去活性。因此在亲和层析中也可以利用竞争性抑制剂来亲和吸附酶分子。酶与竞争性抑制剂的亲和结合具有以下的特性：
(1) 这种亲和结合是可逆的，一旦去除抑制剂，则酶又恢复与底物专一性结合的能力；
(2) 竞争性抑制剂对酶的亲和力一般都小于底物对酶的亲和力；

（3）当抑制剂与底物同时存在时，抑制剂的抑制能力与两者浓度的比率有关。如果底物浓度过大，则抑制剂难以发挥作用；

（4）不同的酶所亲和的抑制剂也不一样，故亲和层析必须选择合适的抑制剂。例如丁二酸在琥珀酸脱氢酶催化作用下形成反丁烯二酸。如果在反应系统中加入丙二酸，由于丙二酸与丁二酸化学结构相似，两者会竞争与酶结合，使丁二酸与酶结合的机会减少，故反丁烯二酸的生成量也减少。

3. 酶与辅助因子

酶可分为由纯蛋白质组成的酶和由组合蛋白质组成的酶两类。后者除酶蛋白外还需要与辅助因子结合后才能表现出活性，这种酶称为全酶。在亲和层析中常用辅助因子为配基来分离酶。辅助因子包括辅酶和辅基两种，两者之间无本质的区别，仅仅表现为对酶的结合力不同而已，辅基对酶的结合力大于辅酶对酶的结合力。

辅酶多属维生素类物质，并且多由 B 族维生素类化合物组成，如下表所示。

表 10-1 几种由 B 族维生素参与构成的辅酶

维生素		辅酶名称	可亲和酶类
符号	名称		
VB_1	硫胺素	焦磷酸硫胺素	辅羧化酶等
VB_2	核黄素	黄素腺嘌呤核苷酸	各类黄酶
VB_3	泛酸	辅酶 A（COA）	转酰基酶类
VB_4	磷酸腺嘌呤	FMN、COA、NAD 等	转酰基酶类
VB_5	菸酸	辅酶Ⅰ、辅酶Ⅱ	脱氢酶类
VB_6	吡哆素	磷酸吡哆醛	氨基转移酶类

4. 其他

如抗原/抗体，激素/受体，脱氧核糖核酸（DNA）/核糖核酸（RNA），乙醇脱氢酶/Zn^{2+}，羧肽酶/Zn^{2+}，抗坏血酸氧化酶/Cu^+、Cu^{2+}，过氧化物酶/Fe^{2+}、Fe^{3+}，过氧化氢酶/Fe^{2+}、Fe^{3+}，多酚氧化酶/Cu^{2+}、Cu^+，蛋白 A/IgG，外源凝聚素/IgG，肝素/抗凝血酶，蛋白质/儿茶素，壳聚糖/酶类或蛋白质等，都是具有特殊亲和作用的生物分子对。

具有特殊亲和作用的生物分子对是亲和层析的基础。根据待分离物质，可以通过查阅有关的生物化学文献，便可查到与之亲和的生物分子配基。配基和待分离物配成生物分子对，即可以对待分离物进行亲和层析分离。

当待分离的生物分子对不能从文献上查到时，就必须从试验中寻找。寻找的方法是：如欲分离某物质 A，则先以 A 作为配基，使之固定在载体上，然后用多组分的溶液分别作为流动相流经固定相。没有特殊亲和作用的物质便流出固定相，具有特殊亲和作用的物质便被亲和吸附。设 B 被亲和吸附，这表明 A 与 B 为具有特殊亲和作用的生物分子对。应用时即可以 B 为配基，使之固定在载体上，从含 A 的混合液中将 A 分离出来。

此外，还要考虑到配基与载体之间的连接，即作为配基的组分，除了具有对待分离物的特殊亲和力以外，还必须具有能与载体连接的化学基团。

四、载体的选择

(一) 对载体的要求

①不溶性,对水具有亲和性而不溶于水;②渗透性,具有疏松网状结构,容许大分子自由通过;③具有较高的硬度和合适的颗粒度;④具有较低的吸附力,防止非专一性的吸附;⑤具有较好的化学稳定性并能抗微生物的侵蚀和酶的降解;⑥活化方便,如与配基的连接方便等。

(二) 载体的类型

亲和层析的载体包括纤维素、葡聚糖凝胶、聚丙烯酰胺凝胶、多孔玻璃、琼脂糖等,其中最常用到的是琼脂糖、聚丙烯酰胺和葡聚糖。

1. 聚丙烯酰胺凝胶的活化和偶合

聚丙烯酰胺凝胶是由单体丙烯酰胺通过交联剂如甲叉双丙烯酰胺聚合而成的高分子聚合物,商品名为 Bio-gel P,呈干粉状,结构紧密,溶胀后成为凝胶,其化学性质较稳定,特别适用于配基与亲和物之间亲和力比较弱的系统。但凝胶的孔隙率较低,孔小,有些大分子不易通过,可通过调整其单体丙烯酰胺的含量来解决。

聚丙烯酰胺凝胶可以活化成多种衍生物。

(1) 形成叠氮衍生物　其酰胺基经水合肼处理形成酰肼基,再经亚硝酸处理而成,此种衍生物可以和具有脂肪族或芳香族氨基的配基偶合。

$$\{-C(=O)-NH_2 \xrightarrow{H_2N\cdot NH_2} \{-C(=O)-NH\cdot NH_2 \xrightarrow{H_2O_2} \{-C(=O)-N_3 \xrightarrow{NH_2-[配基]} \{-C(=O)-NH-[配基]$$

(2) 形成酪氨酰衍生物　聚丙烯酰胺的叠氮衍生物进一步和甘氨酰酪氨酸反应,可制得酪氨酰衍生物。这种衍生物可以和带有氨基的配基偶合。

$$\{-C(=O)-N_3 \xrightarrow{甘\cdot 甘\cdot 酪} \{-C(=O)-甘\cdot 甘\cdot 酪-C_6H_4-OH$$

$$\downarrow N\equiv N-C_6H_4-[配基]$$

$$\{-C(=O)-甘\cdot 甘\cdot 酪-C_6H_3(OH)-N=N-C_6H_4-[配基]$$

(3) 形成氨基衍生物　带酰胺基的聚丙烯酰胺衍生物可与脂肪族二胺反应制得氨基衍生物,它能与带羧基的配基偶合。脂肪族二胺中的烃链可以作为配基的"手臂",利用烃链的长度,可以控制"手擘"的长短。

$$\{-C(=O)-NH\cdot NH_2 \xrightarrow{H_2N(CH_2)_nNH_2} \{-C(=O)\cdot NH(CH_2)_nNH_2$$

$$\xrightarrow[\text{羰二亚胺}]{\text{HOOC—配基}} \left\{\begin{matrix}\text{─C─NH(CH}_2)_n\cdot\text{N─C─配基}\\\parallel\quad\quad\quad\quad\quad\quad\parallel\\ O\quad\quad\quad\quad\quad\quad O\end{matrix}\right.$$

2. 琼脂糖的活化与偶联

琼脂糖为 D-半乳糖和 3,6-脱水 L-半乳糖交替结合的直链状多糖，其结构式为：

凝胶态的琼脂糖链呈单螺旋状，中间由氢键维系，纵横交错形成多孔网状结构。

琼脂糖在亲和层析中具有非常重要的作用。琼脂糖已制成珠状凝胶颗粒商品供应，商品名为 Sepharose，内含 2%、4%和 6%的琼脂凝胶，分别以型号 Sepharose 2B、4B 和 6B 表示，其中以 Sepharose 4B 的各项性能比较适中，用得最多。琼脂糖的凝胶浓度越低，其结构越松散，更具有多孔性，但机械强度降低。

珠状琼脂糖凝胶亲和力很强，具有一定的化学稳定性。室温下用 0.1 mol/L NaOH 或 1 mol/L HCl 溶液处理 2~3 h 不会变性，用 6 mol/L 盐酸胍或 7 mol/L 尿素长期处理不会影响其吸附性。采用琼脂糖凝胶制成的亲和柱可长期使用，并能经受采用蛋白质变性剂的洗脱处理，但不能经受有机溶剂的处理。其耐热性较差，不能进行加热消毒，也不能进行干燥。必须在低温下贮存，但不能冻结，因为冻结会破坏其可逆过程。

(1) 琼脂糖的活化　琼脂糖在使用前需要经活化处理才能与配基结合。通常在碱性条件下，用溴化氰处理，引入活泼的亚氨基碳酸盐，能与带有游离脂肪族或芳香族氨基的配基相偶联，形成氨基碳酸盐和异脲衍生物。

(2) 琼脂糖衍生物中引入"手臂"　在亲和层析中常用小分子化合物(如小分子底物、辅酶、抑制剂等)作为配基亲和吸附大分子物质(如酶等)。当配基小分子与载体相连接时，载体所形成的空间位阻会影响到配基与亲和物的密切吻合，往往不能形成有效的吸附。把小分子配基与琼脂糖直接连接时就常常出现这种无效吸附。此外，活化后的琼脂糖要求与带游离氨基的配基相连接，如果配基不具有游离的氨基，就无法与载体相连接。为了解决这些问题，通常是在载体与配基之间引入不同长度的"手臂"，"手臂"的末端还可以带上游离的氨基，以便和不带游离氨基的配基相偶联。琼脂糖衍生物就具有这样的"手臂"功能。使用带"手臂"的琼脂糖衍生物不仅解决了无效吸附和不带游离氨基的配基与载体的连接问题，而且还可以避免用溴化氰活化琼脂糖时容易引起的爆炸和中毒等问题。琼脂糖引入"手臂"的机理如图10-4所示。

 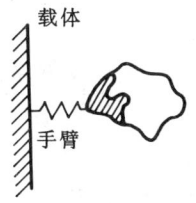

(a) 配基与亲和物无法吻合　　(b) 借助于"手臂"配基与
　　　　　　　　　　　　　　　　亲和物完全吻合

图 10-4　引入"手臂"机理

琼脂糖衍生物十分稳定，有利于长期贮存。琼脂糖衍生物有氨基琼脂糖、羧基琼脂糖、溴乙酸琼脂糖、巯基琼脂糖以及琼脂糖重氮盐衍生物等。在所有的琼脂糖衍生物中，以 ω-氨基烷基琼脂糖最为重要。它是把经溴化氰活化后的琼脂糖和甲叉二胺或乙叉二胺的一个氨基偶联而得。甲叉二胺或乙叉二胺属脂肪族二胺类化合物。

$$\text{琼脂糖} \xrightarrow[\text{CNBr}]{H_2N(CH_2)_nNH_2} \text{—NH(CH}_2)_n\text{NH}_2 \xrightarrow[\text{羰二亚胺}]{\text{HOOC—}\boxed{\text{配基}}} \text{—NH(CH}_2)_n\text{NH·CO—}\boxed{\text{配基}}$$

通过改变脂肪族二胺分子的烃链长度，可以控制插入"手臂"的长度，在羰二胺分子的作用下，其 ω-氨基可与带羧基的配基相连接。

以小分子作为配基的亲和层析，其分离效率在很大程度上取决于配基与载体骨架的距离。当引入"手臂"后，若使两者保持适当的距离，则分离效率较高；但如果"手臂"过长，则反而会使亲和吸附效率降低。

当使用大分子（如蛋白质等）作配基时，由于其分子较大，可引出外面与亲和物结合，不存在阻碍作用，一般不需要引入"手臂"，让它直接与载体偶联即可。

交联琼脂糖可经受 110～120℃多次高温消毒处理。

五、亲和层析条件的选择

亲和层析一般采用柱层析法。

1. 平衡缓冲液和样品液的选择

亲和层析中亲和柱所用的平衡缓冲液的组分、pH 值和离子强度都应选择对亲和双方作用最强、最有利于形成络合物的条件。样品液应和亲和柱的缓冲液一致。pH 值一般选用有利于生物对结合的 pH 值。温度常在 4℃下进行，一则可防止生物大分子热变性失活；二则有利于亲和双方形成络合物。

进行亲和层析时，当样品液通过亲和柱后，应用大量的平衡缓冲液洗去亲和柱上的杂质，使柱上尽可能留下专一的亲和物。

2．洗脱剂的选择

洗脱的条件与亲和吸附的条件相反，其目的在于减弱配基与亲和物之间的亲和力，使配基与亲和物组成的络合物完全解离。

在选择洗脱条件时，应该参考有关文献、资料。表10-2摘录了部分亲和层析所选用的洗脱剂以及平衡缓冲液，供参考。

表 10-2 各种亲和成分可选择的配基及洗脱条件

亲和分子对		吸附平衡缓冲液	洗 脱 剂
亲和吸附剂	亲和对象		
DNA	DNA 聚合酶	0.05 mol/L Tris-HCl, pH 7.8	0.4 mol/L KCl 于同一缓冲液中
抑制剂	β-半乳糖苷酶	0.05 mol/L Tris-HCl, pH 7.5	0.1 mol/L 硼酸 pH 10.5
抑制剂	木瓜蛋白酶	20 mmol/L EDTA, 10 mmol/L 硫基乙醇 pH4.3	水
抑制剂	β-D 木糖苷酶	0.02 mol/L 磷酸缓冲液, 1 mmol/L EDTA, pH 6.8	2 mol/L D-木糖, 0.1 mol/L NaCl, 于平衡缓冲液中
NAD^+	脱氢酶	10 mmol/L 磷酸缓冲液, pH 7.5	10 mmol/L→0.5 mol/L 梯度磷酸缓冲液
抑制剂	乙酰胆碱酯酶	0.1 mol/L NaCl-0.01 mol/L 磷酸缓冲液, pH 7.0	1 mol/L NaCl-0.1 mol/L 磷酸缓冲液, pH 7.0
抑制剂	乙酰胆碱酯酶	0.1 mol/L NaCl-0.04 mol/L $MgCl_2$, pH 7.8	1 mol/L NaCl
L-色氨酸	枝酸变位酶	0.1 mol/L 磷酸钾, pH 6.9	10^{-2} mol/L L-色氨酸
L-酪氨酸	3-脱氧-D-阿拉伯糖-庚酮糖酸-7-磷酸合成酶	0.2 mol/L 磷酸缓冲液, pH 6.5; 0.1 mmol/L $CoSO_4$-0.1 mmol/L 氟化苯甲基砜	与平衡缓冲液相同
壳 质	溶菌酶	0.05 mol/L 磷酸缓冲液, pH 7.0	0.25 mol/L KCl, 0.5 mol/L 磷酸缓冲液, pH 4.6
血红蛋白	小麦粉蛋白酶	0.05 mol/L 乙酸, pH 5.5	0.05 mol/L 乙酸
抑制剂	α-胰凝乳蛋白酶	0.05 mol/L Tris-HCl, pH 8.0	0.1 mol/L 乙酸
抑制剂	羧肽酶 A	0.05 mol/L Tris-HCl-0.3 mol/L NaCl, pH 8.0	0.1 mol/L 乙酸
卵类粘蛋白	胰蛋白酶	0.1 mol/L 三乙胺-0.02 mol/L $CaCl_2$, pH 8.1	0.2 mol/L KCL-HCl, pH 2.0
抑制剂	L-天门冬酰胺酶	0.05 mol/L 硼酸-0.3 mol/L NaCl-0.006% NaN_3, pH8.6	10^{-3} mol/L D-天门冬酰胺或 2 mol/L NaCl 于平衡缓冲液中
前白蛋白	松香油结合蛋白	0.05 mol/L Tris-HCl-0.5 mol/L NaCl, pH 7.4	稀氨水, pH 8.0
胰岛素	胰岛素受体	0.1 mol/L $NaHCO_3$ 缓冲液 (pH 7.4) 中含有 0.1% triton X-100	0.05 mol/L pH 6.0 乙酸钠缓冲液中含有 4.5 mol/L 尿素及 0.1% Triton
生物素	抗生蛋白	0.2 mol/L $NaHCO_3$, pH 8.7	6 mol/L 盐酸胍, pH 1.5
甲状腺素	甲状腺素结合蛋白	0.1 mol/L $NaHCO_3$	0.02 mol/L KOH, pH 9.3
胰岛素抗体	胰岛素	Tris-HCl-牛血清白蛋白 (pH 8.2)	1 mol/L 乙酸

实际上洗脱剂和洗脱条件应从以下几个方面来考虑：

（1）改变洗脱液的 pH 值。通常利用 0.1 mol/L 乙酸或 0.01 mol/L 盐酸等稀酸或 0.1 mol/L NH_4OH 来改变洗脱液的 pH 值。例如将缓冲液的 pH 值从 7.8 降至 3.0，即可将胰蛋白酶从大豆胰蛋白抑制剂上洗脱。

（2）在洗脱液中加入水溶性配基，并且要有一定的浓度，这样可使亲和物的亲和吸附转移到水溶性配基上来。

（3）对亲和吸附较强的生物对，则可采用蛋白质变性剂等强烈的洗脱手段进行洗脱。洗脱后的亲和物应马上采用适当的方法处理，使之恢复活性，如中和、稀释或透析等。采用的蛋白质变性剂包括盐酸胍、尿素、强酸等。

（4）对亲和力较强的亲和吸附，还可以设法将载体"手臂"与配基的连接键断开。例如使用保险粉使"手臂"中的重氮键还原断裂。

常用的洗脱剂有：水、0.1~0.5 mol/L NaCl-磷酸缓冲液、0.1 mol/L 硼酸（pH=10.5）、0.1~1 mol/L 乙酸、稀氨水等等。

第十一章　新型吸附分离技术

第一节　吸附分离技术概述

一、吸着与吸附

吸着是指气体或液体等流动相与多孔颗粒的固定相接触时，流动相中一种或多种组分有选择地被保留于颗粒固定相上的过程。这种多孔的固相颗粒，可以是具有直径 50～500 Å 微孔或巨大微孔表面积的吸附剂，也可以是具有均一的 5 Å 或 10 Å 微孔直径的可渗透凝胶状或树脂状结构的树脂物质。

吸附是指固体表面或液体表面对气体或溶质的吸着现象，也就是在流动相与固定相界面处产生溶质组分的浓缩现象。作为固定相的称为吸附剂，而在固定相上产生浓缩的组分则称为吸附质。吸附实际上就是吸附剂对吸附质的吸着现象。

吸附从其性质来分，可分为物理吸附和化学吸附两大类。物理吸附是由于吸附剂与吸附质分子间的相互吸引力作用的结果，因此也称为范德华吸附。在一般情况下，物理吸附的吸附热较小，分子间的作用力较小，吸附质容易从吸附剂表面脱出，并且吸附的结果不会改变吸附剂和吸附质原来的性状。物理吸附是一种可逆的过程，可以随着操作条件的改变而形成吸附与解吸的转换。如在低温或高压条件下，吸附质容易被吸附，而随着温度的提高或气相压力的下降，固定相上的吸附质就产生解吸现象。工业吸附分离的原理就是利用这种可逆过程，改变操作条件，使吸附质在吸附剂上进行吸附-解吸过程而实现分离的目的。

化学吸附是指由于类似于化学键的作用所引起吸附剂和吸附质分子间的相互作用而产生的吸附。化学吸附的吸附热较大，分子间的结合力比物理吸附要大得多，必须在较高的温度下才能使吸附质从吸附剂表面脱出，并且在脱出过程中往往要发生化学变化，吸附质不再具有原来的性状。这种过程是一种不可逆的过程。

通常，物质在较低温度下的吸附现象多为物理吸附。物理吸附一般都是在低温下吸附，在高温下解吸，并且这种吸附不具有专一性。物质在较高温度下的吸附多为化学吸附，其吸附速率随着温度的升高而明显加快，同时化学吸附具有专一性。

吸附分离技术包括吸附、解吸和吸附剂的再生等几个基本过程。吸附就是使待分离的组分从混合物中脱离而被吸着到吸附剂上，如果被吸附的组分是有用的物质，则通过解吸而将其回收，解吸后的吸附剂可以恢复原状而得以循环利用。如果被吸附的组分是无用的物质，则吸附过程起着除杂的作用。

吸附现象很早就被人们发现和利用，利用木炭进行液体的脱湿和气体的除异味就是典型的吸附现象。吸附分离技术就是利用混合物中组分之间与吸附剂的结合力存在差别,使各组分在固定相(吸附剂)与流动相之间具有不同的分配系数而实现分离的技术。选择合适的吸附剂,可以获得很高的选择性,因此此种技术适用于用精馏等方法难以分离的混合物的分离和除杂。此外,由于此种分离技术的操作条件比较温和,因此也适用于生化工程的后期即产品的分离和提纯。目前,吸附分离技术作为一种重要的分离气体和液体混合物的手段,在化工、环境保护、轻工食品等领域中得到了广泛的应用。吸附分离技术的进展包括了两个方面的内容:一是新型的性能良好的吸附剂的开发;二是由于采用比较先进的循环操作方法和工艺流程,从而形成了很多新型的吸附分离技术。这些新型的吸附分离技术包括变温吸附分离技术、变压吸附分离技术、变浓度吸附分离技术、参数泵吸附分离技术和模拟移动床分离技术等等。其中变压吸附分离技术已应用于工业上气体混合物的分离,参数泵吸附分离技术因具有较高的分离效果目前引起研究人员的注意。

二、吸附剂的种类及性能

前面讲到,吸附是吸附剂对吸附质的吸着过程。因此开发和选择性能优良的吸附剂,是确定吸附分离过程成败的首要问题。

常用的吸附剂有活性白土、活性炭、硅胶、活性氧化铝、分子筛以及新型的纤维状吸附剂等。

(1) 活性白土　采用粘土经酸处理后即成为活性白土。主要成分为硅藻土。供工业应用的活性白土有粉末状和颗粒状,主要用于植物油脂类脱色精制,石油馏分的脱色、脱水及溶剂的精制等。

(2) 活性炭　含炭原料经炭化和活化后便成为活性炭。这是一类具有吸附性能的炭基物质的总称,具有多孔结构和很大的比表面。如作为气相吸附剂的活性炭,其有效的表面积可达 1 000 000 m^2/kg。活性炭从不同的来源分有果壳系、木材系、泥炭褐煤系、烟煤系和石油系;以不同的孔径分有 10 Å 以下的炭分子筛,20 Å 以下的活性焦炭和 50 Å 以下的活性炭等。

活性炭性能稳定,抗腐蚀,常用于食品工业的脱色、脱臭、净化,也用于环境保护中的三废处理以及作为催化剂的担体等等。

(3) 硅胶　硅胶是一种坚硬、多孔结构的固体颗粒,分子式为 $SiO_2 \cdot nH_2O$。制备时用硫酸处理硅酸钠水溶液使之生成凝胶,经水洗、除硫酸钠后干燥即为硅胶。通过控制制造条件可以控制硅胶微孔的大小、孔隙率和比表面的大小。典型的硅胶吸附剂的孔径在 10~400 Å,比表面在 830 000 m^2/kg 左右。

硅胶易吸附极性物质(如水、甲醇等),而难于吸附非极性物质。其中吸附气体水分的能力特别强,可达硅胶本身质量的 50%,故多用作气体和液体干燥剂以及催化剂的担体。工业用的硅胶有粒状、球状、粉状等。

(4) 活性氧化铝　以氧化铝为主,由铝的水化物加热脱水而成。孔径从 20~50 Å,比表面在 200 000 ~ 500 000 m^2/kg 左右。其吸湿容量大,使用周期长,多用于高湿度气体的干燥和脱湿。

(5) 分子筛

① 合成沸石　这是一种合成分子筛。它具有热稳定性和化学稳定性高的特点,并有筛

分、离子交换、选择和吸附性能良好的特点。它是一种良好的极性吸附剂,对极性分子,特别是水有很大的亲和力,能选择性地吸附不饱和的有机化合物。

合成沸石为结晶硅铝酸盐的多水化合物,其化学通式为:

$$Me_{x/n}[(AlO_2)_x(SiO_2)_y] \cdot mH_2O$$

其中,Me 代表ⅠA族和ⅡA族金属阳离子,主要为 Na^+、K^+ 和 Ca^{2+} 等,x/n 表示价数为 n 的可交换金属阳离子(Me)的数目。m 表示结晶水的分子数。

常用的合成沸石分子筛有 A 型、X 型、Y 型等。

②炭分子筛 具有与 5 Å 合成沸石分子筛大致相同的孔径,是一种非极性的吸附剂。它的机械强度好,制备工艺简单,成本低,用途广,具有较好的选择吸附作用。多用于吸附制备氮,效果较好。

炭分子筛不仅比表面大($800\,000 \sim 1\,000\,000$ m^2/kg),而且空腔大,其吸附能力是很高的。因此炭分子筛常常用于深度干燥。

(6) 吸附树脂 主要是聚苯乙烯、聚丙烯酸酯等高聚物。此类吸附剂具有理化性能稳定、再生容易、品种较多、易于选择等优点。可用于污水处理,维生素分离,过氧化氢精制等。

(7) 新型纤维吸附剂 如碳纤维、玻璃纤维、氧化铝纤维等。碳纤维对气体中有机物和杂物的吸附速度快、易于再生,可加工成各种形状,具有便于操作、对低浓度物质吸附效率高、温度影响较小等特点。

三、吸附分离技术的应用和进展

(1) 气体或溶液的脱湿与深度干燥。如氟里昂要求严格干燥,微量的水分都会使之分解生成氯化氢,腐蚀设备,同时氯化氢气体进入压缩机会引起冲缸而损坏压缩机。

(2) 气体中少量溶剂的回收。如用活性炭回收苯、丙酮、二氧化碳等。

(3) 有机物的分离、精制。如对位二甲苯与混合二甲苯中间体的分离,从汽油馏分中分离正构烷烃,淀粉糖生产中果糖和葡萄糖的分离等。

(4) 气体分离与精制。如从工业气体中除去二氧化碳、水分等杂质,从空气中制备富氧气体、富氮气体,合成氨厂从排放气体中回收氢,纯度可达 95% ~ 99.99%。

(5) 溶液处理、水处理与环境保护。如活性炭在水溶液或有机溶剂中脱色、脱臭,吸附酚类物质。分子筛和活性炭去除二氧化硫和氟化氢等。

(6) 其他贵重金属、稀土金属的富集,作定向选择性催化剂等。吸附分离技术的工业应用可用表 11-1 进行概括。

表 11-1 吸附分离技术的工业应用

分离的类型	分离的体系	使用的吸附剂	分离的类型	分离的体系	使用的吸附剂
气体混合物的分离	正烷烃、异烷烃、芳烃	分子筛	液体混合物的分离	正烷烃、异烷烃、芳烃	分子筛
	N_2/O_2	分子筛		对二甲苯/间二甲苯、邻二甲苯	分子筛
	O_2/N_2	炭分子筛		洗涤剂用的烯烃/烷烃	分子筛
	CO、CH_4、CO_2、N_2、A_2、NH_3/H_2	分子筛、活性炭		对二乙基苯/同分异构混合物	分子筛
	丙酮/排放气	活性炭			
	C_2H_4/排放气	活性炭			
	H_2O/乙醇	分子筛			
气体的净化	H_2O/含烯烃的裂解气、天然气、空气、合成气等	硅胶、活性氧化铝、分子筛	液体的净化	水/有机物、含氧有机物、含氯有机物等	硅胶、活性氧化铝、分子筛
	CO_2/C_2H_4、天然气等	分子筛		有机物、含氧有机物、含氯有机物等/水	活性炭
	有机物/排放气	活性炭、其他吸附剂			
	硫化物/天然气、氢、液化石油气(LPG)等	分子筛		有臭气味和有味物/饮用水	活性炭
	溶剂/空气	活性炭		各种发酵产物/发酵罐流出液	活性炭
	有味气体/空气	活性炭		石油馏分、糖浆和植物油等的脱色	活性炭
	NO_x 排放气	分子筛		硫化物/有机物	分子筛、其他吸附剂
	Hg/氯碱电解槽排出气体	分子筛			

第二节 参数泵分离技术

参数泵分离技术是一种新型的吸附分离技术。早在 1965 年 R H Wilelm 就提出了参数泵分离的新概念。他认为细胞内离子的传递就是参数泵分离过程,并认为各种振荡场(热、电、磁、化学位等)都可以作为推动力。变化操作分离过程会获得较好的分离效果,如流动相脉冲变动流向,产生较好的萃取分离效果就是一个已被采用的成功的例子。1968 年,R H Wilhelm 发表了应用参数泵分离甲苯-正庚烷的研究报告,该研究中以硅胶作吸附剂,利用间歇式热力参数泵使正庚烷与甲苯分离的浓度比高达 $10^5:1$。参数泵具有较高的分离效率这一特性已引起科技工作者的重视,使参数泵分离技术的研究得到很大的发展。

一、参数泵分离原理

(一) 参数泵分离操作原理

以温度为热力学参数的热参数泵,其操作原理如图 11-1 所示,带有夹套的固定床吸附柱两端各接有贮槽,夹套可以分别通入热水或冷水使床层加热或冷却。为使流动相在床层内能上下流动,柱两端用泵使柱内溶液流动。溶液的流动方向的改变和柱的加热或冷却同步,即在前半循环周期柱受热,流动相向上移动;后半循环周期柱冷却,流动相向下移

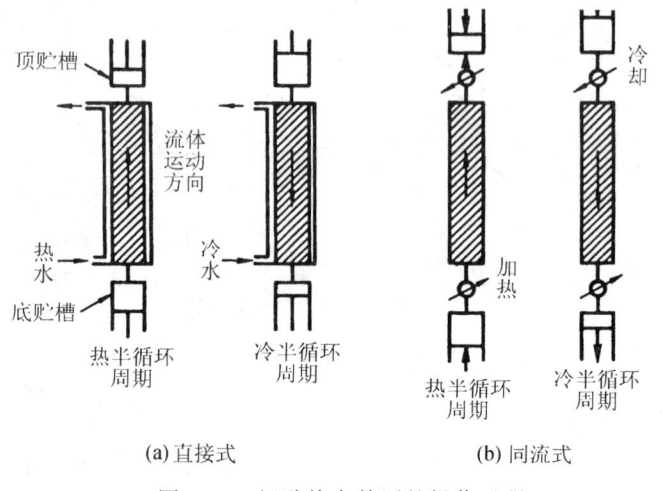

图 11-1　间歇热参数泵的操作过程

动。如流体混合物由一易吸附组分和惰性组分组成，在较高温度下吸附剂的吸附容量减少，释放的溶质随向上流动的流动相上升。在后半循环周期，即冷半循环，将冷水通入夹套或通过顶部热交换器使床层及流动相冷却，吸附剂的吸附容量增加，溶质固定于吸附床层较高的位置，浓度减少的流动相用泵推向床层的下方。经过多次循环，溶质(易吸附组分)向上移动，在床层内形成一定的浓度梯度，溶质在柱顶贮槽内富集，在柱底贮槽内减少。与之相反，惰性组分(难吸附组分)不断地随流动相向下移动，在柱底贮槽富集，在柱顶贮槽减少。随着循环次数 n 的增加，沿轴向的浓度梯度趋于渐近值，热参数泵的分离系数定义为溶质在柱顶贮槽和柱底贮槽内溶液平均浓度之比 $(y_T)_n/(y_B)_n$（其中下标 T 和 B 分别表示柱顶和柱底）。当间歇(闭式)参数泵没有产品自柱顶或柱底贮槽内取出时，全部返回柱内，成为全回流操作。

（二）参数泵分离过程的分类

热参数泵吸附分离根据其基本操作原理的不同，可因其操作方法、回流大小、体系内组分多少和使用的相不同等条件的差异分类。

1. 操作方法

如果热力学参数是温度，由送入夹套的热水或冷水将床层的温度升高或下降，使固定相和流动相的温度发生变化，这种操作方式称为"直接"式，如图 11-1a。另一种是在吸附柱的两端各连接热交换器，流动相未进入床层前先在热交换器内加热或冷却，然后送入吸附柱内，称为"同流"式，如图 11-1b。混合液和热能一齐随着流体流动的方向带入或带出柱外，床层的温度与流动相的流速、热交换器所交换的温度高低、固体相和流体相的热容、和周围环境的热量交换以及两相之间的传热速率等因素有关。对 $NaCl$-H_2O-离子交换树脂体系的实验结果表明，虽然直接式在固定床径向有较大的温度梯度，整个床层上下同时受热或冷却，对于直径较小的固定床所得的分离系数较大，但大直径的床层由于受固体颗粒和液体热阻的影响，传热速率较小，影响了其分离系数的提高。同流式比直接式的分离系数要低些，但在一定的分离程度下，同流式加热(或冷却)容易些，热的回收率较大，损失较小。同流式可能更适用于大直径的吸附柱，由于要用流动相从热交换器中取来的热量加热(或冷却)整个床层，同时其温度的变化由流体进口端逐步改变，温度差的变化小，这些都不利于分离操作，使其分离系数降低。

2．回流

回流量的大小与参数泵分离柱的排列、产物取出方式以及产物取出的数量有关。间歇式参数泵分离柱(图11-1)类似全回流精馏柱，不送入进料或输出产物。反之，部分回流操作的参数泵分离柱，在柱的某一中间点(或柱的两端、或两端的贮槽)送入混合液进料，产品从柱的两端排出，经过一定的循环周期，达到稳定的操作状态，产品的浓度恒定。根据送入进料和取出产品的地点和方式的不同，有多种连续、半连续参数吸附分离操作的方案，其中直接式半连续热参数泵分离的循环操作过程可以分为下列几个步骤(图11-2a)。

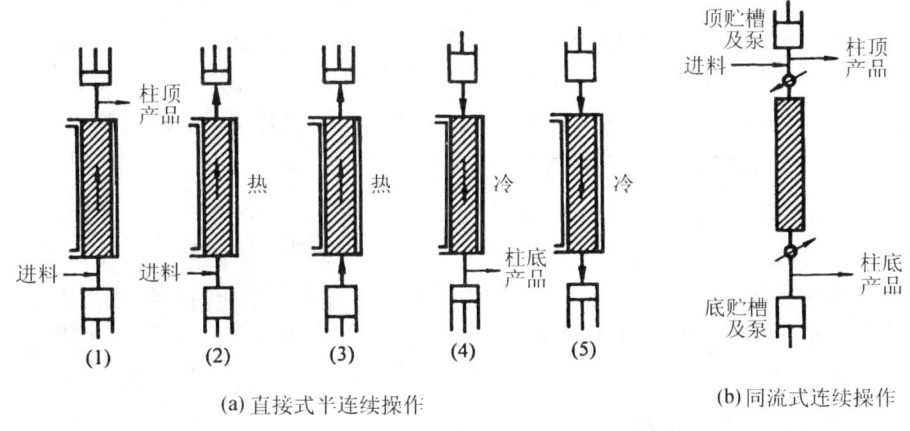

图11-2 半连续和连续热参数泵分离柱循环操作示意图

(1) 从柱底部进料，通热水入夹套使床层及柱内固定相和流动相受热。流动相为泵推动向上移动，柱顶收集到的液体作柱顶产品全部排出。

(2) 柱底继续进料，柱顶停止排放，全部液体进入顶部贮槽(回流槽)。

(3) 停止进料，柱底泵启动，柱底贮槽内液体回流进入分离柱下端，再流过床层，同时柱上端流出的液体，全部流入柱顶贮槽内，循环的上半周期到此结束。

(4) 此时通冷却水入夹套，使柱及床层的固定相和流动相冷却，柱顶部泵启动，将柱顶贮槽内的液体送入分离柱顶端，经床层向下流动。在此期间分离柱下端收集到的液体全部作为柱底产品排出。

(5) 柱顶泵继续动作，从柱底流出的液体全部流入柱底贮槽。下半周期至此结束，再重复下一循环的上半周期。此时柱顶和柱底都定期排出产品。

图11-2b为分离柱顶进料的同流式连续操作。柱底部热交换器供给热量将柱内固定相和流动相加热，柱顶部热交换器通入冷水将热量回收。当柱顶泵启动时，冷却的流动相一部分作为柱顶产品排出，一部分进入柱顶贮槽以备在下一半循环周期作为回流返回柱内。在下半循环周期，流动相在柱底热交换器中冷却，柱底泵启动，在分离柱底端的液体部分作为柱底产品，部分送回柱底部进入床层，完成一个周期的循环。

3. 体系中的组分数

参数泵分离柱能将进料中单组分体系中的惰性组分和溶质组分分开，也能将含有几种组分的混合液体中的一种或数种溶质分离，又可以把混合液中的各种组分分成两组。这些分离方法主要与平衡分配等温线的线性或非线性特性有关，并由所选用的固定相吸附剂的性质所决定。

4. 使用不同种类的相

参数泵分离可用固体或液体作为固定相，以液体或气体作为流动相。液-液体系的参数泵级段分离操作的排列方法，类似液-液萃取，由于要使液体固定相在液体流动相往返运动过程中保持不动，需要采用比较特殊的设备，或类似气-液色谱的方法把固定液负载于多孔介质的载体上，利用各组分对固定液分配系数的不同而分离。

5. 热力学参数

溶质在两相之间等温下平衡分配的关系由热力学参数如温度、pH值、离子强度、电位势、磁场强度、化学势和压力等决定。混合物随这些热力学参数的变化、偶合流动相流向的变化达到分离的目的。但是选用这些热力学参数时，也要参照被分离混合物的状态，如气-固体系，热力学参数 pH 值的变化对其毫无意义。而对液-固体系，热力学参数压力的变化对分离效果影响很小。在参数泵分离操作设备上，改变 pH 值不能用于直接式操作。

利用热力学强度参数的变化与回流配合作用，类似参数泵分离操作，达到分离目的的有流体混合液逆流运动，利用冷床层和热床层交错的移动床热分离；避免流动相交错两个方向的流动，只是单方向流动的循环区分离；以及采用压力为热力学参数的变压吸附（PSA）操作等。

二、参数泵分离技术的应用

热力学参数泵可能由于流动相流向的切换要求高，以及循环周期长、热效率较低的原因，目前主要还停留在实验室规模。除了用于烷烃与芳香烃、芳香烃异构物的分离以外，还用于果糖-葡萄糖混合物的分离，实验结果如表 11-2 所示。

表 11-2 热力学参数泵分离果糖-葡萄糖混合物试验结果

	循环次数 n	2	6	12	16
顶槽各种糖的含量分布	果葡糖(g/mL)	0.23	0.262	0.273	0.281
	果糖(g/mL)	0.112	0.147	0.170	0.182
	葡萄糖(g/mL)	0.108	0.115	0.103	0.099
底槽各种糖的含量分布	果葡糖(g/mL)	0198	0.166	0.155	0.149
	果糖(g/mL)	0.087	0.053	0.042	0.036
	葡萄糖(g/mL)	0.111	0.113	0.113	0.113
操作条件	葡萄糖进料浓度 $c = 0.216$ g/mL，温度 $T = 60$ ℃ 时间 $t = 30$ min 吸附剂为 4 型 2 号分子筛				

此外，以 pH 值为变化参数泵，已有用于提纯蛋白质的实验报道。

第三节 变压吸附分离技术

一、分离原理

上节我们介绍了参数泵的分离原理,并以直接式热参数泵为例说明了热力学参数泵的工作过程。实际上如果把热力学参数由温度改为压力,就变成了无热源参数泵,也就是变压吸附分离了。

变压吸附分离是利用被吸附气体的压力周期性地变化,在高压下吸附,在低压或真空下解吸,吸附剂同时再生,从而将混合的气体组分分离。

通过变压吸附与变温吸附的比较,可以更好地了解变压吸附的原理。图 11-3 为吸附等温线。变温吸附,是在压力不变的情况下进行的,就是垂直于横坐标的虚线。变温吸附在常温等温线与高温等温线之间发生变化:在常温下吸附,在高温下解吸。变压吸附为无热源吸附,没有外加热源,而且吸附剂的导热系数都较小,吸附热和解吸热不会引起吸附床层温度大的变化,故可以认为是一个绝热过程。因此变压吸附可以近似地当作等温过程,其操作是按常温等温线进行:在较高的分压 p_2 处吸附,在较低的分压 p_1 处解吸,如此不断循环,反复进行。

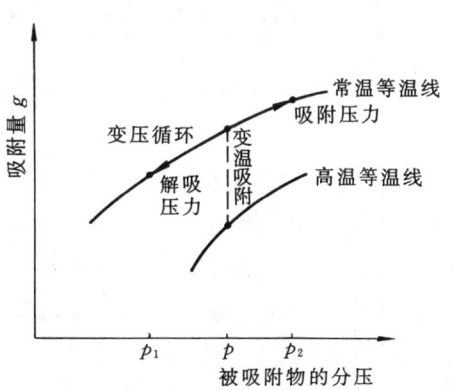

图 11-3 变压吸附与变温吸附

变压吸附按采用的压力变化分为:①常压下吸附,真空下解吸;②高压下吸附,常压下解吸;③加压下吸附,真空下解吸。

二、变压吸附分离的工艺及应用

(一)工艺流程

简单的变压吸附工艺流程是:充压→进料吸附→产品气→放压→抽空。整个操作是在吸附塔内进行。但这样的流程存在一个很严重的缺点,这就是在放压、抽空时,要将塔内很多气体排放掉,气体中的产品组分就无法回收,影响了产品的收率。操作压力越高,则产品的损失就越大。为了克服这一缺点,提高产品气的回收率,一方面是选用性能优良的吸附剂,另一方面是改变工艺流程和操作条件,尽量把塔内的原料气体回收。回收的措施是采用多塔流程或添加缓冲罐。

四塔变压吸附精制氢气的操作循环如图 11-4。吸附塔内有 3 种不同吸附剂的床层,各自针对不同的杂质,有下列几个阶段。

(1) 吸附 A 含氢和不纯组分的原料气体从塔底由阀 11～14 组通入,不纯组分被选

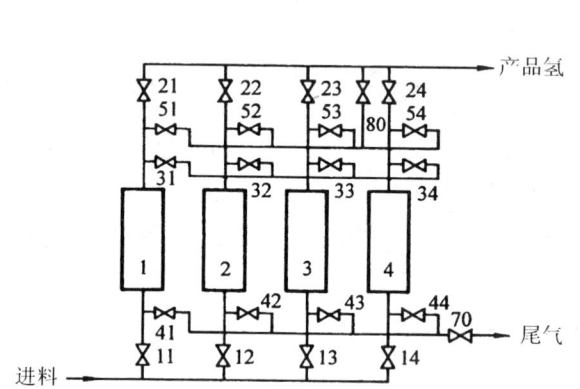

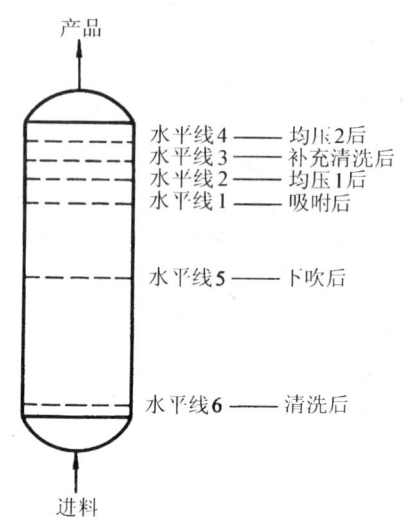

图 11-4 四塔变压吸附精制氢的操作循环　　图 11-5 各循环阶段终了时不纯物浓度波前沿的迁移位置

择吸附,纯氢产品从产品阀 21~24 组阀门排出。当吸附阶段完成时,不纯物浓度波前沿到达水平线 1(图 11-5),吸附阶段需持续 216 s,由手动或自动控制操作。

(2) 再生　吸附阶段完成后,床层载荷了不纯物质。此不纯物在床层底部的浓度最大,然后向上迅速减小,经并流降压使床层内的氢回收,由塔顶放出。床层内的纯氢用作两次均压阶段的升压气体,并作为另一塔的清洗气体之用。当完成第二次均压阶段后,不纯物的前沿几乎到达塔顶,再将塔内气流逆向(向下流)将部分不纯物排出,送入尾气流中。

(3) 第一次均压 EQ_1　在第一次均压阶段,完成吸附阶段的塔用作均压低压塔,51~54 组的阀门在第一次均压时已经打开。低压塔用产品气体均压,不纯物浓度波前沿此时向产品端移动,到达图 11-5 中的水平线 2。

(4) 准备清洗 PP　准备清洗阶段用程序控制的 31~34 组阀门调节。该阀门可以逐渐开启以调节降压速度的平稳,直至达到所指定的压力(147 kPa)为止。

(5) 第二次均压 EQ_2　第二次均压和第一次均压相类似(图 11-6),只是起始和最终的压力低些,低压的床层不用产品氢气升压。EQ_2 阶段的阀门调节在指定的时间启闭,此阶段不纯物的浓度波到达图 11-5 中的水平线 4。

(6) 下吹 BD(逆流降压)　通过 41~44 组阀和 70 阀门,从均压(2)的压力使床层逆流降压至尾气的压力,在指定时间控制其流量为一定,不纯物解吸并送入尾气系统。在一个循环的各阶段压力变化见表 11-3。

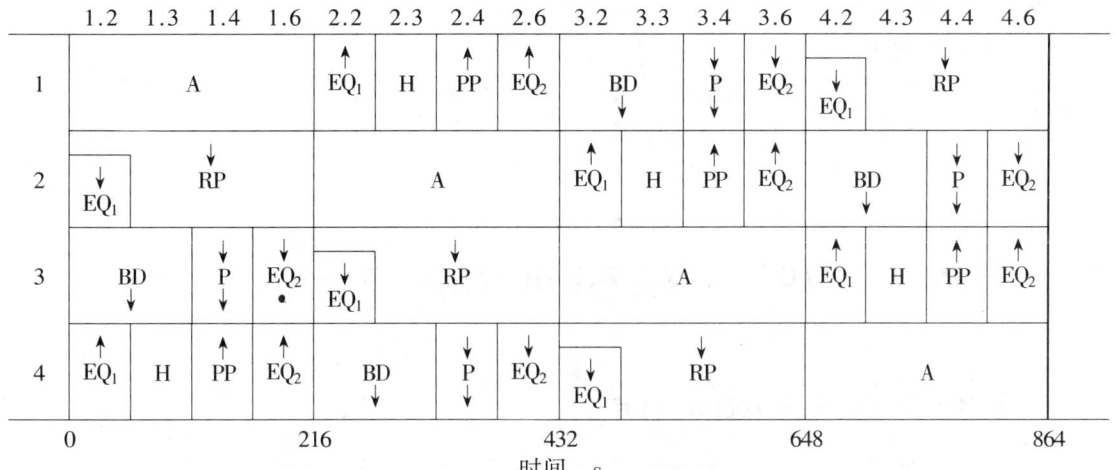

图 11-6 四塔变压吸附回收氢阶段循环图

A—吸附；P—清洗；EQ$_1$——一次均压；EQ$_2$——二次均压；H—持留；RP—升压；
PP—准备清洗；BD—下吹；↑—向吸附塔上方；↓—向吸附塔下方

表 11-3 整个循环的各阶段压力变化

	各阶段所占时间(s)	压力($\times 10^4$ Pa)		作　用
		最初	最终	
吸附 A	216	137.2	137.2	持留不纯物
一次均压 EQ$_1$	30	137.2	85.3	回收氢
准备清洗 PP（逆流降压）	118	85.3	50.97	用氢气清洗
二次均压 EQ$_2$	35	50.96	27.4	回收氢
下吹 BD（逆流降压）	63	27.4	4.9	排弃不纯物
回收清洗 P	118	4.9	4.9	排弃不纯物
一次升压 EQ$_2$	35	4.9	27.4	升压
二次升压 EQ$_1$	30	27.4	85.3	升压
产品升压	213	85.3	130.3	
进料升压	3	130.3	137.2	

（7）清洗 P　产品纯氢通过 31~34 组阀和 41~44 组阀送入，清洗床层并维持在尾气的压力，压力由降压槽控制，减少床层的压力降。不纯物浓度波前沿返回至床层的最底部（图 11-5 水平线 6）。

（8）升压 RP　吸附塔由四步升压恢复至吸附压力，即①通过 31~34 组阀送入二次均压 EQ$_2$ 气体；②通过 51~54 组阀送入一次均压 EQ$_1$ 气体，在最后均压阶段，产品气体从 80 阀流入吸附塔达到指定压力后 51~54 组阀关闭；③从 80 阀和 51~54 组阀不断供给产品氢气使吸附塔升至吸附压力，产品气体由一次均压阶段和升压阶段供给；④用进料气体从 11~14 组阀送入床层使压力升至所指定的压力为止。

四塔流程的特点是：①利用均压和顺向放压回收塔内死空间的大部分气体产品，回收率可增至 75%~80%。②用于充压的气体产品用量可减少；③塔数增加可减少气体产品压力的波动。

由于多塔流程有这些优点，故工业上多用四塔或二塔变压吸附流程。

(二) 变压吸附的应用

(1) 气体的脱水干燥。
(2) 从石油裂解气和合成氨工业中回收、制取高纯度的氢。
(3) 从空气中制取富氧、富氮气体等。

第四节 模拟移动床吸附分离技术

一、模拟移动床吸附分离技术的特点

模拟移动床吸附的基本原理与吸附、脱吸移动床相似，其主要特点是吸附剂床层固定不动，连续不断地改变物料进口位置，以模拟固体吸附剂和液体逆流接触。采用模拟流动床实现连续操作可以更有效地发挥吸附剂与脱附剂的作用。过程具有如下几个特点：

(1) 由很多塔节组成。每个塔节都是固体床，床层中吸附剂经充填后不再移动，这是固体床的优点。对使用吸附剂的强度要求和耐磨性要求可以降低。
(2) 各液流出入口的位置不断地改变，相当于吸附剂床层在塔节内移动，这是移动床吸附的优点。
(3) 为了使液流进出口不断改变，采用了 24 通旋转阀来控制。

二、工作原理

模拟移动床吸附分离的原理可以用图 11-7 来表示。模拟移动床吸附由吸附柱、旋转阀、精馏柱、循环泵等组成。吸附柱的塔节，因分离物的不同而有不同的个数。以从 C_8 芳香烃中分离对二甲苯为例，吸附柱的塔节为 24 个。采用合成沸石作为对二甲苯的吸附剂，苯或二乙苯等为解吸剂(D)。以 A 表示对二甲苯，B 表示 C_8 芳香烃中除对二甲苯外的杂质。吸附柱分为吸附段、一精段、解吸段和二精段共 4 段。

塔节中第 3 节为解吸液进口，第 6 节为抽余液出口，第 15 节为料液进口，第 23 节为抽出液出口，循环液自柱顶抽出，自柱底从下而上送入。旋转阀每隔一定时间转动一格，进出口改为第 2、5、14 和第 22 节，吸附剂与循环液流形成反向移动。柱上的 4 段如图 11-8 所示。

(1) 吸附段 "1"段为吸附段。此段的吸附剂吸附料液中的 A，同时使部分被吸附的 D 解吸出来。在本段顶部把 B 和 D 构成的抽余液 $R(B+D)$ 放出。
(2) 一精段 即"2"段。此段(模拟)下降的吸附剂与刚刚进入的料液 $F(A+B)$ 接触。A 和 B 都被吸附。B 由于被吸附的能力小于 A，便被慢慢上升的 $(A+D)$ 组分中的 A 组分所置换。B 则随上升液流上升，上升液流成为含 B 浓度较高的液体；而含 A 较多的吸附剂则继续下降，进入"3"段。
(3) 解吸段 "3"段为 A 的解吸段。解吸剂 D 从底部进入，与吸附剂接触，将 A 解吸，从此段的顶部放出抽出液 $E(A+D)$。
(4) 二精段 "4"段为解吸剂 D 的部分解吸段。由于从底部送入的仅有 D 组分，其

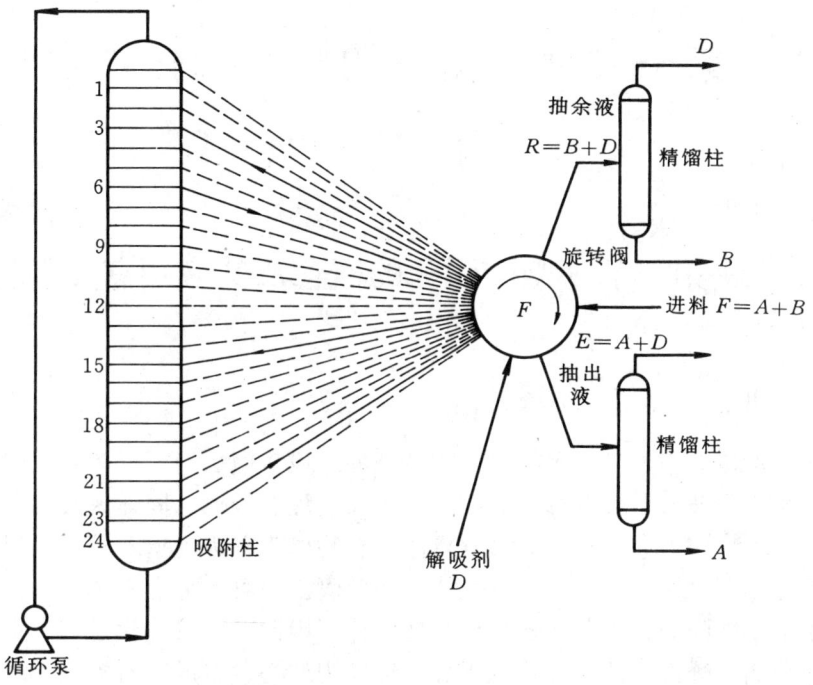

图 11-7　模拟移动床流程图

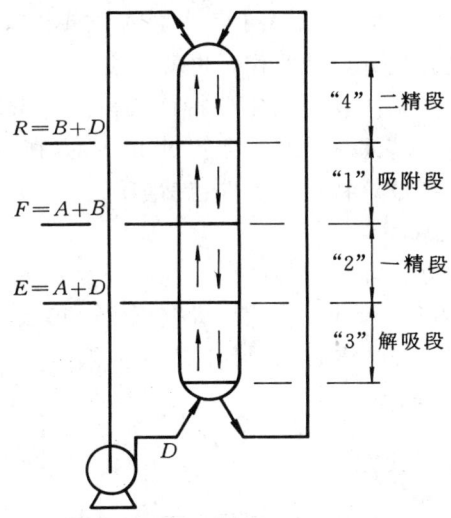

图 11-8　吸附柱工作原理图

中一部分被吸附剂吸附。上升至"1"段时则有$(B+D)$组分，由于$(B+D)$液中D的浓度小于吸附剂所吸附的D的浓度，故被吸附的D解吸，再与新加入的解吸剂一起混合送至"3"段的底部，进行A的解吸。

抽出液与抽余液通过蒸馏柱，进行D的回收。有资料介绍采用模拟移动床来分离高果糖浆有较好的效果。

第十二章 食品的微胶囊化技术

第一节 微胶囊化的概念及其应用意义

一、基本概念

微胶囊化可定义为这样一种技术：用特殊的手段将固、液、气体物质包埋在一个微小而封闭的胶囊内的技术。微胶囊则是指一种里面包埋有液体、固体或气体组分，而外面为聚合物壁壳的微型容器或包装体。微胶囊的聚合物壁壳称为囊壁、外壳或保护膜。而被包埋的物料组分则称之为囊心、核或填充物。微胶囊不但可以包埋固体粉末，也可以包埋液体，如果采取特殊的制备方法，还可以包埋气体。因此，微胶囊化过程，也就是将待包埋的目标组分分离、分细，然后以这些组分的细粒为核心，将成膜材料(一般为聚合物)在其上面沉积、涂层的过程。

微胶囊的大小一般在 $5\sim 200~\mu m$ 范围内，当囊的粒度小于 $5~\mu m$ 时，由于其布朗运动而难于收集，当其粒度超过 $200~\mu m$ 时，由于其表面的静电摩擦系数减小而稳定性下降。

被包埋的组分与囊壁是互相分离的两相，也就是说，囊心在被囊壁包埋的同时，其结构可完全与囊壁分辨开来，这是微胶囊的主要特征之一。囊壁的厚度一般在 $0.2~\mu m$ 至几微米的范围内，但由于制造工艺问题，通常会超过 $10~\mu m$。在特定的条件下，囊壁所包埋的组分可以在控制的速率下释放。特定的条件包括加压、揉破、摩擦、加热、酶解、溶剂溶解、水溶解、电磁作用等等。

微胶囊的形状和结构受被包埋物料的结构、性质以及胶囊化方法的影响，但一般都近似球体、粒状、肾形、谷粒形、絮状和块状。囊壁可以是单层结构，也可以是双层或多层结构。囊心可以是单一组分(如单核)，也可以是多种组分(多核、多核-无定形等)。图12-1 为常见的微胶囊的各种结构。

二、微胶囊的功能及应用意义

药物的胶囊化已有150多年的历史，但微胶囊化则出现于本世纪的30年代。1936年美国大西洋海岸渔业公司提出了用液体石蜡制备鱼肝油明胶微胶囊的专利。1949年Wurster发明了微胶囊化的空气悬浮法技术，实现了固体微粒的微胶囊化。1953年Green发明了凝聚法微胶囊化技术，实现了液体物料的微胶囊化，并研制出无碳复写纸(NCR纸)，这是微胶囊化技术第一次应用于商业。

迄今为止，微胶囊化技术在轻化工、食品、医药、生化、印刷等领域中获得了广泛的应用，其理论和实践都在日趋成熟，目前全世界有100多个研究室在开发微胶囊化技术。

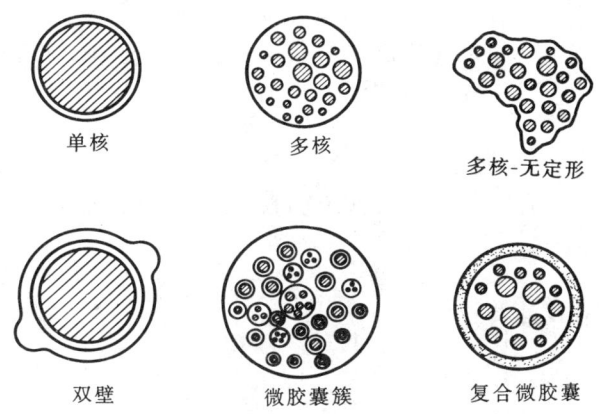

图 12-1 微胶囊的各种结构

至于微胶囊化的功能，可以笼统地说它具有改善和提高被包埋物质的表观性状及内在性质的能力。具体地说，它具有改变物态、体积和质量，控制释放和降低物质挥发性、隔离活性成分以及保护敏感物质等功能。

1. 改变物态、体积和质量

将液态或气态物质微胶囊化后，可得到细粉状产物。虽然在使用上获得了固体的特征，但其内部仍然是液体或气体，因而可以保持其良好的反应性。如在压敏复写纸制造中用于包封隐性染料，在彩色照相技术中用于包封显色药品。经过微胶囊化后，物质的质量得到提高，又由于能够制成含有空气的或空心的胶囊而使物质的体积得以增加，这样如果紧密的固体经微胶囊化后，就可以转化成能够浮在水面的产品。如汽油砖的制造就是采用微胶囊化技术生产的，战争时期可以在水上运输。

2. 降低挥发性并进行控制性释放

挥发性的物质经微胶囊化后，能够抑制其挥发，因此能储存较长时间，此点对于食品行业意义较大。如香气成分的保存、香料的提取和加工、花茶的加工等。微胶囊中所含的心材可以有目的地控制释放，这在医药、农药、化肥等方面都具有重要意义。如通过控制药品阿司匹林微胶囊壁的厚度就能控制药物成分在水中的渗透过程，从而达到逐步释放的目的。由于微胶囊壁膜较薄，类似于半透膜，且微胶囊细小而具有非常大的表面积，因此，当做成微胶囊酶、微胶囊催化剂时，可以大大改善催化反应过程。对于大多数药物微胶囊来说，其有效成分是利用半渗透性壁膜来释放的，因此控制释放通常是通过控制渗透的方法来实现的。

3. 隔离活性成分，保护敏感物质

由于微胶囊化，使囊心成分与环境中的水分、氧气以及紫外线等不良环境因子隔离，从而避免受其不良影响。此点对于易受氧化作用而变质的一些食品如油脂的抗氧化有较大意义，对以巯基为活性中心的一些酶类如菠萝蛋白酶、木瓜蛋白酶以及猕猴桃蛋白酶等的贮存都具有重要意义。此外，由于微胶囊化后，隔离了各成分，故能阻止两种活性成分之间的化学反应。对于某些酶类来说，经微胶囊化后相当于被固定在微胶囊中，而小分子的反应物和产物则可自由地进出相当于半透膜的囊壁，从而实现生物催化过程。反应过程中囊心里的酶可方便地重复利用，由于微胶囊具有巨大的表面积，因此由许多微胶囊酶构成的"微胶囊生物反应器"具有较大的催化反应能力和应用价值。由于微胶囊的这些特点，使它在食品工业中的应用会越来越广泛，其技术价值越发受到重视，尤其是与膜分离浓缩技术、生物发酵技术结合，展现出美好的应用前景。

第二节 微胶囊化技术方法分类

一、微胶囊的心材和壁材

1. 心材

在微胶囊化技术中，把被包埋的物料称为心材。心材可以是亲水的，也可以是疏水的。因此大多数的气体、液体和固体都可以被包封在微胶囊中。常见的心材可概括如下：

溶剂类：水、醇类、苯、甲苯、酯类、醚类、酮类、甘油；

增塑剂类：邻苯二甲酸酯类、己二酸酯类、磷酸酯类、硅酮类、氯化联苯、氯化石蜡；

酸碱类：硝酸、硼酸、氢氧化钠和胺类；

色料类：颜料、染料以及隐色染料等；

燃料类：汽油、照明用油、核燃料、火箭燃料；

香料类：薄荷醇、硫醇以及各种香精类；

食品类：油和脂肪类、各种调味品、发酵粉；

生化成分：酶、蛋白质、动物胶、细菌、酵母以及病毒等；

药物类：阿司匹林、维生素、氨基酸等；

农用化学药剂类：除草剂类、杀虫剂、化肥等；

复制材料类：用于静电印刷技术的调色剂、卤化银、粘结剂类、显影剂类、定影剂类、墨水、磁性粉末、重氮化合物类（光敏树脂、液晶以及彩色摄影技术中的一些化合物）。其他还有各种催化剂、粘合剂、除锈剂、洗涤剂等。

2. 壁材

用于包埋心材的物质称为壁材。可作壁材的材料有许多，可以是无机材料，也可以是有机材料，但最常用的是高分子材料。壁材的选择要根据所包埋的心材的性质。基本的原则是：如果心材是亲油性的，则宜选用亲水性的壁材；如果心材是水溶性的，则壁材应是非水溶性的。通常采用的壁材有：

蛋白质类：骨胶、酪蛋白、纤维蛋白、血红蛋白以及聚氨基酸类。

植物胶类：阿拉伯树胶、琼脂、褐藻酸钠、鹿角胶、葡萄糖硫酸酯。

纤维素类：乙基纤维素、硝酸纤维素、羧甲基纤维素、乙酸纤维素、纤维素乙酸酞酸酯和纤维素乙酸丁酸酞酸酯。

缩聚物类：甲醛-萘磺酸缩聚物、氨基树酯类、醇酸树酯、硅树酯类、尼龙、涤纶、聚氨酯、聚碳酸酯。

共聚物类：乙烯或甲氧基乙烯与马来酸酐共聚物类、丙烯酸类共聚物、丙烯酸类共聚物、甲基丙烯酸类共聚物。

均聚物类：聚氯乙烯、萨冉树酯、聚乙烯、聚苯乙烯、聚乙酸乙烯、聚丙烯酰胺、聚乙烯基苯磺酸、聚乙烯醇以及合成橡胶。

蜡类：石蜡、松香、紫胶、硬脂酸、甘油酸酯、蜂蜡、浊腊、油类、脂肪类和硬化油类。

其他还包括环氧树酯、硝化石腊、硝化聚苯乙烯以及硫酸钙、石墨、硅酸盐、铝、钒土、铜、银、粘土等各种无机材料。

二、微胶囊化技术方法分类

目前还没有一种完整的分类可以系统地包括所有的微胶囊化技术方法，因为许多微胶囊方法都是两种或两种以上方法的综合。目前主要是按 Kondo 的分类方法，将各种微胶囊化技术分为 3 大类，即化学法、物理化学法和机械法。这 3 大类方法又可衍生出许多方法，将其概括如下：

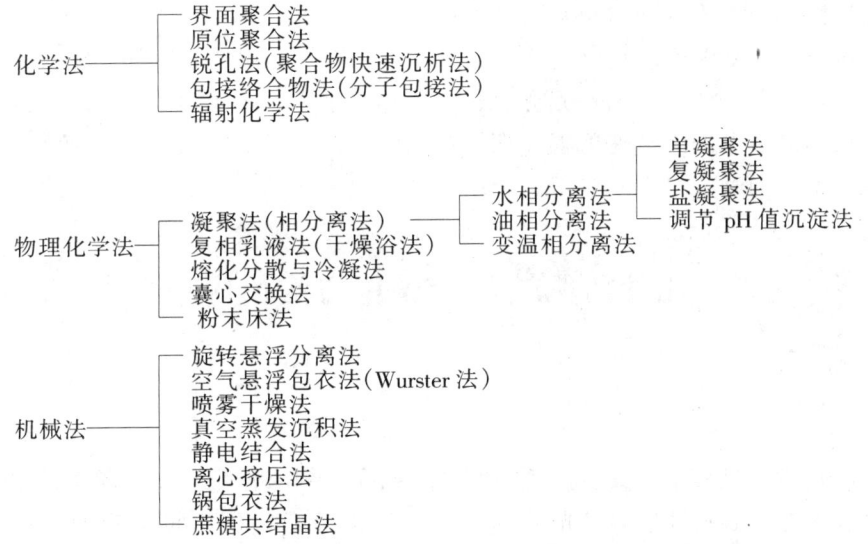

对微胶囊化方法的区分，一般可通过以下几点特征辨别：

①心材是液体还是固体，是亲水还是疏水，pH 值及温度的稳定性如何；②壁材是利用已制备好的聚合物，还是在心材表面上通过单体聚合固化而成；③微胶囊化在何种介质（气体、有机溶剂或水）中进行；④微胶囊化是一步还是分步完成；⑤微胶囊的囊壁特性，是单层还是多层的结构；⑥制备好的微胶囊以何种方式使用，是在干燥还是在潮湿的条件下使用；⑦微胶囊化的原理是属于化学还是物理化学范畴。

三、方法选择

选择具体的微胶囊化方法时，要特别注意如下几点：

（1）心材的可润湿性　由于凝聚法是要在聚合物溶液中形成第二种液相，其方法有加入非溶剂、改变湿度和 pH 值等。此时，心材的可润湿性决定了微胶囊化的成败。当液体心材在凝聚液中很难溶解时，也就很难润湿，这样包埋率就很低。在某些情况下，所使用的心材在聚合物溶液中不一定要求具有溶解性，而更多的是要有良好的分散性。如喷雾干燥包埋时，心材可以用乳化的方法均匀地分散在水溶性的聚合物溶液中，因为水能迅速地从壁材中蒸发出去，而心材的蒸发和扩散却很少。

(2) 壁材的渗透性、弹性和可溶性　聚合物的渗透性决定着心材能否释放及其释放的速率。做成的微胶囊产品必须具有一定的强度，能经受一定的外力作用；同时在一定外力作用下可以破裂而进行心材的释放，或在一定的条件下囊壁溶解而释放出心材。因此，微胶囊化方法的选择，必须考虑到壁材的渗透性、弹性和可溶性，而这些又往往取决于聚合物的种类、囊壁的厚度以及囊的大小等。

(3) 微胶囊中心材的释放方式　微胶囊化之前应考虑到成囊后心材的释放方式，然后决定壁材的选取。心材的释放方式有多种，可通过温度、湿度、熔融、溶解、压力、冲击力、研磨、扩散、调节pH值、光解、超声波处理、加入表面活性剂以及酶解等。

(4) 成本问题　微胶囊化过程中选用蜡类或脂肪类作为壁材最经济，因为可以通过熔融包衣而省去了溶剂。而溶剂的费用有时可能占整个操作费用的一半以上。以水为溶剂的方法，如喷雾干燥法，其成本也比较低。此外，壁的厚度、产品粒径的大小、颗粒密度、包埋以及包埋率等因素对成本的影响也很大，都必须加以考虑。

(5) 其他性质　由于受湿度和温度的影响，做成的微胶囊的壁容易发松、结块。此外在干燥过程中，也存在着聚合物的粘性问题。这些都是微胶囊化过程中必须考虑的问题。还有诸如熔点、结晶度、壁的降解速度等，都需要加以考虑。对于食品用的微胶囊，还得考虑壁材的卫生和毒性问题。

第三节　几种常见的微胶囊化方法及应用

一、微胶囊化的步骤

在大多数的微胶囊化过程中，其实质就是对心材物质的包衣作用。因此在设计和制备微胶囊时，重要的是考虑心材和壁材的性质、产品的使用目的以及贮存的环境等。一般来说，若心材为液态，而微胶囊化的介质也为液态时，可应用乳化方法，采用机械搅拌、超声振动及其他的手段；如果微胶囊化的介质为气体，可应用喷雾干燥法、离心力法、重力法或流化床法。总之要最大限度地使心材分散成小球体。如心材为固态，可将其研磨成粉末并过筛，亦可将其先制备成溶液，然后按照液态心材的情况以同样的方式处理成细小液滴。

微胶囊化的一般步骤可通过图12-2加以说明：

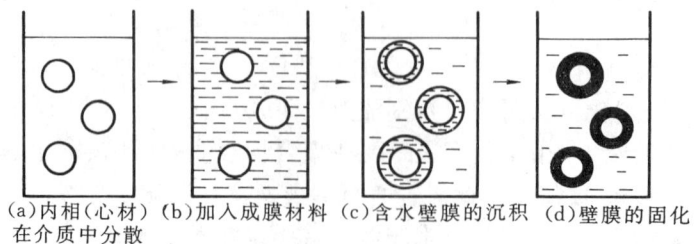

(a)内相(心材)　(b)加入成膜材料　(c)含水壁膜的沉积　(d)壁膜的固化
在介质中分散

图12-2　微胶囊化的一般步骤

①首先将已分细的心材分散入微胶囊化的介质中;②再将成膜材料(壁材)加入该分散体系中;③通过某一种方法,将壁材聚集、沉积、包敷在已分散的心材周围;④用化学或物理方法处理,加固壁膜以达到一定的机械强度。

上述是微胶囊化过程的基本步骤,微胶囊化的方法不下几十种,但没有任何一种方法可以用来包埋所有种类的心材。下面要介绍的只是在食品工业中较有应用价值的几种方法。

二、微胶囊化的主要方法及应用

(一) 喷雾干燥法

这是一种在工业中应用最广泛的微胶囊化方法,操作灵活,成本低廉。虽然人们通常认为喷雾干燥仅是一种脱水干燥的过程,但实际上当心材与具有保护性的壁材形成了质地均匀的溶液时,心材就可以被包埋在壁材中。喷雾干燥法特别适用于热敏材料的颗粒化。对热不稳定的材料,如酶类,也可以通过该法实现微胶囊化,只要温度不是太高,时间不是太长,一般都不会引起严重的失活。

喷雾微胶囊化包括两个基本步骤:①制备心材和壁材的混合乳液。②将此混合乳液在干燥塔内雾化干燥。因此运用此法进行微胶囊化时,必须考虑初始溶液性质、喷雾干燥条件这两个主要因素。

1. 初始溶液性质

影响微胶囊化过程的因素有:心材与壁材的比例,初始溶液的浓度、粘度及温度。对于食品来说,心材通常是风味物质或油类,壁材通常是食品级的胶体,如明胶、植物胶、变性淀粉等。在心材与壁材的混合物中加入乳化剂,制成油/水型的均匀乳液,然后在充满热空气的干燥塔内雾化,当雾化后的颗粒通过气体介质时,呈现球状,油被包埋在水相内。当水相中的水分受热蒸发后,外面的被膜便成为亲水性的壁膜,因此得到的微胶囊通常呈水溶性。固化过程中,热空气的温度很高,但由于水从壁材中快速蒸发而保证了心材温度低于100℃,同时雾化颗粒暴露在热蒸气中的时间最多不超过十几秒,因此对于热敏性的物质影响不大。但是由于风味物质中含有沸点差异很大(21~180℃)的多种组分,所以在干燥过程中低沸点的组分损失最大。典型的喷雾干燥微胶囊的粒径通常小于100 μm,因此溶解性较大。

2. 喷雾干燥条件

高速旋转圆盘型和压力喷嘴型的喷雾干燥器适用于微胶囊化过程。在应用喷雾干燥工艺进行微胶囊化的过程中,起重要作用的是干燥筒的结构、热空气流的流动方式和流动速率、干燥温度及收集器的类型。

用于喷雾干燥法的初始材料和由此制备的微胶囊可参看表12-1。

对于水溶性的心材也可通过喷雾干燥而得到包埋。但此时得到的产品,心材与壁材之间无明显界限,而通常是处于混合状态,也可以说是在心材上覆盖了一层很厚的壁膜。

喷雾干燥包埋的原理可理解为壁材形成一网状结构,起筛分作用。小分子物质如水,由于体积小,经热或脱水剂的作用,能顺利地通过,而分子体积较大的心材则滞留于网内,只要温度没有高到使之热分解变性,就能够被壁材包埋。通过选择不同的物质或几种

表 12-1　喷雾干燥法微胶囊化参数*

心　　材	壁材水溶液	干燥温度(℃)	胶囊大小(μm)
胆碱氯化酶 63	粘土 11 水 37	160～90	100
抗坏血酸 100	乳糖 90 甲基纤维素 10 水 1 000	180～85	200
柠檬油 37.7	羧化糊精 150 水 300	85～38	
氢化椰子油 46	糖 30 干酪素 10 水 50	200～100	
乳脂 82	干酪素 13 水 1 000		
椰子油 5.3	谷朊 10		
薄荷油 5.0	糊精 9 水 100		
硬化油 85	干酪素 7 纤维素晶体 7 水 100	85	
茴香油 100	淀粉、明胶或 阿拉伯胶 23		

＊表中心材和壁材水溶液一栏中的数字为两者的质量比值。

物质的混合物做壁材可人为地控制网径的大小，达到包埋不同分子的物质的目的。喷雾干燥包埋的优点为：①可包埋热敏感物质；②包埋量高、稳定性好；③生产能力大，且利用现成设备；④溶解性好；⑤干燥塔内壁寿命长；⑥操作灵活，捕粉可靠。缺点是设备体积大、价格高、动力损耗大，包埋率相对低。

(二) 喷雾冷却法和喷雾冷冻法

这两种方法的工艺与喷雾干燥法相似之处是心材都均匀分散于液化的壁材中，经喷雾使混合液处于某种被控制的环境中，使壁膜较快地固化。不同之处在于：干燥室内的温度不同以及包埋的类型不同，喷雾冷却和冷冻法是通过凝固已加热熔融的壁材(油脂或蜡类)完成微胶囊化的。

在喷雾冷却法中，壁材是低熔点的植物油及其衍生物，如熔点处于 45～122℃的脂肪以及熔点处于 45～67℃的单甘油酸酯、双甘油酸酯等也可使用。

在喷雾冷冻法中，壁材可选熔点从 32～42℃的氢化植物油。通过此法包埋的食品固体添加剂有硫酸亚铁、酸类、维生素类、风味物质以及热敏性物质。

喷雾冷却法和喷雾冷冻法的微胶囊产物不溶于水，在壁材的熔点温度附近，心材可释放出来。正是由于其缓慢释放的特性，因此比较适用于保护许多水溶性风味物质，其产物可应用于焙烤食品、固体汤料和高脂肪食品中。

(三) 空气悬浮成膜法

此法由美国威斯康星大学药物学教授 D E Wurster 发明，通常又称 Wurster 法、流化床法或喷雾包衣法。此法利用流化床将心材颗粒悬浮于上升的气流中，然后喷上溶解的或熔融的壁材溶液。其成膜方式有 3 种：①Wusrter 法：一种柱式设备，由成膜段和沉积段组成，其中沉积段的截面积比成膜段大，因而气流速度变小，利于微胶囊颗粒下降沉积。②化学成膜法：采用高离子射流或高温气体，在心材被悬浮于流化床时，使壁材分解或者与心材反应而完成包埋。③液态心材成膜法：是 Wurster 法的改良，可使液态心材微胶囊化。

Wurster 成膜法的装置如图 12-3。固体颗粒在由流化床产生的流动空气中翻动、悬浮，喷射进来的成膜液使心材表面润湿并逐渐干燥后形成具有一定厚度的薄膜。当颗粒被吹至柱体顶部时，由于横截面积增大，顶部的空气流速减小，结果空气不能较久地悬浮心材颗粒，于是颗粒向柱底降落。在升起、降落的循环往复过程中，包埋心材颗粒的薄膜达一定的厚度，此时停止喷雾，回收所生成的微胶囊。完成此种典型的 Wurster 包埋法需要 2～12 h，其包埋效率很高，微胶囊颗粒的粒径范围在 50～500 μm 之间，此方法可选用的壁材有纤维素衍生物、蛋白质衍生物、淀粉衍生物以及蜡类等。

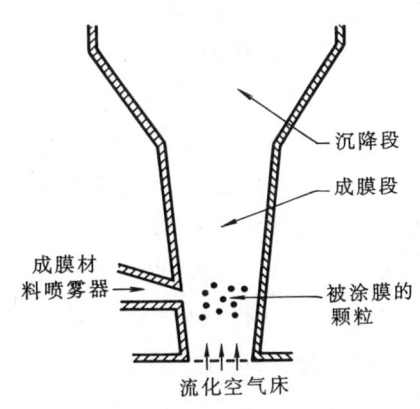

图 12-3 Wurster 成膜法的图解

(四) 挤压法

此技术最先是由美国 Albang 实验室的 Schaltz 等人将桔皮油乳化于熔融的葡萄糖中并加入少量的玉米糖浆固体以延迟结晶，然后将乳化液倒在不锈钢的薄板上冷却，固化后研磨成粉末即成为包埋了心材的微胶囊产品。产品表现出良好的稳定性，风味保持时间可达 6 个月。

与喷雾干燥法相比，挤压法比较新颖，对热敏性成分有特殊的功效，已被包埋微胶囊化的成分有风味物料、维生素 C 以及色素等物质。得到的产品可在热、冷水中溶解，因而适用于固体饮料、蛋糕粉和明胶点心粉。国外市场上可见的风味物产品，大约有 100 种是通过此种方法包埋的。由于产品颗粒表面未被包埋的心材可用乙醇类试剂洗去，所以能避免其因氧化作用而导致的变质现象，此点比喷雾干燥法好。喷雾干燥法所得产品的颗粒常因表面上的心材被氧化而导致变质，因此不耐贮存。

挤压法对糖及淀粉水解物的微胶囊化的基本过程如下：

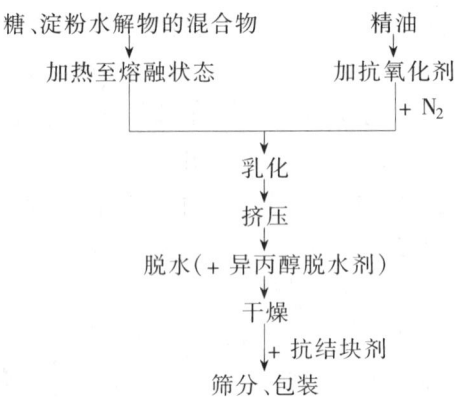

实例：桔油微胶囊的制备：桔油──→加熔融后的玉米糖浆＋甘油──→混合、乳化──→挤压──→冷却──→异丙醇中脱水和固化──→干燥。

此种方法中影响微胶囊质量的因子有玉米糖浆的 DE 值（糖的还原值）、乳化剂的加入量、心材用量、乳化的压力、物料的加热温度等。

（五）凝聚法

凝聚法即相分离法，是指在不同液相分离过程中实现微胶囊化的过程，是 50 年代发展起来的技术，用此法可制得十分微小的胶囊颗粒（颗粒＜1μm）。此法包括水相分离法和油相分离法。在水相分离法中心材为疏水性物质，壁材为水溶性聚合物，凝聚时心材自水相中分离出来，形成微胶囊。在油相分离法中心材和壁材的性质正好相反，心材为水溶性物质，壁材为疏水性物质，凝聚相自疏水性溶液中分离出来而形成壁膜。

简单的凝聚法可用 1 种胶体作为壁材（如明胶），而复杂的凝聚法（简称复凝聚法）则常常是包含 1 种以上的壁材（如明胶、阿拉伯胶等），即是由两种带相反电荷的胶体彼此中和而引起的相分离。复凝聚法包埋的流程一般为：

胶体混合──→加入心材、乳化──→凝聚──→冷却──→固化──→分离──→干燥──→筛分──→包装

复凝聚法的原理是一种带正电荷的胶体水溶液与一种带负电荷的胶体水溶液混合时，由于电荷间的相互作用而产生了相分离，分离出来的两相分别为凝聚胶体相和稀释的胶体相。凝聚胶体相即可作为微胶囊的壁膜。例如：明胶的等电点是 $pI=4.8$，当明胶水溶液的 pH 值大于 4.8 时，胶体带负电荷；当 pH 值小于 4.8 时，胶体带正电荷。通过改变溶液的 pH 值可使明胶成为聚阳离子或聚阴离子。阿拉伯胶分子不属于两性分子，是带负电荷的聚阴离子，其带电性不受环境 pH 值的影响，在较稀的明胶＋阿拉伯胶水溶液中，当 pH 值大于 4.8 时两者均为聚阴离子，两者不发生相互作用；当溶液的 pH 值小于 4.8 时，明胶变成了聚阳离子，而阿拉伯胶还是聚阴离子，于是两者发生相互作用，导致凝聚相生成，即形成了微胶囊的壁膜。能够形成微胶囊壁的聚阴离子还有：琼脂、褐藻酸钠、羧甲基纤维素、果胶以及邻苯二甲酸乙酸纤维素等。

凝聚法的包埋率可达到 85%～90%，心材的释放方式有加压、加热及化学反应。

成囊条件：在上述形成明胶-阿拉伯树胶（G-A）微胶囊时，一般应符合下面 4 点条件：①明胶和阿拉伯胶的各自含量要低于 3%，为稀溶液；②溶液中的 pH 值应小于 4.5；③

反应体系的温度需高于明胶水溶液的胶凝点(35℃);④反应体系中的无机盐含量要低于某一临界值。

上述4点中,除了盐的含量一般都不会高到足以阻止凝聚而不需过多考虑外,其他3点中的任何一点达不到要求时,都不可能获得实用的凝聚相。因此采用稀释法、调节pH值法、调节温度法,都是形成微胶囊的手段。下面是橄榄油微胶囊形成过程的实例:

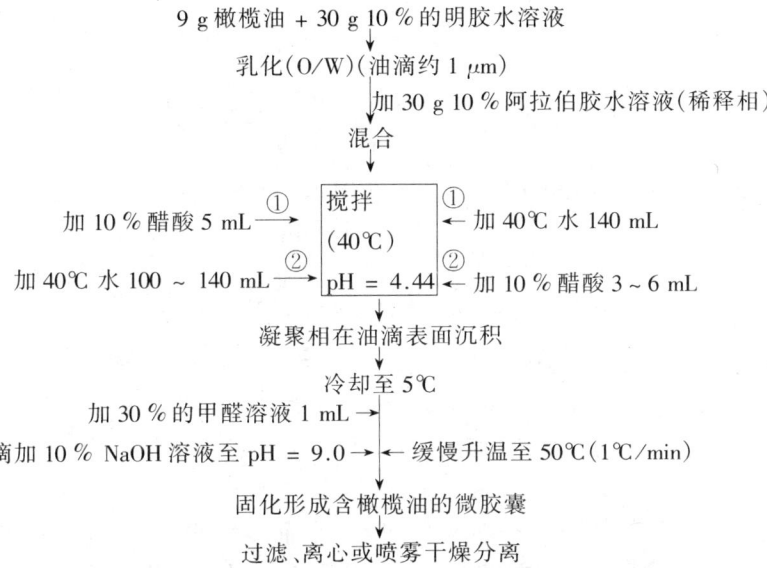

此种凝聚法的包埋率可达到85%~90%以上,心材的释放方式有加压、加热或化学反应等。

用复凝聚法制造白兰香精微胶囊的过程如下:

```
3%阿拉伯胶溶液1 000 mL + 白兰香精12 mL
                ↓
               搅拌
                ↓
              乳浊液
                ↓
加3%明胶溶液100 mL →
用NaOH溶液(1%)调pH值=8   50℃左右搅拌混合
                ↓
              混合液
                ↓
          用10%的醋酸调pH值 = 4
                ↓
              凝聚液
                ↓
用37%的甲醛固膜,用20%  用250 mL水稀释
NaOH溶液调pH值 = 8~9
                ↓
              固化囊
                ↓
           水洗、过滤、干燥
                ↓
           白兰香精微胶囊
```

生姜油的微胶囊化工艺如下:

```
          50 g 桃胶 + 10 g 生姜油
                  ↓
研磨、乳化、释稀[1 000 mL(60℃)水 + 6 g 桃胶,
用 10% NaOH 溶液调 pH 值至 7.5]
                  ↓
                 乳剂
                  ↓加明胶 10 g + 100 mL 水(60℃)溶解
45℃ 水浴,加入 5% HCl 溶液调 pH 值 = 4.1~4.4
                  ↓
                 成囊
                  ↓
                 搅拌
                  ↓加入 37% 甲醛 18 mL + 300 mL 冷水
               降至 3~5℃
                  ↓
搅拌 1 h,用 10% NaOH 溶液调 pH 值 = 6.5~7.0
                  ↓加 10% 淀粉溶液
             10℃下,搅拌 1~2 h
                  ↓
         干燥(吸滤、冲洗、过 20~40 目筛)
```

(六)分子包接法(包接络合物法)

此种微胶囊化方法与以前的方法明显不同的是微胶囊化发生在分子水平上,是以环糊精为主体(壁材),被包埋的心材为客体,环糊精通过其特殊结构,把心材包埋,即主体留住客体。

α,β,γ-三种环糊精结构中分别由 6,7,8 个葡萄糖残基以 α-1,4 键结环而成,分子外形呈圆台形,表面是亲水区,里面有一近似于圆柱型的疏水中心——非极性空穴。一般情况下,空穴为水所占据,但水为极性成分,此种结合是不稳定的,当存在有极性更低、疏水性更强的其他分子时,即会把环糊精疏水区中的水分子挤走而取代,如果外来分子大小适当,能被环糊精的空穴包埋在内,形成络合物。当外来分子较大时,不能完全包埋在内,部分在外,发生包接反应,形成包接络合物,具有较高的稳定性。络合分子的非极性越高,越易被包接,稳定性越好。被包接的客体含量一般可以达到 6%~15%。在干燥的情况下,要达到 200℃ 络合分子才分解,但在口腔的温度和湿度下客体容易被释放,因此对于食品成分的包埋有较大的意义。

洋葱、蒜、辣根、芥菜所包含的芳香油包接在 β-环糊精内成为粉剂而可以保持稳定,香草醛的 β-环糊精包接物能使芳香物质保留的时间延长,薄荷 β-环糊精包接物能使口香糖香味长时间保持浓郁,饼干添加 β-环糊精后,低温贮存 2 个月仍有奶油香味。β-环糊精与不同量的佛水柑、茉莉、柠檬及薄荷混合后掺入到花茶中,可以改善低级茶的质量。环糊精包接物还能使烟草中芳香成分不挥发,抽烟时才释放,β-环糊精用于制造香烟时,可以对香烟中的尼古丁进行包接。

制备环糊精包接络合物的方法简单,不需要什么仪器、设备。理论上可以不需要溶剂,实际上也能做到,但过程较慢,常用的方法有如下几种:

(1)饱和水溶液法 先将环糊精配成饱和溶液,再加入客体(比例为 1:1),混合 30 min,即形成包接络合物并能分离出来,然后低温干燥即得产品。当客体水溶性较大时,其中有些包接物仍溶于溶液中,此时可加入有机溶剂,使其沉淀析出。当客体分子不溶于水时,可先用少量丙酮、异丙醇、甘油等小分子亲水性高的有机溶剂溶解后,再混入到主

体的饱和溶液中即可。但重复操作,并不能提高环糊精对客体的包接量。

(2) 研磨法 将环糊精用 1~5 倍的水研匀,加入客体分子后,充分研磨至糊状,低温干燥后,即成为环糊精的客体包接物。

虽然环糊精能包接许多化合物,但客体的分子大小,必须适合于环糊精穴洞的大小,过小或过大都不易包接。例如丙酸分子小,α-环糊精的穴洞也较小,因而能包接而形成络合物。但 β-环糊精和 γ-环糊精却不能包接。绝大多数情况下,环糊精与客体成 1:1 的分子比例包接。例如 β-环糊精相对分子质量为 1 134,香料精油相对分子质量在 90~130 之间,以 1:1 的分子比例包接后,香料的含量在 8%~12% 之间。在 α、β、γ 三种环糊精中以 β-环糊精最常用,因其包接能力最强,但其缺点是溶解度低(25℃常温下为 1.84%)。最近出现的改性环糊精可大大地改善其溶解度,适用性也因此得到提高。

分子包接法有很大的潜在应用价值,但必须注意的是,在美国和西欧,环糊精不能作为食品添加剂,而在我国、日本、以及东欧等国家,则可应用于食品。

(七) 微胶囊化酶

微胶囊化酶是采用能形成半透性膜的壁材将酶包埋起来,而形成微胶囊化的酶制剂。它实际上包括了酶的分离和固定化两个过程。酶经微胶囊化后,有 4 个特点:①改变了形态;②易于在反应体系中回收;③半衰期延长;④底物反应动力学参数 K_m 值比其他的固定化酶和膜化酶低(因其反应本身就在微胶囊内的均相水溶液中进行)。

微胶囊化酶的作用机理如图 12-4 所示。由于微胶囊化酶的壁膜为半透性膜,小分子的反应底物和产物可以自由进出壁膜,而属于大分子的酶类则被截留在囊内。因此,底物分子经扩散进入囊内与酶接触,发生作用而形成产物,产物再扩散到壁外。

构成微胶囊壁膜的材料有火棉胶、尼龙、聚苯乙烯及明胶等聚合物。

干燥浴法微胶囊化酶的形成过程如下:

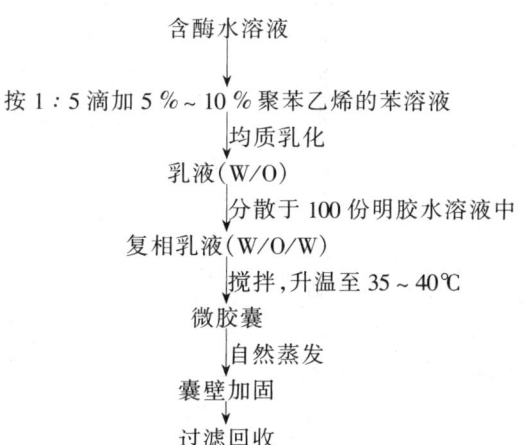

比较典型的微胶囊生物反应器是谷氨酸脱氢酶 + 乙醇脱氢酶偶联反应器,如图 12-5 所示。

通过界面聚合法,将谷氨酸脱氢酶、乙醇脱氢酶、辅酶 I(NADPH)、$NADP^+$ 及 α-氧化酮戊二酸(底物)及 ADP 等包埋在一个壁膜为尼龙和卵磷脂的微胶囊内。当小分子底物 NH_4^+ 渗入到微胶囊里面时,在酶和 NADPH 的作用下,完成一个偶联反应:谷氨酸的生成和乙醇氧化成乙醛。

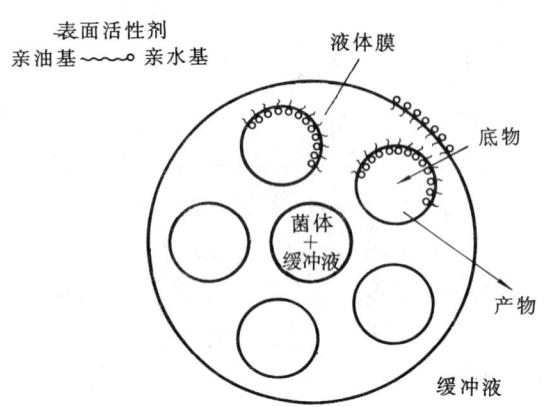
图 12-4　微胶囊化酶的作用机理示意图

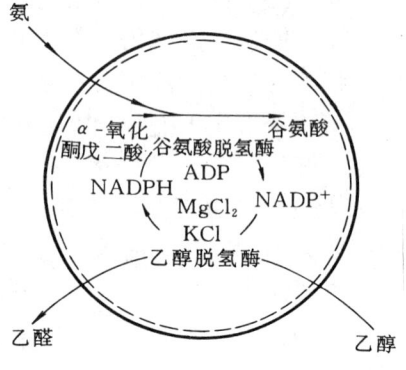
图 12-5　脂质-尼龙膜微胶囊的模式

参 考 文 献

1. 王学松. 膜分离技术及其应用. 北京：科学出版社，1994
2. 苏拔贤. 生物化学制备技术. 北京：科学出版社，1986
3. 俞俊棠. 生物工艺学（上，下）. 上海：华东化工学院出版社，1991
4. 陆九芳等. 分离过程化学. 北京：清华大学出版社，1994
5. 刘茉娥等. 新型分离技术基础. 杭州：浙江大学出版社，1993
6. 蒋维钧. 新型传质分离技术. 北京：化学工业出版社，1992
7. 吴俊生等. 分离工程. 上海：华东化工学院出版社，1992
8. 史继芬. 多级分离过程. 北京：化学工业出版社，1991
9. 赵永芳. 生物化学技术原理及其应用. 武汉：武汉大学出版社，1994
10. 高以恒等. 膜分离技术基础. 北京：科学出版社，1989
11. 刘国诠. 生物工程下游技术. 北京：化学工业出版社，1993
12. 鲁子贤. 蛋白质和酶学研究方法. 北京：科学出版社，1989
13. 朱长乐等. 化学工程手册(18). 薄膜过程. 北京：化学工业出版社，1987
14. 无锡轻工业学院等. 食品工程原理（上）. 北京：轻工业出版社，1985
15. 石彦国等. 大豆制品工艺学. 北京：轻工业出版社，1993
16. 蔡同一等. 超滤技术在苹果汁澄清上的应用研究. 食品工业科技，1988(3)：8～13
17. 王璋等. 超过滤法加工中华猕猴桃清汁及回收蛋白酶的初步研究. 食品科学，1987(8)：29～34
18. 张利奋. 五种反渗透膜浓缩猕猴桃汁的适应性. 食品科学，1989(9)：1～3
19. Per Vretblad. 生物技术与食品科学. 生物工程进展，1994，14(4)：55～99
20. 汤月莜译. 用商品化蛋白酶制剂发酵豆凝乳. 食品科学，1991(3)：42～44
21. 徐跃. 国外蛋白酶的研究和应用近况. 食品与发酵工业，1987(3)：66～69
22. 陈寿鹏. 超滤分离大豆乳清蛋白的研究. 食品科学，1994(8)：3～7
23. 薛怀德. 超滤膜法简要介绍. 膜科学与技术，1991，11(1)：191～199，1992，12(1)：64～76，1992，12(2)：60～70，1993，13(1)：61～73
24. 张可钦等. 由中国茶叶中提取抗氧化剂的研究. 食品与发酵工业，1991(1)：1～10
25. 白亦皎等. 菠萝蛋白酶的膜浓缩工艺的研究. 膜科学与技术，1994，14(3)：58～62
26. 姬朝青. 关于反渗透、超滤过程中的浓差极化比及其表达式的研究. 膜科学与技术，1991，11(1)：58～61
27. 王新宇等. 超滤中膜表面的凝胶层浓度. 膜科学与技术，1991，(1)：61～65
28. 史红勤等. 反胶团萃取蛋白质的研究. 生物工程学报，1989，5(3)：246～251
29. 姜炜等. 微生物胞内产物分离的新方法——双水相萃取技术. 工业微生物，1994，24(1)：33～36
30. 徐光宪等. 萃取化学原理. 上海：上海科学出版社，1984
31. 叶振华. 吸着分离过程基础. 北京：化学工业出版社，1989

32　朱长乐等.薄膜过程.北京：化学工业出版社，1987
33　达式禄.色谱学导论.武汉：武汉大学出版社，1988
34　黄晓青.微胶囊技术及其在食品中的应用.食品科学，1989（12）：29～31
35　葛珠福等.水溶法提取花生蛋白的工艺研究.食品与发酵工业，1990（3）：37～41
36　王玉华等.酶的絮凝法精制技术及其相关问题的探讨.食品与发酵工业，1985，2：1～5
37　华子千.蛋白质晶体培养方法的新进展.生物化学与生物物理学研究进展，1988，15（4）：266～269
38　袁中一等.生物催化剂的微胶囊——海藻酸/聚赖氨酸技术的研究.生物化学与生物物理学研究进展，1990，6（1）：81～84
39　宁国伯等.微囊形成的理化条件和影响因素.生物化学和生物物理研究进展，1988，4(3)：226～229
40　王建龙等.人工合成膜——生物催化剂固定化的新载体.膜科学与技术，1993（3）：25～28
41　Rousseau R W. Handbook of Separation Processes Technology. New York：John Wiley & Sons，1987
42　Hwang, Sun-tak, Kammermeger K. Membranes in Separation. New York：Wiley-Interscience，1975
43　Meares P. Membrane Separation Processes. London：Elsevier Scientific Publishing Company，1976
44　Lemlich R. Adsorptive Bubble Separation Techniques. New York：Academic Press，1972
45　G G Birch, N Blakebrough, K J Parker. Enzymes And Food Processing. London：Applied Science Publishers Ltd，1981
46　Kaufman S. Method in Enzymology. New York：Academic Press，1971
47　Sourirajan S. Reverse Osmosis. London：Logos Press，1971
48　King C J. Separation Processes, 2nd edition. New York：McGraw-Hill Book Com.，1980
49　Sourirajan S. Reserse Osmosis And Synthetic Membranes：Theory-Technology-Engineering. Ottawa：National Research Council of Canada，1977